浙江省高职院校“十四五”重点立项建设教材

化学分析技术

（活页式）

主 编 姚华珍 胡建华

中国水利水电出版社
www.waterpub.com.cn
·北京·

内 容 提 要

本教材是浙江省高职院校“十四五”重点立项建设教材项目，是职业教育国家在线精品课程《化学分析》的配套教材。

本教材包含化学分析基本技能、滴定分析技术和重量分析技术三个模块，内容结合职业岗位典型工作任务进行了项目化设计，共设计了十个项目，包含走进化学分析实验室、分析检验准备、工业硫酸纯度测定、混合碱组分含量测定、自来水总硬度测定、双氧水中过氧化氢含量测定、水中溶解氧含量测定、硫酸亚铁铵中亚铁含量的测定、水样中氯离子含量测定和硫酸钠含量测定。

本教材内容浅显易懂，强调化学分析技能，具有实用性和可操作性。教材中的重点、难点可通过扫描二维码学习相关资料和观看相关视频，便于学习者理解和掌握。

本教材可作为高职高专环境监测技术等分析检验技术类专业的教材，也可作为从事分析、化验、商检等工作的技术人员培训教材和参考书。

图书在版编目（CIP）数据

化学分析技术 : 活页式 / 姚华珍, 胡建华主编. 北京 : 中国水利水电出版社, 2025. 6. -- (浙江省高职院校“十四五”重点立项建设教材). -- ISBN 978-7-5226-3414-2

Ⅰ. O652

中国国家版本馆CIP数据核字第2025VL7459号

书　　名	浙江省高职院校“十四五”重点立项建设教材 **化学分析技术（活页式）** HUAXUE FENXI JISHU（HUOYESHI）
作　　者	主编　姚华珍　胡建华
出版发行	中国水利水电出版社 （北京市海淀区玉渊潭南路1号D座　100038） 网址：www. waterpub. com. cn E-mail：sales@mwr. gov. cn 电话：（010）68545888（营销中心）
经　　售	北京科水图书销售有限公司 电话：（010）68545874、63202643 全国各地新华书店和相关出版物销售网点
排　　版	中国水利水电出版社微机排版中心
印　　刷	清淞永业（天津）印刷有限公司
规　　格	184mm×260mm　16开本　16.5印张　391千字
版　　次	2025年6月第1版　2025年6月第1次印刷
印　　数	0001—1500册
定　　价	**59.00**元

多媒体知识点索引

续表

序号	资　源　名　称	类型	页码
28	认识配位滴定法	视频	130
29	GB/T 601—2016《化学试剂　标准滴定溶液的制备》 4.15 乙二胺四乙酸二钠标准滴定溶液	文本	131
30	EDTA 标定	视频	132
31	自来水总硬度测定	视频	137
32	认识金属指示剂	视频	144
33	GB/T 601—2016《化学试剂　标准滴定溶液的制备》4.12 高锰酸钾标准滴定溶液	文本	150
34	高锰酸钾标准溶液标定	视频	150
35	认识氧化还原滴定法	视频	155
36	GB/T 1616—2014《工业过氧化氢》	文本	160
37	过氧化氢含量的测定	视频	160
38	GB/T 601—2016《化学试剂　标准滴定溶液的制备》4.6 硫代硫酸钠标准测定溶液	文本	171
39	硫代硫酸钠标准溶液标定	视频	171
40	碘标准溶液标定	视频	176
41	GB 7489—87《水质　溶解氧的测定　碘量法》	文本	177
42	水中溶解氧的测定	视频	177
43	GB/T 601—2016《化学试剂　标准滴定溶液的制备》4.5 重铬酸钾标准滴定溶液	文本	187
44	重铬酸钾法测定亚铁	视频	194
45	认识沉淀滴定法	视频	208
46	GB/T 5750.5—2023《生活饮用水标准检验方法　第 5 部分：无机非金属指标》	文本	210
47	水中氯离子的测定	视频	210
48	莫尔法	视频	216
49	佛尔哈德法	视频	217
50	GB/T 6009—2014《工业无水硫酸钠》6.3.1 重量法测硫酸钠	文本	225

前言

本教材立项为浙江省“十四五”第二批重点教材，是职业教育国家在线精品课程“化学分析”的配套教材，为新形态活页式教材。

本教材按照以学生为中心、以职业能力为本位，以学习成果为导向，促进学生自主学习能力提升的设计思路，全书以真实工作任务引领来整合相应的知识和技能，着力培养学生的实践操作能力，通过课程思政元素的融入，落实立德树人根本任务。

本教材内容设计以学生的职业能力形成为主线，设计了三个模块，十个项目，每个项目设计了若干任务。项目设有项目由来、学习导航、任务学习、课后拓展、阅读材料等，每个任务学习设有教学活动（明确任务、制定计划、任务实施、成果展示、评价反馈）、知识链接和巩固提升等活动。教学活动设计以实验操作任务为主线，融入“必需、够用、实用”的理论知识和课程思政元素，使学生在“做中学”中实现能力提升和价值塑造。致力于培养符合检验检测行业领域的技能应用趋势与方向的分析检验类高素质技能人才。

本教材具有以下特色与创新之处：

(1) 教材设计理实一体化。

本着“立足实用、强化能力、注重实践”的原则，教材内容融入化学检验员国家职业标准，以企业的实际工作任务为载体，融理论和实践于一体，将理论知识渗透到实验之中，使学生在完成工作任务的同时，将理论知识内化，避免了理论知识与技能操作脱节的现象。利用引导问题建立任务完成与知识学习之间的内在联系，并将完成工作任务的整个过程分解为一系列可以让学生独立学习和工作的相对完整的教学活动，通过完成工作任务学习理论知识，实现“做中学”“学中做”的教学做一体化理念，对于激发学生的职业兴趣、提高学生的职业技能起到促进作用。

(2) 实现课程思政。

教材内容包含与课程思政融合的素质拓展阅读内容，设计“课程思政

(社会能力）”学习目标。并通过精心设计各种学习活动，将职业场景融合于学习内容中，使学生通过“做中学”的工作过程，反复体验、感受职场环境，增强职业认同感。并将课程思政元素（职业素养）引入考核评价中。

（3）教学资源丰富。

本教材是职业教育国家在线精品课程“化学分析”的配套教材，数字化教学资源丰富，教学资源包括微课、多媒体课件、习题、拓展资料、思政素材等，可通过扫描二维码在线学习，给学生提供更多自主学习空间，满足线下线上混合式教学需求，实现高效课堂教学。

（4）评价方式多元。

本教材改变传统的评价模式，在每个任务完成后都要进行“评价反馈”，采用自评、组评、师评相结合，实现评价主体多元性。围绕任务学习目标，设计规范系统化的评价体系，将课程思政元素、职业标准要求和岗位工作规范等引入教学评价，实现课程培养目标，促进每个学生的全面发展。

本书由杭州万向职业技术学院姚华珍、胡建华任主编，参加编写的有：杭州万向职业技术学院陶星名、张志学、刘催萍、张阳洋、金熠，杭州华测检测技术有限公司吴万秀，浙江安联检测技术服务有限公司孙春花。

本书编写过程中参考了有关文献资料，谨向相关专家及原作者表示敬意与感谢！

由于编者水平有限，时间仓促，书中难免存在错误和疏漏，敬请广大读者批评指正。

编　者

2024年11月

目 录

课 程 导 论

认 识 化 学 分 析

课程导学

怎样知道我们喝的水是否安全？房间里的空气好不好？瓜果蔬菜是否有农药残留？这些问题需要进行分析检测才能知道答案，都属于分析化学范畴。

一、认识分析化学

1. 分析化学的任务和作用

分析化学是研究物质化学组成、含量、结构的分析方法及相关理论的一门学科，是四大基础化学之一，是化学学科的重要分支。分析化学的任务是对物质进行组成分析和结构鉴定，研究获取物质化学信息的理论和方法。

人们的衣食住行都离不开分析化学，分析化学可谓是生产、科研的眼睛。

在工业生产中，产品质量检验和工艺流程控制离不开分析化学；在农业生产中，水土成分调查、农药和化肥残留量的分析以及农产品的品质检验都需要分析化学；在生命科学领域，分析化学在揭示生命起源、研究疾病和遗传奥秘方面起着重要作用；在环保方面，对大气和水质的监测，对生态平衡进行研究以及评价和治理，工农业生产对环境的污染等，都需要借助分析化学手段。分析化学在提供信息、质量检验和尖端科学研究中起着重要作用，对国民经济和科学技术的发展都具有重大的实际意义。

2. 分析方法分类

分析化学的分析方法根据分析的任务、分析对象、测定原理和操作方法、试样用量、被测组分含量、工作性质、取样方式不同来进行分类。具体分类见表 0－1。

表 0－1　　分 析 方 法 分 类

分类依据	分析方法	内　　容
任务	定性分析	鉴定物质由哪些元素、基团或化合物所组成，解决有什么的问题
	定量分析	测定物质中各有关组分的相对含量，解决有多少的问题
	结构分析	研究物质的分子结构或晶体结构，通过测定物质的空间构型、排布方式，解决怎么样的问题
分析对象	无机分析	主要鉴定无机物的组成和各组分的相对含量
	有机分析	主要分析有机物官能团和分子结构及定性定量分析

续表

分类依据	分析方法	内　容
测定原理和操作方法	化学分析	以物质的化学反应为基础的分析方法。化学分析法历史悠久，是分析化学的基础，又称为经典分析法
	仪器分析	以物质的物理或物理化学性质为基础，使用特殊的仪器进行分析测定的方法。根据使用仪器不同可将其分为光学分析法、电化学分析法、色谱分析法等
试样用量	常量分析	液体试样体积＞10mL，固体试样质量＞0.1g
	半微量分析	液体试样体积：1～10mL，固体试样质量：0.01～0.1g
	微量分析	液体试样体积：0.01～1mL，固体试样质量：0.0001～0.01g
	超微量分析	液体试样体积＜0.01mL，固体试样质量＜0.0001g
被测组分含量	常量组分分析	＞1％
	微量组分分析	0.01％～1％
	痕量组分分析	＜0.01％
工作性质	常规分析	指厂矿企业实验室配合生产所进行的日常分析，也称为例行分析
	快速分析	要求在很短的时间内给出分析结果
	仲裁分析	对分析结果有较大差异、产生争议时，则要求具有一定权威的部门进行分析鉴定，称为仲裁分析或裁判分析
取样方式	在线分析	分析仪器安装在生产线上，在线取样分析
	离线分析	取样后到实验室进行分析，再报告分析结果

化学分析和仪器分析是分析化学的重要组成部分，是分析化学两大支柱。化学分析历史悠久，方法成熟，准确度高（误差＜0.1％），灵敏度较低，适用于试样中常量组分（1％以上）的测定，尤其是滴定分析操作简便、快速，准确度亦较高，是广泛应用的一种定量分析技术。仪器分析速度快，灵敏度高，适宜于低含量组分的测定。从整体看，化学分析是仪器分析的基础，仪器分析中关于试样预处理和方法准确度的校验等往往需要运用化学分析来完成；而仪器分析是化学分析的发展，两者唇齿相依，相辅相成，彼此相得益彰。

化学分析这门课程主要学习化学分析法的基本技能与基本理论。

二、认识化学分析

化学分析是以物质的化学反应为基础的分析方法。化学分析法历史悠久，是分析化学的基础，又称为经典分析法。根据其反应类型、操作方法的不同分为滴定分析法、重量分析法。

1. 滴定分析法

滴定分析法又称容量分析，是将一种已知准确浓度的试剂溶液滴加到被测物质的溶液中，直到所加溶液物质的量按化学计量关系恰好反应完全，然后根据所用试剂溶液的浓度和体积求得被测物质含量的分析方法。

滴定分析法根据标准溶液和待测组分间的反应类型的不同，分为4类。

（1）酸碱滴定法：以酸碱质子传递反应为基础的一种滴定分析方法，如氢氧化钠测定醋酸。

(2) 配位滴定法：以配位反应为基础的一种滴定分析方法，如 EDTA 测定水的硬度。

(3) 氧化还原滴定法：以氧化还原反应为基础的一种滴定分析方法，如高锰酸钾测定铁含量。

(4) 沉淀滴定法：以沉淀反应为基础的一种滴定分析方法，如食盐中氯的测定。

2. 重量分析法

重量分析法又称称量分析法。通过加入过量的试剂 R，使待测组分完全转化成一难溶的化合物，经过滤、洗涤、干燥及灼烧等一系列步骤，得到组成固定的产物 P，称量产物 P 的质量，就可以计算出待测组分 X 的含量。

三、定量分析一般程序

定量分析的一般程序大体分为 4 个步骤。

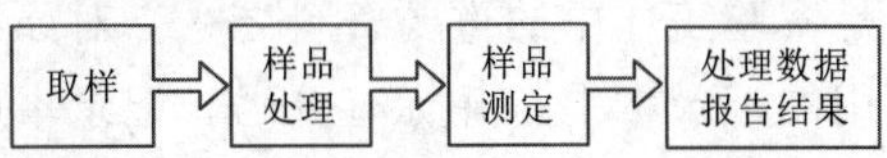

分析是一个复杂的过程，试样的多样性也使分析过程不可能一成不变，因此，对某一试样的具体定量分析过程还要视具体情况而定。

四、定量分析结果的表示

根据分析实验数据所得的定量分析结果一般用“待测组分的化学表示形式＋待测组分含量”来表示。

1. 待测组分的化学表示形式

(1) 以待测组分实际存在形式的含量表示。例如，测得试样中的含磷量后，根据实际情况以 P、P_2O_5、PO_4^{3-}、HPO_4^{2-}、$H_2PO_4^-$ 等形式的含量来表示分析结果。

(2) 以氧化物形式的含量表示。例如，各种元素的含量在矿石分析中常以其氧化物形式（如 K_2O、CaO、MgO、Fe_2O_3、Al_2O_3 等）的含量表示。

(3) 以元素的含量形式表示。例如在金属材料和有机分析中常以元素形式（Fe、Al、Cu、Zn、Sn、Cr、W 和 C、H、O、N、S 等）的含量表示。

(4) 以溶液中所存在的离子的含量表示。例如，电解质溶液的分析结果常以溶液中所存在的离子的含量表示。

2. 待测组分含量的表示方法

不同状态的试样，其待测组分含量的表示方法有所不同。

(1) 固体试样中待测组分的含量通常以质量分数表示。若试样中含待测组分的质量以 m_B 表示，试样质量以 m_S 表示，则它们的比称为物质 B 的质量分数，以符号 w_B 表示，即 $w_B=\frac{m_B}{m_S}\times100\%$，计算结果数值以%表示。

(2) 液体试样中待测组分的含量通常有如下表示方式。

1) 物质的量浓度：表示待测组分的物质的量 n_B 除以试液的体积 V_S，以符号 c_B 表示，常用单位为 mol/L。

2) 质量分数：表示待测组分的质量 m_B 除以试液的质量 m_S，以符号 w_B 表示。

3）体积分数：表示待测组分的体积 V_B 除以试液的体积 V_S，以符号 φ_B 表示。

4）质量浓度：表示单位体积试液中被测组分 B 的质量，以符号 ρ_B 表示，单位为 g/L、mg/L、μg/L 或 μg/mL、ng/mL、pg/mL 等。

（3）气体试样中的常量或微量组分的含量常以体积分数 φ_B 表示。

对于同一试样进行多次测定结果的报告，应以多次测定的算术平均值或中位值报告结果，并报告样本偏差。

五、数据记录与实验报告

实验数据的记录与处理不仅能表达试样中待测组分的含量，而且还反映测定的准确度。因此，正确地记录实验数据、书写实验报告、报告分析结果，是分析检测人员不可缺少的基本能力。

1. 实验数据的记录

实验数据的原始记录是实验工作中的重要资料之一。对原始记录的具体要求如下：

（1）数据应记录在专用的记录本上，并标有页码，记录本应妥善地保存。

（2）记录内容要完整，如日期、实验名称、测定次数、实验数据及实验者、特殊仪器的型号和标准溶液的浓度、温度等都应标明。

（3）记录数据要及时，且单位、符号符合法定计量单位的规定，杜绝拼凑或伪造数据。

（4）记录数字的准确度应与分析检验仪器的准确度相一致。如用常量滴定管和吸量管的读数应记录至 0.01mL。

（5）记录的每一个数据都是测量结果；平行测定时，即使得到完全相同的数据也应如实记录下来。

（6）在实验过程中，对记错的数据需要改动时，可在被改动的数据上划一横线（不要涂改），然后在其数据的上方写出正确数字。

（7）实验结束后，应对记录进行认真地核对，判断所测量的数据是否正确、合理，平行测定结果是否超差，以决定是否需要进行重新测定。

2. 实验报告的书写

实验报告一般包括下列内容：

（1）样品名称、样品编号、检验日期及检验人。

（2）HSE 内容：实验过程中必须做好的健康、安全、环保措施。

（3）实验目的：检验所要达到的目标。

（4）实验原理：通常用文字和反应式进行描述。

（5）试剂及仪器：写明仪器的型号、产地和标准溶液的浓度及配制方法。

（6）内容或步骤：一般按操作的先后顺序用箭头流程图表示。

（7）数据及处理：测量的数据可用表格形式记录，记录表格中一般包括测定次数、数据及其法定计量单位、平均值、平均偏差或标准偏差等。注意，记录中的异常值可用统计学方法进行判断，决定取舍后，再计算出算术平均值。

（8）讨论：即对实验过程中所观察到的现象及数据记录与处理进行分析与判断，找出误差产生的原因，提出改进措施；若实验失败，也应找出失败原因，总结经验教训。

六、标准基本知识

1. 标准

标准是对重复性事物和概念所做的统一规定。它以科学、技术和实践经验的综合成果为基础，经有关方面协商一致，由主管机构批准，以特定形式发布，作为共同遵守的准则和依据。

2. 标准分级、代号和编号

我国标准分为 4 级，即国家标准、行业标准、地方标准和企业标准。

（1）国家标准。

国家标准是指需要在全国范围内统一的技术要求而制定的标准，分为强制性国家标准和推荐性国家标准。强制性国家标准，代号为 GB，编号为

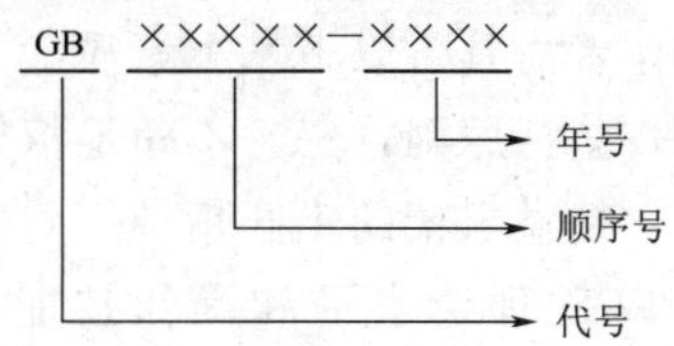

推荐性国家标准，代号为 GB/T，编号为

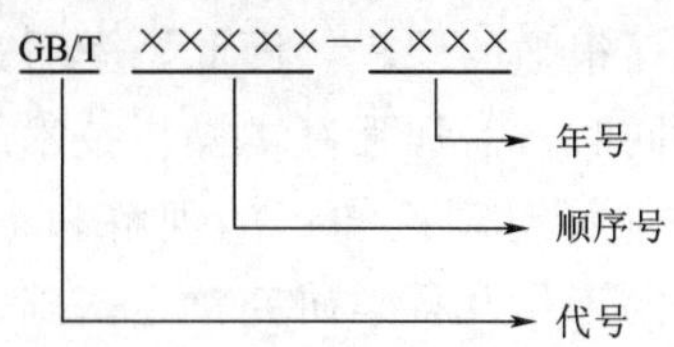

（2）行业标准。

行业标准是指无国家标准而又需要在全国某一个行业内统一的技术要求制定的标准，也分为强制性标准和推荐性标准。行业标准代号，由国务院标准化行政管理部门规定 28 个行业代号，其中化工行业为 HG，环境保护行业标准为 HJ。

（3）地方标准。

地方标准是指既无国家标准又无行业标准，需要在省一级范围内统一的技术要求而制定的标准，也分为强制性标准和推荐性标准。

代号为 DB，加上各省（直辖市，自治区）一级的行政区域代码的前两位数字再加斜线组成。

（4）企业标准。

企业标准是指对本企业范围内需要统一的技术要求而制定的标准，代号为 Q/××××，××××为某企业标准代号。企业可取汉语拼音字母或数字组成。

实验室的分析测试工作所涉及的标准可分为 3 类。

1）综合标准。GB 6682—2008《分析实验室用水规格和试验方法》；GB/T 601—2016《化学试剂　标准滴定溶液的制备》等。

2）产品标准。该标准包括各种被分析的产品的技术条件、分级及质量指标。

3）分析方法标准。这类标准有基础标准与通用方法。如化工产品的密度、相对密度测定通则；化工产品中水分含量的测定；化工产品中铁含量测定的通用方法等及各种仪器分析法通则。更大量的是各种产品（如钢铁、水泥等各种无机及有机化工产品）的

分析方法。

标准方法并不一定是技术上最先进、准确度最高的方法，而是在一定条件下简便易行，又具有一定可靠性、经济实用的成熟方法。标准方法的发展总是落后于实际需要，标准化组织每隔几年对已有的标准进行修订，颁布一些新的标准。因此，使用标准方法时要注意是否有新的标准替代了旧标准。另外，测试中是否采用标准方法要根据分析的目的及送样者的要求而定。

七、分析工作者职业素养

分析工作的产品就是分析结果。没有这些数字和结果，生产和科研就是盲目的。如果报出的分析结果有错误，将会造成重大经济损失和严重生产后果，甚至使生产和科研走向歧途。可见，分析工作者必须要具备良好的素质，才能胜任这一工作，满足生产和科研提出的各种要求。分析工作者需具备以下基本素质。

（1）认真负责，实事求是，坚持原则，一丝不苟地依据标准进行检验和分析。

（2）严谨细致、追求卓越、精益求精的工匠精神。

（3）努力学习，不断提高基础理论水平和操作技能，同时要有不断创新的开拓精神。

化学分析技术是一门实践性很强的课程，因此，学习过程中，必须注意理论与实践的结合，在注重理论课学习的同时，需加强基本操作技术的培养和锻炼。通过实验课的动手实践，提高操作技能，并加深对理论知识的理解和掌握，准确地树立“量”的概念。为后续课程的学习和将来的工作及科学研究奠定基础。

巩固提升

1. 定性分析、定量分析和结构分析的任务分别是什么？

2. 将 100mg NaCl 溶于 100mL 水中，请用 c、w、ρ 表示溶液中 NaCl 的含量。（水的密度为 1g/mL、100mg NaCl 溶于 100mL 水后体积为 100mL。）

阅读材料

阅读材料一　分析化学发展简史

在古代，人们已经开始从事分析检验的实践活动了。古代的冶炼、酿造工艺，随后在东、西方兴起的炼丹术、炼金术可视为分析化学的前驱。

化学的前沿一直是对新元素和新化合物的发现、合成、鉴定及研究，因此分析化学在早期化学的发展中一直处于前沿和主要的地位。但直到 19 世纪末，分析化学还处于没有系统理论指导的技术阶段。

进入 20 世纪，生产和科学技术及其理论的发展促进了分析化学的不断发展，期间分析化学学科的发展经历了 3 次巨大的变革。

第一次变革开始于 20 世纪初。此时随着分析化学基础理论，特别是物理化学基本概念（如溶液理论）的发展，溶液的四大平衡（酸碱平衡、络合平衡、氧化还原平衡、沉淀溶解平衡）理论建立，从而为以溶液化学反应为基础的经典分析化学（化学分析法）奠定了理论基础，第一次使分析化学从单纯的一种技术发展成为具有系统理论的一门科学。

第二次变革开始于 20 世纪 40 年代。此时物理学和电子学的发展，改变了经典的以化学分析为主的局面，使仪器分析获得蓬勃发展，许多新技术（X 射线、原子光谱、极谱、红外光谱、放射性等）得到了广泛的应用，促进了一系列以测量物理或物理化学性质为基础的仪器分析法的发展，使仪器分析成为分析化学的重要内容，极大地促进了分析质量的提高和分析速度的加快。

第三次变革开始于 20 世纪 70 年代。此时以计算机应用为主要标志的信息时代的来临，给分析化学带来了更加深刻的变革。由于现代科学技术和生产的蓬勃发展，特别是计算机科学和生命科学的发展，分析化学不再局限于定性与定量分析，而是逐渐突破原有的框架，开始介入物质形态、能态、结构及其时空分布等的测定。同时，为最大限度地获取物质的各种信息，分析化学吸取了当代科学技术的各种最新成果，创建并运用各种方法（包括化学的、物理的、数学和统计学的、电子学的、计算机科学的乃至生物医学的方法）进行测量，建立了多种测量新方法和新技术，如无损分析、遥测分析、在线分析、原位分析等。通过此次变革，分析化学进入了一个蓬勃发展的新阶段，并上升为一门多学科交叉的化学信息学科。分析化学已成为目前最有活力的学科之一。

阅读材料二　绿色分析化学的特点及方法

随着人们环保意识的增强，人们发现化学分析全过程也是化学物质污染排放源。传统的样品处理技术往往伴随着大量污染物产生，特别是大量废酸、废气以及有机溶剂的废液，既危害环境又危害分析者的身体健康，这显然违背了保护环境、控制污染的宗旨。因此，近年来人们在进行分析实验时，致力于少用或不用有机溶剂和其他化学试剂，进行绿色分析化学技术的研究与开发。

绿色分析化学是一门从源头上阻止污染的分析化学，是把绿色化学的原理使用在新的分析方法和技术的设计方面，其目标是利用环境友好的方法和原理，尽量不用或少用有害试剂，将环境污染减少到最低限度。

目前，绿色分析化学技术中，在绿色分析样品前处理技术方面主要有微波消解、微波萃取和超临界液体萃取等技术。在绿色分析分离富集技术方面主要有固相萃取、固相微萃取、膜萃取等技术。在绿色分析测试技术方面主要有近红外光谱分析、X 射线荧光分析、顶空气相色谱分析等技术。

环境保护人人有责。无污染或少污染的绿色分析化学技术现在正在兴起，正逐渐成为绿色化学的一个重要组成部分。每位分析人员在实验中都应该树立环保意识，并结合实验提出更多更好的创新性方法和技术，为绿色分析化学技术的研究与开发出一份力。在 21 世纪，绿色分析化学必将为人类可持续发展作出贡献。

模块一

化学分析基本技能

项目一　走进化学分析实验室

【项目由来】

你知道吗？实验室分析检验在诸多领域中具有举足轻重的地位。

首先，实验室分析检验在科学研究领域扮演着关键角色。无论是基础科学研究还是应用科学研究，都需要通过实验室分析检验提供精确、可靠的数据支持，帮助科学家们在研究中发现问题、解决问题，并推动科学知识的积累和发展。

其次，实验室分析检验在产品质量控制方面发挥着至关重要的作用。在制造业、食品业、医药业等众多行业中，实验室分析检验能够对原材料、生产过程以及最终产品进行严格的检测和评估，确保产品符合相关的质量标准和法规要求。

此外，实验室分析检验在环境监测与保护方面也具有重要意义。实验室分析检验能够对空气、水质、土壤等环境样品进行精确的测定和分析，为环境质量的评估和改善提供科学依据。

最后，实验室分析检验还在公共安全领域发挥着重要作用。在刑事侦查、毒品检测、生物安全等方面，实验室分析检验能够提供关键证据和信息，帮助相关部门查明事实真相，打击犯罪活动，维护社会稳定和公共安全。

综上所述，实验室分析检验在科学研究、产品质量控制、环境监测与保护以及公共安全等方面都具有不可替代的重要性。从今天开始我们就走进实验室，开始学习化学分析的基本知识和技能。

【学习导航】

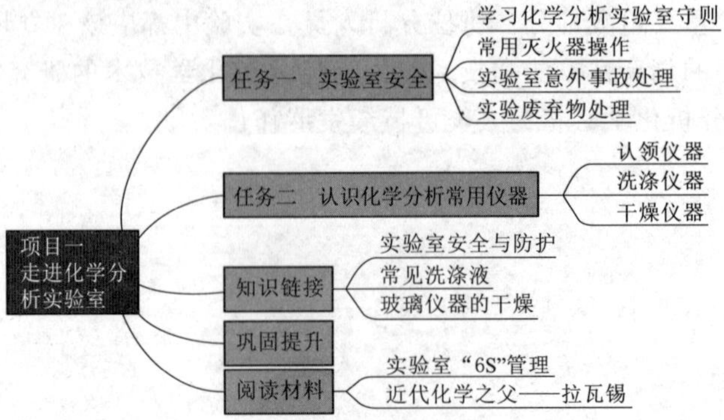

【任务学习】

任务一 实验室安全

【任务背景】

实验室安全是所有科研和教学活动中不可或缺的一部分，它关乎实验人员的生命健康以及实验环境的保护。在化学实验中，往往要使用一些易燃、易爆、有毒及有腐蚀性的化学试剂。这些化学试剂如果使用不当，就有可能发生着火、爆炸、中毒和灼伤等事故，造成人身伤亡并使国家财产遭受损失。此外，玻璃器皿、电器设备等如果使用或处理不当还会发生割伤或触电事故。为有效维护人身安全、确保实验顺利进行，每个实验者必须熟悉和遵守实验室规则、严格按实验规程进行操作，还应该了解常用仪器设备和化学药品的性能与危害、一般事故的预防与处理等安全防护知识。

【学习目标】

专业能力：1. 会正确使用灭火器。
2. 能正确处理实验废弃物。
3. 预防与处理实验室一般事故。

社会能力：1. 具备实验室安全意识和责任意识。
2. 具备团队合作意识和良好沟通能力。

方法能力：1. 能收集并处理各种资讯完成学习任务。
2. 养成良好实验习惯。

【教学活动】

1. 学习化学分析实验室守则

参观实验室，初步认识化学分析实验室，学习实验室守则。

化学分析实验室守则

(1) 检验人员必须认真学习分析规程和有关的安全技术规程，了解设备性能及操作中可能发生事故的原因，掌握预防和处理事故的方法。

(2) 实验前要了解电源、消防栓、灭火器、紧急洗眼器的位置及正确的使用方法；了解实验室安全出口和紧急情况时的逃生路线。

(3) 进行有危险性的工作，如危险物料的现场取样、易燃易爆物品的处理、焚烧废液等应有第二者陪伴，陪伴者应处于能清楚看到工作地点的地方并观察操作的全过程。

(4) 玻璃管与胶管、胶塞等拆装时，应先用水浇湿，手上垫棉布，以免玻璃管折断扎伤；开启存有挥发性药品的瓶塞和安瓿时，必须先充分冷却然后再开启（开启安瓿时需要用布包裹）；开启时瓶口须指向无人处，以免液体喷溅而遭致伤害。如遇到瓶塞不易开启时必须注意瓶内贮物的性质，切不可贸然用火加热或乱敲瓶塞。

(5) 实验时要身着长袖、过膝的实验服，长发（过衣领）必须束起或藏于帽内；不准穿拖鞋和凉鞋，不准穿底部带铁钉的鞋。

(6) 浓酸、浓碱具有强腐蚀性，切勿溅在皮肤和衣服上。用浓 HNO_3、HCl、$HClO_4$、H_2SO_4 等溶解样品时均应在通风橱中进行操作，不准在实验台上直接进行操作；稀释浓硫酸的容器、烧杯或锥形瓶要放在塑料盆中，只能将浓硫酸慢慢倒入水中，并不断搅拌，不能相反进行！必要时用水冷却。

(7) 蒸馏易燃液体严禁用明火。蒸馏过程不得离人，以防温度过高或冷却水突然中断。

(8) 实验室内每瓶试剂必须贴有明显的与内容相符的标签。严禁将用完的原装试剂空瓶不更新标签而装入别种试剂。

(9) 使用易燃、易爆气体（如氢气、乙炔等）时，要保持室内空气流通，严禁明火并应防止一切火星的发生。如由于敲击、电器的开关等所产生的火花，有些机械搅拌器的电刷极易产生火花，应避免使用，禁止在此环境内使用移动电话。

(10) 实验室内禁止吸烟、进食，一切化学药品严禁入口，离开前用肥皂洗手。

(11) 使用电器设备时，切不可用湿润的手去开启电闸和电器开关。凡是漏电的仪器不要使用，以免触电。

(12) 每日工作完毕检查水、电、气、窗，进行安全登记后方可锁门。

2. 常用灭火器操作

(1) 了解实验室常用的灭火器型号、规格、灭火原理、操作方法。对某一灭火器说出各部件的名称及作用。

(2) 进行灭火操作训练，按照各种灭火器的使用方法进行灭火操作演练。

3. 实验室意外事故处理

(1) 玻璃仪器容易破损，如在实验过程中发生割伤，应如何处理？

(2) 怎样避免化学灼伤和腐蚀？

4. 实验废弃物处理

小李同学在实验中产生了以下废弃物：①废盐酸；②废乙酸；③废氢氧化钠；④取浓硫酸的滴管；⑤清洗过取浓硫酸滴管的溶液；⑥称量纸；⑦废手套；⑧废口罩；⑨擦过浓硫酸的纸；⑩废乙醇溶液。

请你帮助他把实验过程中产生的废弃物的序号填入对应的废物桶中。

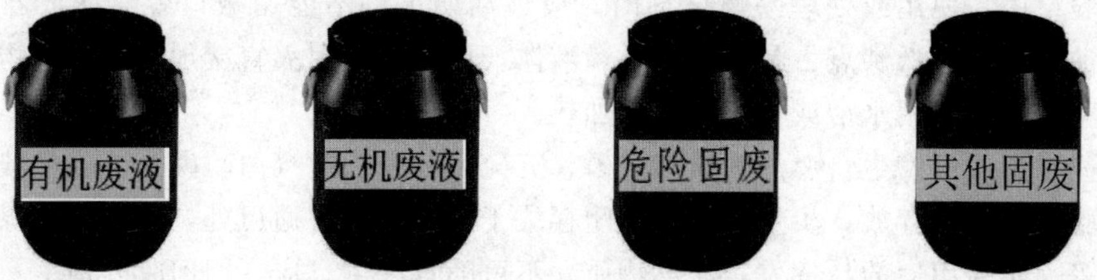

（　　）　（　　）　（　　）　（　　）

【评价反馈】

1. 学习评价

各小组展示成果、交流讨论疑难问题，对任务完成情况进行评价。实验室安全综合评价见表 1-1。

表 1-1　　实验室安全综合评价

评价指标	评分要素	分值	自评	组评	师评
课堂表现（20%）	按时出勤，无迟到、早退、旷课现象	5			
	积极参与教学活动，按时完成各项任务	15			
专业能力（45%）	正确使用灭火器	15			
	正确处理实验室意外事故	15			
	正确处理实验废弃物	15			
职业素养（社会能力）（25%）	仪容仪表、实验服穿戴	5			
	团队合作意识，交流沟通能力	5			
	遵循“6S”管理要求，关注环保安全健康	10			
	工作态度求真务实、科学严谨	5			
方法能力（10%）	收集处理各种资讯的能力	3			
	制定实施方案的能力	3			
	发现问题解决问题能力	4			
综合得分＝自评(25%)＋组评(25%)＋师评(50%)					

2. 自我反思

通过该任务的学习，你获得了什么？还有什么疑问需要老师帮助？

“6S”指整理（SEIRI）、整顿（SEITOW）、清扫（SEISO）、清洁（SEIKETSU）、素养（SHITSUKE）、安全（SECURITY）。

知识链接

知识点一 实验室安全与防护

一、防止火灾

防止火灾就是防止意外燃烧。只要控制意外燃烧的条件，就可有效地防止火灾。

实验室中，使用或处理易燃试剂时，应远离明火。不能用敞口容器盛放乙醇、乙醚、石油醚和苯等低沸点、易挥发、易燃液体，更不能用明火直接加热。这些物质应在回流或蒸馏装置中用水浴或蒸汽浴进行加热。

某些易燃或可发生自燃的物质如红磷、五硫化二磷、黄（白）磷及二硫化碳等，不宜在实验室内大量存放，少量的也要密闭存放于阴凉避光和通风处，并远离火源、电源和暖气等。实验用后的易挥发、易燃物质，不可随意乱倒，应专门回收处理。

若一旦不慎发生火情，应立刻切断电源，关闭煤气阀门，迅速移开附近一切易燃物质，再根据具体情况，采取适当的灭火措施，将火熄灭。如容器内着火，可用石棉网或湿布盖住容器口，使火熄灭；实验台面或地面小范围着火，可用湿布或黄沙盖灭；衣服着火时，切忌惊慌失措、四处奔跑，应用厚的外衣淋湿后包裹使其熄灭，较严重时应卧地打滚（以免火焰烧向头部），同时用水冲淋将火熄灭。火势较猛时，应根据具体情况，选用适当的灭火器，并立即与火警联系，请求救援。可选用的灭火器和适用的火源类型有：CO_2 灭火器，适合扑灭电器、油类等火灾；泡沫灭火器，适合扑灭有机溶剂、油类火灾，不适合扑灭电器火灾；干粉灭火器，适合扑灭油类、有机物、遇水燃烧物质的火灾；1211 灭火器，适合扑灭油类、有机溶剂、精密仪器、文书档案火灾等。

灭火时的注意事项：必须根据火源类型选择合适的灭火器材。如能与水发生剧烈作用的金属钠、过氧化物等失火时，不能用水灭火；而比水轻的易燃物品失火时，不能用水灭火；电器设备及电线着火时须关闭总电源，再用四氯化碳灭火器熄灭已燃烧的电线及设备；发生火灾时，要及时挪开可燃物质；实验室不允许存放过多的可燃物；加强对明火的管理，在加热时，远离可燃物质。电炉、煤气等加热器使用时应有专人看管，用后关闭；加热、蒸馏、溶解等操作要在通风橱中进行，操作人员应戴手套和眼镜。

二、防止爆炸

爆炸事故会造成严重后果，实验室中应认真加以防范，杜绝此类事故的发生。

实验室中的气体钢瓶应远离热源，避免曝晒与强烈震动。使用钢瓶或自制的氢气、乙炔、乙烯等气体做燃烧实验时，一定要在除尽容器内的空气后，方可点燃。

某些有机过氧化物、干燥的金属炔化物和多硝基化合物等都是易爆的危险品，不能用磨口容器盛装，不能研磨，不能使其受热或受剧烈撞击。使用时必须严格按操作规程进行。

金属钠、钾、钙等遇水易起火爆炸，需保存在煤油或液体石蜡中；银氨溶液久置后会产生爆炸性物质，因此不能长期储存；液氨和液氯接触、硝酸与松节油、高锰酸钾与甘油混合都易发生爆炸，这些物质绝对不能随意混合或放置一处。

仪器安装不正确，也会引发爆炸。在进行蒸馏或回流操作时，全套装置必须与大气相通，绝不能造成密闭体系。减压或加压操作时，应注意事先检查所用器皿的质量是否能承受体系的压力，器壁过薄或有伤痕都容易发生压炸。有时由于反应过于剧烈，致使某些化合物受热分解、使体系热量突增，气体体积膨胀而引起爆炸。遇此情形，可采取迅速撤离热源降温和停止加料等措施来缓解险情。

三、防止中毒

化学药品大多具有不同程度的毒性。在实验室中，人体的中毒主要是通过呼吸道、皮肤渗透及误食等途径发生的。

在进行有毒或有刺激性气体产生的实验时，应在通风橱内操作或采用气体吸收装置。若不慎吸入少量氯气或溴气，可用碳酸氢钠溶液漱口，然后吸入少量酒精蒸气，并到室外空气流通处休息。

任何药品都不得直接用手接触。取用毒性较大的化学试剂时，应戴防护眼镜和橡皮手套。洒落在桌面或地面上的药品应及时清理。

所有沾染过有毒物质的器皿，实验结束后都应立即进行清洗并做消毒处理。

实验室内严禁饮食。不得将烧杯作饮水杯用，也不得用餐具盛放任何药品。若误食或有毒物质溅入口中，尚未咽下者应立即吐出，再用大量水冲洗口腔；如已吞下，则需根据毒物性质进行解毒处理。如果吞入强酸，先饮大量水，然后再服用氢氧化铝膏，鸡蛋清；如果吞入强碱，则先饮大量水后，再服用醋、酸果汁和鸡蛋清；无论酸或碱中毒、服用鸡蛋清后，都需灌注牛奶，不要吃呕吐剂。

四、防止化学药品灼伤

许多化学药品如高浓度的硫酸、盐酸、硝酸、苯酚、溴、三氯化磷、硫化钠、氨水、强碱等都具有较强的腐蚀性，如果使用不当，与皮肤直接接触，就会造成灼伤。取用这类药品时，应戴防护眼镜和橡皮手套，以防药品溅入眼内或触及皮肤。加热试管时，管口不要指向自己或他人。倾注试剂、开启盛有挥发性物质的试剂瓶和加热液体时，不要俯视容器口，以防液体（或气体）溅出（或冲出）伤人。一旦因不慎发生灼伤，首先应立即用大量水冲洗。如果是酸灼伤，再用弱碱稀溶液（如1%碳酸钠溶液）洗；如果是碱灼伤，再用弱酸稀溶液（如1%硼酸溶液）洗；溴液灼伤，用石油醚洗后，再用2%硫代硫酸钠溶液洗，最后都应再用大量水冲洗，严重者必须送医院诊治。

五、防止玻璃割伤

玻璃仪器容易破损，在安装仪器时要特别注意保护其薄弱部位。如蒸馏烧瓶的支管和温度计的汞球等都属于易损部位，在将其插入橡胶塞孔时，应涂上少许凡士林或水，以增加润滑性。不得强行用力插入，以免仪器破裂，割伤皮肤。

用铁夹固定仪器时，施力要适当，用力过猛不仅会损坏仪器，还会被玻璃碎片割伤。切割玻璃管（棒）时，其断面应随即熔光，以防锋利的断面划伤皮肤。

发生割伤后，应先将伤口处的玻璃碎片取出，用蒸馏水清洗伤口后，涂上药水或敷上创可贴药膏。如伤口较大或割破了主血管，则应用力按紧主血管，防止大量出血，急送医院治疗。

六、防止电伤害

实验室中应注意安全用电，防止由于用电不当造成人身伤害。使用电器设备前，应先用验电笔检查电器是否有漏电现象。使用过程中如察觉有焦煳异味，应立即切断电源，检查维修，绝不能“带病作业”，以免造成严重后果。连接仪器的电线接头不能裸露，要用绝缘胶带缠扎。手湿时不能去触及电源开关，也不能用湿布去清擦电器及开关。

一旦发生触电事故，应立即切断电源，或用不导电物使触电者脱离电源，然后对其进行人工呼吸并急送医院抢救。

七、防止环境污染

对于化学实验过程中产生的废气、废液和废渣等有毒、有害的废弃物，应及时进行妥善处理，以消除或减少其对环境的污染。

实验室排出少量毒性较小的气体，允许直接放空，被空气稀释。根据有关规定，放空管不得低于屋顶 3m。若废气量较多或毒性较大，则需通过化学方法进行处理后再放空。例如 CO_2、NO_2、SO_2、Cl_2、H_2S 等酸性废气可用碱溶液吸收；NH_3 等碱性废气可用酸溶液吸收；CO 可先点燃转变成 CO_2 后再用碱性溶液吸收等。

有毒、有害的废液和废渣不可直接倾入垃圾堆，必须经过化学处理使其转化为无害物再行排放。例如氰化物可用硫代硫酸钠溶液处理，使其生成毒性较低的硫酸盐；含硫、磷的有机剧毒农药可先与氧化钙作用再用碱液处理，使其迅速分解失去毒性；硫酸二甲酯先用氨水、再用漂白粉处理；苯胺可用盐酸或硫酸中和成盐；汞可用硫黄处理生成无毒的 HgS；含汞盐或其他重金属离子的废液中加入硫化钠，便可生成难溶性的氢氧化物、硫化物等，再将其深埋地下。

巩固提升

一、单项选择题

1. 电气设备火灾宜用（ ）灭火。

A. 水　B. 泡沫灭火器　C. 干粉灭火器　D. 湿抹布

2. 贮存易燃易爆及强氧化性物质时，最高温度不能高于（ ）℃。

A. 20　B. 10　C. 30　D. 0

3. 能用水扑灭的火灾种类是（ ）。

A. 可燃性液体，如石油、食油　B. 可燃性金属如钾、钠、钙、镁等

C. 木材、纸张、棉花燃烧　D. 可燃性气体如煤气、液化石油气

4. 化学烧伤中，酸的蚀伤，应用大量的水冲洗，然后用（ ）冲洗，再用水冲洗。

A. 0.3mol/L HAc 溶液　B. 2% $NaHCO_3$ 溶液

C. 0.3mol/L HCl 溶液　D. 2% NaOH 溶液

5. 下列有关贮藏危险品方法不正确的是（ ）。

A. 危险品贮藏室应干燥、朝北、通风良好

B. 门窗应坚固，门应朝外开

C. 门窗应坚固，门应朝内开

D. 贮藏室应设在四周不靠建筑物的地方

6. 下列中毒急救方法错误的是（ ）。

A. 呼吸系统急性中毒，应使中毒者离开现场，使其呼吸新鲜空气或做抗休克处理

B. H_2S中毒立即进行洗胃，使之呕吐

C. 误食了重金属盐溶液应立即洗胃，使之呕吐

D. 皮肤、眼和鼻受毒物侵害时，应立即用大量自来水冲洗

7. 严禁将（　　）与氧气瓶同车运送。

A. 氮气瓶、氢气瓶　　B. 二氧化碳瓶、乙炔瓶

C. 氩气瓶、乙炔瓶　　D. 氢气瓶、乙炔瓶

8. 应该放在远离有机物及还原性物质的地方，使用时不能戴橡皮手套的是（　　）。

A. 浓硫酸　　B. 浓盐酸　　C. 浓硝酸　　D. 浓高氯酸

9. 实验室安全守则中规定，严禁任何（　　）入口或接触伤口，不能用（　　）代替餐具。

A. 食品，烧杯　　B. 药品，玻璃仪器

C. 药品，烧杯　　D. 食品，玻璃仪器

10. 检查可燃气体管道或装置气路是否漏气，禁止使用（　　）。

A. 火焰　　B. 肥皂水

C. 十二烷基硫酸钠水溶液　　D. 部分管道浸入水中的方法

11. 下列易燃易爆物存放不正确的是（　　）。

A. 分析实验室不应贮存大量易燃的有机溶剂

B. 金属钠保存在水里

C. 存放药品时，应将氧化剂与有机化合物和还原剂分开保存

D. 爆炸性危险品残渣不能倒入废物缸

二、多选题

1. 使用氢氟酸，必须（　　）。

A. 使用搪瓷器皿　　B. 使用玻璃器皿

C. 稀释时戴手套　　D. 通风橱内稀释

E. 皮肤接触后立即用大量流水做长时间彻底冲洗

2. 下列有关实验室安全知识说法正确的是（　　）。

A. 稀释硫酸必须在烧杯等耐热容器中进行，且只能将水在不断搅拌下缓缓注入硫酸中

B. 有毒、有腐蚀性液体操作必须在通风橱内进行

C. 氰化物、砷化物的废液应小心倒入废液缸，均匀倒入水槽中，以免腐蚀下水道

D. 易燃溶剂加热应采用水浴加热或沙浴，并避免明火

3. 下列有关用电操作正确的是（　　）。

A. 人体直接接触及电器设备带电体

B. 用湿手接触电源

C. 在使用电气设备时经检查无误后开始操作

D. 电器设备安装良好的外壳接地线

4. 在实验室中，皮肤溅上浓碱液时，在用大量水冲洗后继而应（　　）。

A. 用5%硼酸处理　　B. 用5%小苏打溶液处理

C. 用2%醋酸处理　　D. 用1∶5000 $KMnO_4$ 溶液处理

三、判断题

1. (　　) 实验室的安全包括：防火、防爆、防中毒、防腐蚀、防烫伤、保证压力容器和气瓶的安全、电器的安全以及防止环境污染等。

2. (　　) 实验室使用电器时，要谨防触电，不要用湿的手、物去接触电源，实验完毕后及时拔下插头，切断电源。

3. (　　) 进行油浴加热时，由于温度失控，导热油着火，此时可用水来灭火。

4. (　　) 灭火时必须根据火源类型选择合适的灭火器材。

5. (　　) 在实验室中浓碱溶液应贮存在聚乙烯塑料瓶中。

6. (　　) 变色硅胶受潮时的颜色为粉红色。

任务二　认识化学分析常用仪器

【任务背景】

进行分析检验工作，要用到各种仪器。熟悉常用仪器的规格、性能、正确使用方法和保管方法，对于规范操作、准确地报出分析结果，延长仪器的使用寿命和防止意外事故的发生，都是十分必要的。另外，玻璃仪器是否洗净，直接影响实验结果的准确性和精密度。因此，洗涤玻璃仪器是实验室工作的一个重要环节。本次任务是认识分析工作中的主要工具，洗涤并干燥部分玻璃仪器。

【学习目标】

专业能力：1. 能认识常用的实验仪器。
　　　　　2. 会洗涤干燥玻璃仪器。

社会能力：1. 具备与团队成员沟通的能力。
　　　　　2. 形成团队合作意识。

方法能力：1. 能收集并处理各种资讯完成学习任务。
　　　　　2. 能解决实验过程中遇到的一些问题。

【教学活动】

(1) 认领仪器。2人小组认领、核对实验仪器。认识各种仪器，了解它们的主要用途和使用注意事项，写出表1-2中各仪器的名称、主要用途及使用注意事项。

表1-2　常用仪器的用途及注意事项

仪器	名称	主要用途及使用注意事项
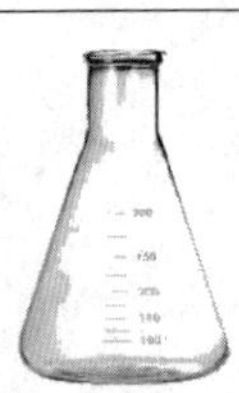		

续表

仪器	名称	主要用途及使用注意事项
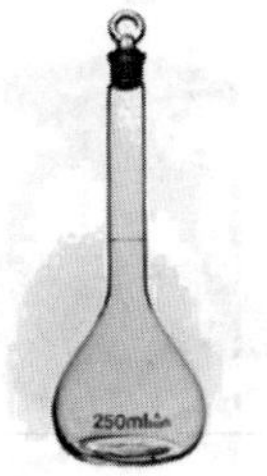		
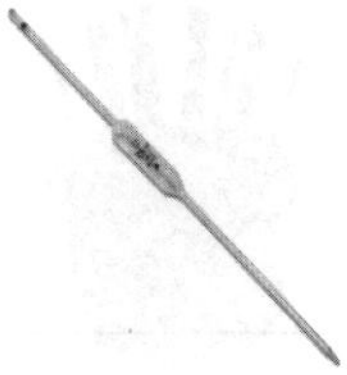		
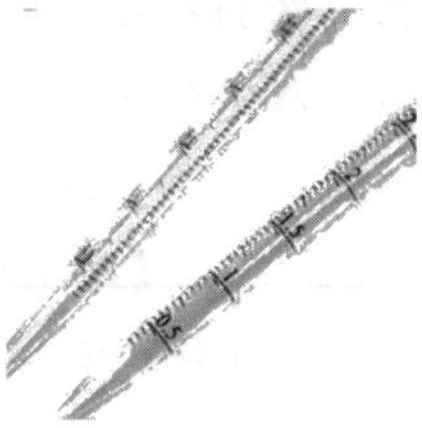		
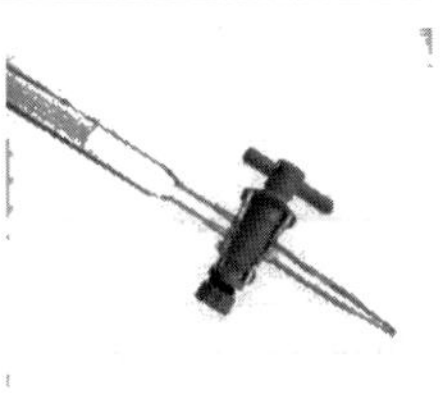		
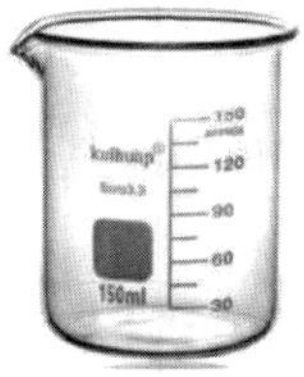		

2. 自我反思

通过该任务的学习，你获得了什么？还有什么疑问需要老师帮助？

知识链接

知识点一 常见洗涤液

化学分析中使用的玻璃仪器和玻璃器皿需按要求彻底洗净后才能使用。玻璃仪器洗净的标准是内壁附着的水既不聚成水滴也不成股流下。

1. 玻璃仪器的清洗方法

(1) 水洗：首先倒净玻璃仪器内的废液，注入半仪器量的水，振荡后倒掉，再注入水振荡后倒掉，重复几次直到干净后晾干备用。

(2) 涮洗：当玻璃仪器内壁上附着有不易用水洗掉的物质时，可用相应的刷子刷洗，刷洗时须转动或上下移动刷子，但用力不要过猛，以防损坏玻璃仪器。

(3) 用洗涤液洗：当玻璃仪器内壁上附着有难溶性不易刷洗掉的物质时，可用一些洗涤液来帮助清洗，然后用水冲洗干净晾干备用。污染的玻璃仪器和玻璃器皿，根据污染物的性质，采用不同洗涤液，通过化学或物理作用，有效地洗净仪器。

2. 常用洗涤液的配制和使用方法

(1) 重铬酸钾-浓硫酸洗液：称取化学纯重铬酸钾 100g 于烧杯中，加入 100mL 水，微加热，使其溶解。把烧杯放于冷水浴中冷却后，慢慢加入浓硫酸，边加边用玻璃棒搅拌，防止硫酸溅出，开始混合时有沉淀析出，硫酸加到一定量，沉淀可逐渐溶解，加硫酸定容至溶液总体积为 1000mL。该洗液是强氧化剂，但氧化作用比较慢，直接接触器皿数分钟至数小时才有作用，取出后要用自来水充分冲洗 7～10 次，最后用纯水淋洗 3 次。

(2) 肥皂洗涤液、碱洗涤液、合成洗涤剂洗涤液：配制一定浓度，主要用于油脂和有机物的洗涤。

(3) 氢氧化钾-乙醇洗涤液：称取 100g 氢氧化钾，用 50mL 水溶解后，加工业乙醇至 1L。它适合洗涤油垢、树脂等。

(4) 酸性草酸或酸性羟胺洗涤液：称取 10g 草酸或 1g 盐酸羟胺，溶于 10mL 盐酸 (1+4) 中。该洗涤液洗涤氧化性物质，对玷污在器皿上的氧化剂，酸性草酸作用慢；而羟胺作用快且易洗净。

(5) 硝酸洗涤液：常用浓度 (1+9) 或 (1+4)，主要用于浸泡清洗测定金属离子器皿。一般浸泡过夜，取出用自来水冲洗，再用去离子水或双蒸水冲洗。

知识点二 玻璃仪器的干燥

某些实验要求在无水条件下进行，这种情况需要使用干燥的玻璃仪器。玻璃仪器的干燥方法主要包括以下几种。

(1) 自然晾干：将洗净的玻璃仪器开口向下，敞开仪器开口，让水分自然流出并挥发。

(2) 吹干：使用电吹风或专用的气流烘干机吹干，适用于烧杯等仪器的干燥。

(3) 烤干：使用小火均匀烤干，适用于数量少、体积小的玻璃仪器，如试管。

(4) 烘干：将清洗过的仪器倒置沥水后，放入烘箱内，在105～110℃恒温约0.5h即可烘干。一般应在烘箱温度自然下降后，再取出仪器。如因急用，在烘箱温度较高时取用仪器，应用干布垫上后取出，在石棉网上放置，冷却至室温后方可使用。

注意，有刻度的仪器（如量筒）和厚壁器皿（如吸滤瓶）等不耐高温，不宜用烘箱干燥。

(5) 有机溶剂干燥：对于一些不能加热的厚壁或有精密刻度的仪器，如试剂瓶、吸滤瓶、比色皿、容量瓶、滴定管和吸量管等，可加入少量易挥发且与水互溶的有机溶剂（如丙酮、无水乙醇等），转动仪器使溶剂浸润内壁后倒出。如此反复操作2～3次，便可借助残余溶剂的挥发将水分带走。如果实验中急用干燥的玻璃仪器，也可用此法进行快速干燥。

注意事项：无论使用哪种方法干燥仪器，都要小心操作，因为玻璃仪器是极易破碎的。对于带有磨砂口玻璃塞的仪器，必须取出活塞后才能烘干，以避免堵塞。此外，烘烤前应将仪器外壁的水擦干，以防止破裂。对于急于干燥的仪器或不适合放入烘箱的较大的仪器，可采用吹干的方法，使用少量乙醇、丙酮等倒入已控去水分的仪器中摇洗控净溶剂，然后用电吹风机吹干。

巩固提升

一、单项选择题

1. 下面不宜加热的仪器是（　　）。

A. 试管　　B. 坩埚　　C. 蒸发皿　　D. 移液管

2. 制备好的试样应贮存于（　　）中，并贴上标签。

A. 试剂瓶　　B. 烧杯　　C. 称量瓶　　D. 干燥器

3. 没有磨口部件的玻璃仪器是（　　）。

A. 碱式滴定管　　B. 碘量瓶　　C. 酸式测定管　　D. 称量瓶

4. （　　）只能量取一种体积。

A. 吸量管　　B. 移液管　　C. 量筒　　D. 量杯

二、多选题

1. 下列（　　）组容器可以直接加热。

A. 容量瓶、量筒、锥形瓶　　B. 烧杯、硬质锥形瓶、试管

C. 蒸馏瓶、烧杯、平底烧瓶　　D. 量筒、广口瓶、比色管

2. 下列关于瓷器皿的说法中，正确的是（　　）。

A. 瓷器皿可用作称量分析中的称量器皿

B. 可以用氢氟酸在瓷器皿中分解处理样品

C. 瓷器皿不适合熔融分解碱金属的碳酸盐

D. 瓷器皿耐高温

三、判断题

1. （　　）锥形瓶可以用去污粉直接刷洗。

2. （　　）用纯水洗涤玻璃仪器时，使其既干净又节约用水的方法原则是少量多次。

3. （　　）玻璃器皿不可盛放浓碱液，但可以盛酸性溶液。

4. （　　）滴定管内壁不能用去污粉清洗，以免划伤内壁，影响体积准确测量。

【阅读材料】

阅读材料一　实验室“6S”管理

实验室“6S”管理内容和标准主要包括以下6个方面。

整理（SEIRI）：区分工作场所中哪些物品是必要的，哪些是不必要的，去除不必要物品，只留下必要的物品。

整顿（SEITON）：将留下来的必要物品按照规定的标准位置进行摆放，并放置整齐加以标示，以便于快速找到和使用。

清扫（SEISO）：保持工作场所的干净、亮丽，包括设备的清洁和维护，以及工作环境的整洁。

清洁（SEIKETSU）：维持整理、整顿、清洁的成果，确保工作场所始终保持整洁。

素养（SHITSUKE）：培养员工良好的工作习惯和遵守规则的精神，提升员工的自我规范和自我管理能力。

安全（SECURITY）：重视全员安全教育，确保安全第一的观念，预防事故的发生。

这些标准和内容旨在通过一系列的实践活动，如整理、整顿、清洁等，来提升实验室的工作环境、工作效率和员工的安全意识，同时也有助于提升实验室的仪器设备管理、环境与安全管理以及管理规章制度等方面的管理水平。

阅读材料二　近代化学之父——拉瓦锡

安托万·洛朗·拉瓦锡（Antoine-Laurent de Lavoisier，1743—1794），法国著名化学家，被后世尊称为“近代化学之父”。拉瓦锡在化学上的杰出成就很大程度上源于他将化学从定性转向定量的转变。拉瓦锡因提出氧化学说而闻名。他认识并命名了氧气（1778年）和氢气（1783年），并反对燃素说。拉瓦锡帮助构建了度量体系，编写了第一份广泛的元素清单，并帮助改革化学术语。他预言了硅的存在（1787年）并第一个确立硅的存在，同时确立硫只包含一种元素（1777年），而不是一种化合物。他提出规范的化学命名法，撰写了第一部真正现代化学教科书《化学基本论述》。他倡导并改进定量分析方法并用其验证了质量守恒定律，他称为“物质不灭定律”。

项目二　分析检验准备

【项目由来】

作为一名分析检验人员，要完成一项检测任务，必须熟练规范使用称量仪器天平和计量仪器移液管、容量瓶和滴定管等，还需要配制各种溶液来满足不同的实验要求，检测结束要处理分析实验数据，撰写报告等。本项目以6个任务引领，学习分析检验前期应具备的操作技能和理论知识，以任务驱动理论知识的学习，在技能训练中强化理论知识。

【学习导航】

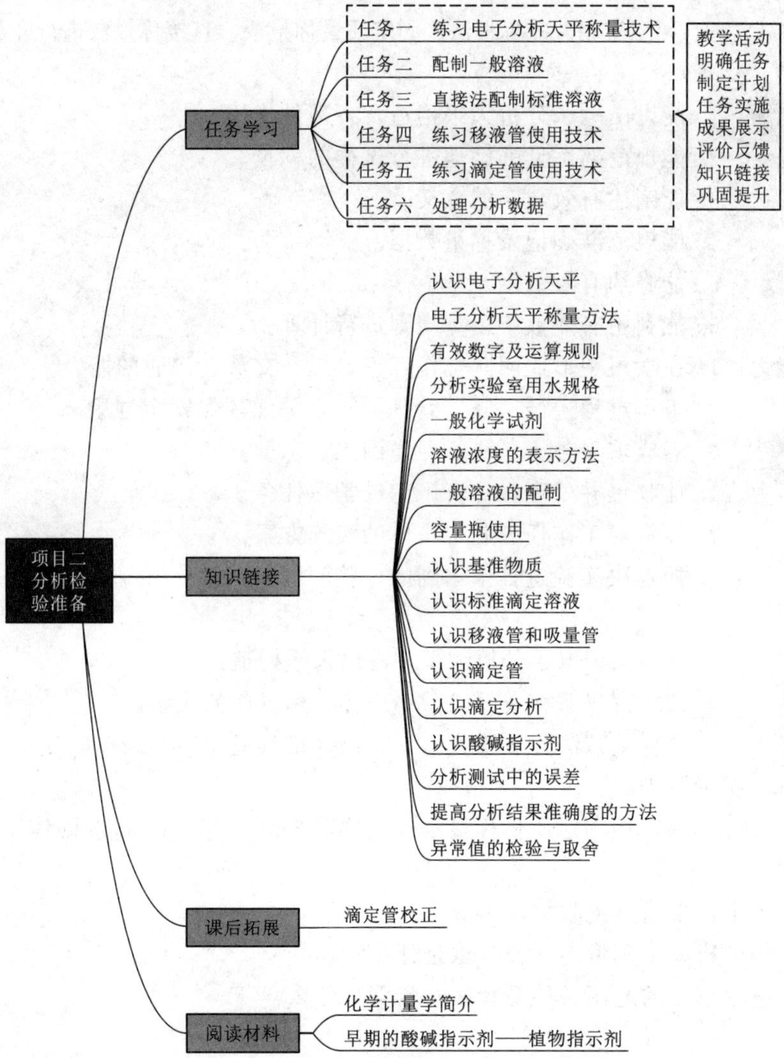

【任务学习】

任务一 练习电子分析天平称量技术

教学活动

活动一 明确任务

【任务背景】

我们判断所喝的水是否有害身体健康，空气质量是否优良，土壤中重金属是否超标等等，均需要进行定量分析。在定量分析中，准确称量物质的质量是获得准确分析结果的第一步。电子分析天平是定量分析中最主要、最常用的称量仪器之一，正确熟练地使用电子分析天平是做好分析检验工作的基本保证。因此，分析工作者必须了解电子分析天平的构造、使用步骤及称量方法。熟练使用差减称量法、固定质量称量法、直接称量法进行样品的称量。

【学习目标】

专业能力：1. 能说出电子分析天平构造及各部件作用。
2. 能规范熟练且准确地进行试样的称量。
3. 能阐述有效数字的意义。
4. 能规范准确记录称量数据。
5. 能修约有效数字。
6. 能利用有效数字运算规则进行计算。

社会能力：1. 在学习中形成团队合作意识，提升交流、沟通的能力。
2. 工作过程遵循“6S”管理要求，关注环保安全健康。
3. 养成求真务实、科学严谨的工作态度。

方法能力：1. 能收集并处理各种资讯完成学习任务。
2. 能针对工作任务制定具体的实施方案。
3. 能解决实验过程中遇到的一些问题。

【任务书】

差减法称量

(1) 认识电子分析天平，说出天平构造。

(2) 直接法称表面皿、小烧杯、称量瓶的质量。

(3) 差减法称 3 份 0.3～0.4g（精确到 0.0001g）固体 NaCl 试样于锥形瓶中。

(4) 用固定质量称量法连续称取 3 份 0.2000g NaCl 固体于小烧杯中。

【收集资讯】

根据任务书，小组分工收集以下资讯。

(1) 电子分析天平称量的一般步骤是什么?

(2) 差减称量法的适用条件是什么? 步骤是什么?

活动二 制定计划

【填写工单】

各小组根据任务书及需收集的信息，做好分工，每位同学认领自己的任务，填写工作任务单。完成任务后小组成员进行分享交流。工作任务单见表 2-1。

表 2-1 工作任务单

步骤	工作内容	负责人（任务分工）
1		
2		
3		
4		
5		

【确定方案】

通过分享交流，各小组总结直接法称量、差减法称量和固定质量法称量的步骤，画出流程图，各小组派代表阐述流程，师生共同讨论，确定最佳方案，绘制如下。

1. 直接法称量步骤

2. 差减法称量步骤

3. 固定质量法称量步骤

活动三 任务实施

【任务准备】

1. EHS 内容

请分析本任务所涉及的健康、安全及可能会产生的环境问题，并写出相应的健康安全预防措施和相关环境保护措施。

2. 仪器准备

领用所需仪器，对于易混用玻璃器皿，贴上标签。请列出仪器清单。所需仪器清单见表 2 - 2。

表 2 - 2　　所需仪器清单

序号	名称	规格	序号	名称	规格

【任务实施】

1. 认识电子天平

写出电子天平各部件的名称：

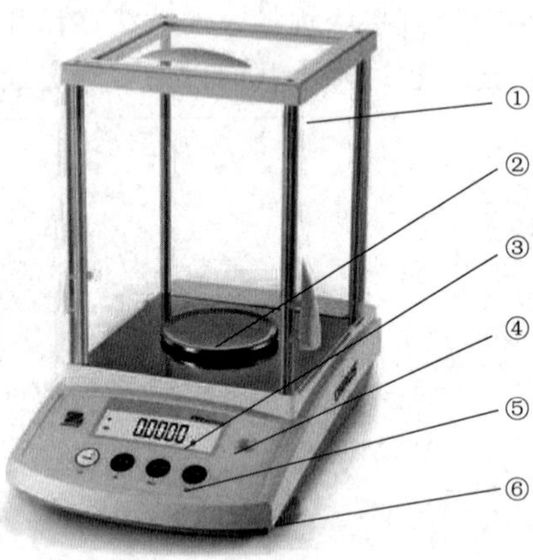

2. 根据讨论确定的步骤完成称量任务

操作过程出现的问题：   解决办法：

3. 实验结束

整理台面，归置设备试剂，清洗玻璃仪器，清扫场地卫生，正确处理废液废纸。

活动四 成 果 展 示

【数据记录及处理】

把称量数据正确记录在相应表格中（表 2-3、表 2-4、表 2-5）。

表 2-3 直接法称量数据记录

物品	表面皿	小烧杯	称量瓶	
质量/g				

表 2-4 差减法称量数据记录

试样编号	1°	2°	3°	4°
称量瓶与试样质量/g	$m_1=$	$m_1=$	$m_1=$	
倾出试样后称量瓶与试样质量/g	$m_2=$	$m_2=$	$m_2=$	
试样质量/g	$\Delta m=$	$\Delta m=$	$\Delta m=$	

表 2-5 固定质量称量数据记录

试样编号	1°	2°	3°	4°
小烧杯质量/g				
小烧杯与试样质量/g				
试样质量/g				

【完成报告】

请按照行业规范撰写实验报告，内容包括：HSE 内容、实验目的、实验原理、原始数据记录、数据处理，结果评价和问题分析等。

活动五 评 价 反 馈

【学习评价】

评价学习成果、交流讨论疑难问题。电子天平称量练习综合评价见表 2-6。

表 2-6 电子天平称量练习综合评价

评价指标	评 分 要 素	分值	自评	组评	师评
课堂表现（15%）	按时出勤，无迟到、早退、旷课现象	5			
	积极参与教学活动，按时完成各项任务	10			
专业能力（50%）	认识天平各部件	5			
	天平使用前的准备工作	5			
	直接法称量	10			
	差减法称量	10			
	固定质量法称量	10			
	规范记录实验数据	5			
	称量结束工作	5			

续表

评价指标	评分要素	分值	自评	组评	师评
职业素养（社会能力）（25%）	仪容仪表、实验服穿戴	5			
	团队合作意识，交流沟通能力	5			
	遵循“6S”管理要求，关注环保安全健康	10			
	工作态度求真务实、科学严谨	5			
方法能力（10%）	收集处理各种资讯的能力	3			
	制定实施方案的能力	3			
	发现问题解决问题能力	4			
综合得分=自评(25%)+组评(25%)+师评(50%)					

【自我反思】

通过该任务的学习，你获得了什么？还有什么疑问需要老师帮助？

知识链接

知识点一 认识电子分析天平

一、电子分析天平构造

电子分析天平主要有以下几个部分组成（图 2-1）。

图 2-1 电子分析天平

(1) 机壳：其作用是保护电子天平免受到灰尘等物质的侵害，同时也是电子元件的基座等。

(2) 秤盘：秤盘多为金属材料制成，安装在天平的传感器上，是天平进行称量的承受装置。它具有一定的几何形状和厚度，以圆形和方形的居多。使用中应注意卫生清洁，更不要随意掉换秤盘。

(3) 按键：电子天平上的按键是为了方便用户操作和控制天平的各种功能。不同的电子天平型号可能会有不同的按键布局和功能，常见的按键有开机/关机键和去皮/调零键（TARE）。

开机/关机键：通常标有“ON/OFF”或电源图标，用于开启或关闭天平。

去皮/调零键（TARE）：按下此键后，天平会将当前秤盘上的重量设为零，便于在已有的容器中添加物品并仅测量新增加的重量。

(4) 显示屏：主要用于显示称量结果和其他信息。

(5) 传感器：传感器是电子天平的关键部件之一，由外壳、磁钢、极靴和线圈等组成，装在秤盘的下方。

(6) 气泡水平仪：帮助使用者调整天平至水平位置，这对于测量的准确性至关重要。

(7) 底脚：电子天平的支撑部件，同时也是电子天平水平的调节部件，一般均靠后面两个调整脚来调节天平的水平。

二、电子天平的使用方法

电子天平使用时操作步骤如下：

(1) 取下防尘罩，清扫天平，接通电源，预热 30min 以上。

(2) 检查天平是否水平，调节水泡应位于水平仪中心。如不水平，应通过调节天平的底脚螺丝使其达到水平状态。

(3) 按下 ON/OFF 键，使显示器亮，并显示称量模式“0.0000g”。如果显示不是“0.0000g”，则要按一下“调零”键。

(4) 将物品放到秤盘上，关上防风门。待显示屏上的数字稳定并出现质量单位“g”后，即可读数，记录称量结果。

(5) 称量完毕，取下被称物。如果不久还要继续使用，不必拔下电源插头，让天平处于待命状态。如果长时间不用，应拔下电源插头，盖上防尘罩。

三、电子天平使用注意事项

(1) 电子天平在安装之后、称量之前必须进行校准。

(2) 电子天平开机后需要预热较长一段时间（至少 0.5h 以上），才能进行正式称量。

(3) 电子天平自重较小，容易发生位移，所以使用时动作要轻缓，要经常检查水平是否改变。

(4) 长时间不使用的电子天平应每隔一段时间通电一次，以保持电子元器件干燥，特别是湿度大时更应经常通电。

知识点二　电子分析天平称量方法

电子天平的称量方法主要有以下三种：

1. 直接称量法

按照前述称量的一般程序检查调整好天平后，先称出清洁干燥的表面皿的质量，再用牛角勺取试样放在表面皿上，称出表面皿和试样的总质量。两次称量质量之差为被称物的质量。直接称量法适用于在空气中没有吸湿性、不与空气反应的试样或洁净干燥的器皿、棒状或块状的金属等固体样品的称量。

2. 固定质量称量法

此法用于称取指定质量的物质。适合于称取本身不易吸水并在空气中性质稳定的物质，如金属、矿石和某些结晶状态试剂等。该称量方法是调节天平零点后，把干燥、洁净的器皿（也可用称量纸）放在电子天平称盘中央，按下“TARE”去皮键，使屏幕显示为“0”，小心地将盛有试样的牛角勺伸向秤盘的容器上方 2～3cm 处，勺的另一端顶在掌心上，用拇指、中指及掌心拿稳角勺，并用食指轻弹勺柄，将试样慢慢抖入容器中，直至屏幕显示所需质量为止，如图 2－2 所示。

3. 差减称量法

此法适用于易吸水、易氧化、易与 CO_2 反应的物质或连续多份试样的称取。该称量方法是首先将适量的试样装入洁净干燥的称量瓶中，用洁净的小纸条套在称量瓶上[图 2－3 (a)]，将称量瓶放在天平秤盘中心，设称得其质量为 m_1 (g)。取出称量瓶，用左手将其置于承接试样的容器（烧杯或锥形瓶）上方，右手用小纸片夹住瓶盖柄，打开瓶盖，将称量瓶慢慢向下倾斜，用瓶盖轻轻敲击瓶口，让试样慢慢落入容器内[图 2－3 (b)]，不要把试样撒落在容器外。估计倾出的试样接近所需要量时，一边开始继续敲击瓶口，一边慢慢将瓶身竖直。盖好瓶盖，放回天平盘上再称量其质量，设此时称得的质量为 m_2 (g)，则称出试样的质量为 m_1-m_2 (g)。注意称量时应检查所倾出的试样质量是否在称量范围内；若不在，应重复上面的操作，直到倾出的试样质量达到要求为止。若倾出试样量超过所需数量，则只能弃去重称。

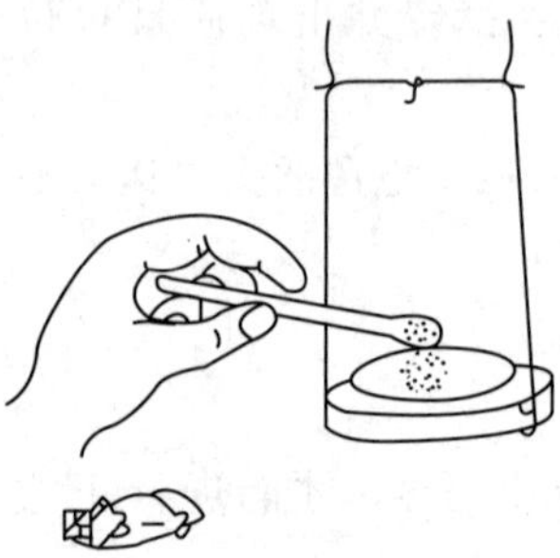

图 2－2 固定质量称量法

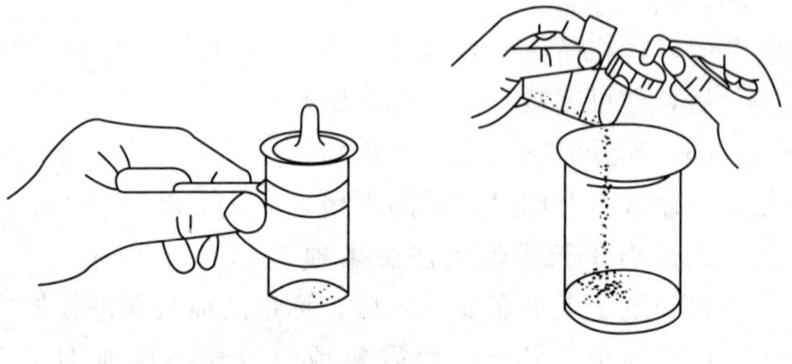

(a) (b)

图 2－3 差减称量法

知识点三 有效数字及运算规则

有效数字及运算规则

在定量分析中，为了得到准确的分析结果，不仅要准确地进行各种测量，而且还要正确地记录和计算。分析结果所表达的不仅仅是试样中待测组分的含量，而且还反映了测量的准确程度。因此，在实验数据的记录和结果的计算中，保留几位数字不是任意的，要根据测量仪器、分析方法的准确度来决定，这就涉及有效数字的概念。

一、有效数字

有效数字是指在分析工作中实际能够测量得到的数字。在保留的有效数字中，只有最后一位数字是可疑的（有 ±1 的误差），其余数字都是准确的。例如滴定管读数 25.31mL 中，25.3 是确定的，0.01 是可疑的，可能为（25.31±0.01）mL。有效数字的位数由所使用的仪器决定，在记录测量数据时，不能任意增加或减少位数，如前例中滴定管的读数不能写成 25.310mL，因为仪器无法达到这种精度；也不能写成 25.3mL 而降低了仪器的精度。

数字“0”在有效数字中有不同的意义。在第一个非 0 数字前的所有的“0”都不是有效数字，它只起定位作用，与精度无关，例如 0.0382；而第一个非 0 数字后的所有的 0 都是有效数字，例如 1.0008、1.0、0.7200。像 3600 这样以“0”结尾的正整数，应该根据实际情况而定，分别写成 3.600×10^3（4 位有效数字）或 3.6×10^3（2 位有效数字）、3.60×10^3（3 位有效数字）较好。

在分析化学中，常遇到倍数、分数关系，如 2、3、1/3、1/5 等，这些数据是非测量所得，可视为无限多位有效数字，而对于含有对数的有效数字，如 pH、pK、lgK 等，其位数取决于小数部分，整数部分只说明这个数的方次，如 pH=9.32 有效数字为 2 位，而不是 3 位。

二、有效数字修约规则

在数据处理过程中，涉及的各测量值的有效数字位数可能不同，因此需要按下面所述的计算规则确定各测量值的有效数字位数。各测量值的有效数字位数确定后，就要将它后面多余的数字舍弃。舍弃多余的数字的过程称为“数字修约”，它所遵循的规则称为“数字修约规则”。数字修约时，应按《数值修约规则与极限数值的表示和判定》(GB/T 8170) 进行，可归纳为如下口诀：“四舍六入五成双；五后非零就进一，五后皆零视奇偶，五前为偶应舍去，五前为奇则进一。”

注意：若拟舍弃的数字为两位以上，应按规则一次修约，不能分次修约。

三、有效数字运算规则

在分析测定过程中，往往要经过几个不同的测量环节，例如先用减量法称取试样，试样经过处理后进行滴定。在此过程中有多个测量数据，如试样质量，滴定管初、终读数等，在分析结果的计算中每个测量值的误差都要传递到结果里。因此，在进行结果运算时，应遵循下列规则。

(1) 加减法。几个数据相加减时，它们的最后结果的有效数字位数的保留应以小数点后位数最少的数据为根据。

(2) 乘除法。几个数据相乘或相除时，它们的积或商的有效数字位数的保留必须以各数据中有效数字位数最少的数据为准。

(3) 乘方和开方。对数据进行乘方或开方时，所得结果的有效数字位数的保留应与原数据相同。

(4) 对数计算。所取对数的小数点后的位数（不包括整数部分）应与原数据的有效数字的位数相等。

(5) 在计算中常遇到分数、倍数等，可视为多位有效数字。

(6) 在乘除运算过程中，首位数为“8”或“9”的数据，有效数字位数可以多取 1 位。

(7) 在混合计算中，有效数字的保留以最后一步计算的规则执行。

四、有效数字运算规则在分析测试中的应用

在分析化学中，常涉及大量数据的处理及计算工作。下面是分析化学中记录数据及计算分析结果的基本规则。

(1) 记录测定结果时，只应保留 1 位可疑数字。在定量分析测试过程中，常用的几个重要物理量的测量误差一般为：质量，$\pm0.000x$ g；容积，$\pm0.0x$ mL；pH，$\pm0.0x$ 单位；吸光度，$\pm0.00x$ 等。由于测量仪器不同，测量误差可能不同，因此，应根据具体情况正确记录测量数据。

（2）有效数字位数确定以后，按“四舍六入五成双”规则进行修约。

（3）几个数相加减时，以绝对误差最大的数为标准，使所得数只有1位可疑数字。几个数相乘时，一般以有效数字位数最少的数为标准，弃去过多的数字，然后进行乘除。在计算过程中，为了提高计算结果的可靠性，可以暂时多保留1位数字，再多保留就完全没有必要了，而且会增加运算时间。但是，在得到最后结果时，一定要注意弃去多余的数字。在用计算器（或计算机）处理数据时，对于运算结果，应注意正确保留最后计算结果的有效数字位数。

（4）对于高含量组分（例如＞10%）的测定，一般要求分析结果有4位有效数字；对于中含量组分（例如1%～10%），一般要求3位有效数字；对于微量组分（＜1%），一般只要求2位有效数字。通常以此为标准，报出分析结果。

（5）在分析化学的许多计算中，当涉及各种常数时，一般视为准确的，不考虑其有效数字的位数。对于各种误差的计算，一般只要求2位有效数字。

此外，在分析化学的有些计算过程中，常遇到pH＝4、pM＝8等这样的数值，有效数字位数未明确指出。这种表示方法不恰当，应当避免。

巩固提升

一、单项选择题

1. 下列数据记录正确的是（　　）。

A. 分析天平0.28g　　B. 移液管25mL

C. 滴定管25.00mL　　D. 量筒25.00mL

2. 下列数字中有3位有效数字的是（　　）。

A. 滴定管量取溶液的体积为5.40mL　　B. 溶液的pH为4.30

C. 分析天平称量试样的质量为5.3200g　　D. 移液管移取溶液25.00mL

3. 分析工作中实际能够测量到的数字称为（　　）。

A. 精密数字　　B. 准确数字　　C. 可靠数字　　D. 有效数字

4. 由计算器计算9.25×0.21334÷(1.200×100)的结果为0.0164449，按有效数字规则将结果修约为（　　）。

A. 0.016445　　B. 0.01645　　C. 0.01644　　D. 0.0164

5. 将1245.51修约为四位有效数字，正确的是（　　）。

A. 1.246×10^3　　B. 1245　　C. 1.245×10^3　　D. 12.45×10^3

6. 有效数字是指实际能测量得到的数字．只保留末一位（　　）数字，其余数字均为准确数字。

A. 可疑　　B. 准确　　C. 不可读　　D. 可读

7. 质量分数大于10 %的分析结果，一般要求有（　　）位有效数字。

A. 1　　B. 2　　C. 3　　D. 4

8. 将1245修约为3位有效数字，正确的是（　　）。

A. 1240　　B. 1250　　C. 1.24×10^3　　D. 1.25×10^3

9. 将下列数字修约成3位有效数字，其中（　　）是错误的。

A. 6.5350→6.54　　B. 6.5342→6.53　　C. 6.545→6.55　　D. 6.5252→6.53

二、判断题

1.（　　）天平使用过程中要避免震动、潮湿、阳光直射及腐蚀性气体。

2.（　　）分析天平的灵敏度越高，其称量的准确度越高。

3.（　　）天平室要经常敞开通风，以防室内过于潮湿。

4.（　　）滴定管内壁不能用去污粉清洗，以免划伤内壁，影响体积准确测量。

5.（　　）有效数字中的所有数字都是准确有效的。

6.（　　）在分析数据中，所有的“0”都是有效数字。

7.（　　）有效数字当中不包括最后一位可疑数字。

任务二　配制一般溶液

教学活动

活动一　明确任务

【任务背景】

在分析工作中，常常需要配制各种溶液来满足不同的实验要求，配制溶液，需要先了解有关分析实验用水、化学试剂知识以及学会配制溶液时试剂用量的计算等。本次任务我们来配制实验室常用的酸碱溶液和化学灼伤应急处理用的溶液。

【学习目标】

专业能力：1. 能说出分析实验用水级别。
　　　　　2. 能说出化学试剂的分类。
　　　　　3. 能独立完成溶液配制任务。
　　　　　4. 能正确进行计算。

社会能力：1. 在学习中形成团队合作意识，提升交流、沟通的能力。
　　　　　2. 工作过程遵循“6S”管理要求，关注环保安全健康。
　　　　　3. 养成求真务实、科学严谨的工作态度。

方法能力：1. 能收集并处理各种资讯完成学习任务。
　　　　　2. 能针对工作任务制定具体的实施方案。
　　　　　3. 能解决实验过程中遇到的一些问题。

【任务书】

1. 化学试剂的取用

（1）用量筒量取25mL自来水于250mL锥形瓶中，记住大概位置。

（2）用胶头滴管吸取自来水，并逐滴滴到10mL量筒中，记录滴至1mL处的总滴数。

2. 配制溶液

（1）100mL 2%$NaHCO_3$溶液。

（2）100mL 2%硼酸溶液。

（3）100mL 0.1mol/L HCl 溶液。

（4）100mL 0.1mol/LNaOH 溶液。

【收集资讯】

GB/T 6682—2008《分析实验室用水规格和试验方法》

根据任务书，小组分工收集以下资讯。

（1）查阅实验室用水规格的国家标准 GB/T 6682—2008《分析实验室用水规格和试验方法》，说出分析用水的级别和用途。

（2）实验室一般的化学试剂分为几级？它们的名称、符号、标签颜色分别是什么？

（3）定量化学分析常使用何种纯度的试剂？

（4）用托盘天平称量固体时，应注意什么？

（5）配制溶液的一般过程是什么？

活动二　制　定　计　划

【填写工单】

各小组根据任务书及需收集的信息，做好分工，每位同学认领自己的任务，填写工作任务单。完成任务后小组成员进行分享交流。工作任务单见表 2-7。

表 2-7　　工作任务单

步骤	工作内容	负责人（任务分工）
1		
2		
3		
4		
5		

【确定方案】

通过分享交流，各小组总结配制溶液所需仪器、配制过程，计算所需试剂的用量，画出流程图，各小组派代表阐述流程，师生共同讨论，确定最佳方案，汇总至表 2-8。

表 2-8　　各溶液配制方案

序号	任务名称	试剂用量	配制过程
1	100mL 2% $NaHCO_3$ 溶液		
2	100mL 2%硼酸溶液		
3	100mL 0.1mol/L HCl 溶液		
4	100mL 0.1mol/L NaOH 溶液		

活动三 任 务 实 施

【任务准备】

1. EHS 内容

请分析本任务所涉及的健康、安全及可能会产生的环境问题，并写出相应的健康安全预防措施和相关环境保护措施。

2. 仪器准备

领用所需仪器，对于易混用玻璃器皿，贴上标签。请列出仪器清单（表 2－9）。

表 2－9 所需仪器清单

序号	名称	规格	序号	名称	规格

【任务实施】

（1）根据讨论确定的最佳方案，领取仪器试剂，完成溶液配制任务。记录操作过程出现的问题及解决办法。

操作过程出现的问题：   解决办法：

（2）实验结束，整理台面，归置设备试剂，清洗玻璃仪器，清扫场地卫生，正确处理废液废纸。

活动四 成 果 展 示

【展示成果】

各小组将配好的溶液转移到试剂瓶，贴上标签。

【完成报告】

请按照行业规范撰写实验报告，内容包括：HSE 内容、实验目的、实验原理、试剂配制过程、原始数据记录、数据处理，结果评价和问题分析等。

活动五 评 价 反 馈

【学习评价】

评价学习成果、交流讨论疑难问题。配制一般溶液综合评价见表 2-10。

表 2-10 配制一般溶液综合评价

评价指标	评 分 要 素	分值	自评	组评	师评
课堂表现（15%）	按时出勤，无迟到、早退、旷课现象	5			
	积极参与教学活动，按时完成各项任务	10			
专业能力（50%）	规范取用试剂	10			
	规范操作托盘天平	10			
	正确计算试剂用量	10			
	规范配制溶液	20			
职业素养（社会能力）（25%）	仪容仪表、实验服穿戴	5			
	团队合作意识，交流沟通能力	5			
	遵循“6S”管理要求，关注环保安全健康	10			
	工作态度求真务实、科学严谨	5			
方法能力（10%）	收集处理各种资讯的能力	3			
	制定实施方案的能力	3			
	发现问题解决问题能力	4			
综合得分＝自评（25%）＋组评（25%）＋师评（50%）					

【自我反思】

通过该任务的学习，你获得了什么？还有什么疑问需要老师帮助？

知识链接

知识点一　分析实验室用水规格

我国国家标准 GB 6682—2008《分析实验室用水规格和试验方法》将适用于化学分析和无机痕量分析等试验用水分为 3 个级别：一级水、二级水和三级水。

一级水基本上不含有溶解或胶态离子杂质及有机物，是实验室用水中纯度最高的级别。可用二级水经过石英设备蒸馏或离子交换混合床处理后，再经 0.2μm 微孔滤膜过滤来制取。主要用于有严格要求的分析实验，包括对颗粒有要求的实验，如高效液相色谱分析用水。

二级水一般含有微量的无机、有机或胶态杂质，纯度次于一级水。可用多次蒸馏或离子交换等方法制取。用于无机衡量分析等试验，如原子吸收光谱分析用水。

三级水杂质含量高于二级水，可用蒸馏或离子交换等方法制取。适用于大多数一般的化学分析试验工作。

实验室用水的选择应根据具体的实验需求和实验方法的敏感性来确定，以确保实验结果的准确性和可靠性。不同级别的水在制备过程中采用的纯化方法和技术也有所不同，以满足特定实验的纯度要求。

知识点二　一般化学试剂

化学试剂

化学试剂是科学研究和分析测试必备的物质材料，也是新技术发展不可缺少的功能材料和基础材料。它具有品种多、质量规格高、应用范围广、用量小等特点，被各行业用来探测和验证物质的组成、性质及变化，是“科学的眼睛”和“质量的标尺”。在现代科学技术的发展中，材料科学、电子技术、激光材料、空间技术、海洋工程、高能物理、生物工程及医学临床诊断等无一不与化学试剂有着密切的关系。它的发展程度是衡量一个国家科技发展水平的重要因素之一。

化学试剂按用途不同，可分为一般化学试剂和特殊化学试剂（将在下一任务中学习）两大类。根据国家标准，一般化学试剂按其纯度及杂质含量分为四级，其规格和适用范围见表 2-11。

表 2-11　一般化学试剂的规格及适用范围

试剂级别	名称	英文名称	符号	标签颜色	适用范围
一级品	优级纯	guaranteed reagent	G. R.	绿色	纯度很高，适用于精密分析及科学研究工作
二级品	分析纯	analytical reagent	A. R.	红色	纯度仅次于一级品，主要用于一般分析测试科学研究及教学实验工作
三级品	化学纯	chemical pure	C. P.	蓝色	纯度较二级品差，适用于教学或精度要求不高的分析测试工作和无机、有机化学实验
四级品	实验试剂	laboratorial reagent	L. R.	棕色或黄色	纯度较低，只能用于一般的化学实验及教学工作

知识点三 溶液浓度的表示方法

溶液浓度的表示方法有多种，溶液浓度的表示方法见表 2-12。

表 2-12 溶液浓度的表示方法

溶液浓度表示方法	单位	含义	数学表达式
物质的量浓度	mol/L、mmol/L	单位体积溶液中所含溶质 B 的物质的量	$c_B=\frac{n_B}{V}$
质量百分含量（质量分数）	%	溶质的质量占全部溶液质量的百分比	$w_B=\frac{m_B}{m_S}\times100\%$
体积分数	%	溶质的体积与溶液的体积之比	$\varphi_B=\frac{V_B}{V}\times100\%$
比例浓度		溶液中各组分的体积比	V_A/V_B
质量浓度	g/L、mg/L、μg/mL	单位体积溶液中所含溶质 B 的质量	$\rho_B=\frac{m_B}{V}$

知识点四 一般溶液的配制

一般溶液是指非标准溶液，它在分析工作中常作为溶解样品、调节 pH 值、分离或掩蔽离子、显色等使用。配制一般溶液精度要求不高，1～2 位有效数字，试剂的质量由托盘天平称量，体积用量筒量取即可。

一、物质的量浓度溶液的配制和计算

根据 $c_B=\frac{n_B}{V}$ 和 $n_B=\frac{m_B}{M_B}$ 的关系，有 $m_B=c_BV\times\frac{M_B}{1000}$

式中 m_B——固体溶质 B 的质量，g；

c_B——欲配溶液物质 B 的物质的量浓度，mol/L；

V——欲配溶液的体积，mL；

M_B——溶质 B 的摩尔质量，g/mol。

1. 溶质是固体物质

【例 2-1】 欲配制 $c_{(Na_2CO_3)}=0.5$mol/L 溶液 500mL，如何配制？

解： $m_{(Na_2CO_3)}=c_{(Na_2CO_3)}V\times\frac{M_{(Na_2CO_3)}}{1000}=0.5\times500\times\frac{106}{1000}=26.5\ (g)$

配法：称取 Na_2CO_3 26.5g 溶于水中，并用水稀释至 500mL，混匀。

2. 溶质是浓溶液

【例 2-2】 欲配制 $c_{(H_3PO_4)}=0.5$mol/L 溶液 500mL，如何配制？（浓 H_3PO_4 密度 $\rho=1.69$g/mL，$w=85\%$，浓度为 15mol/L）。

解： 溶液在稀释前后，其中溶质的物质的量不会改变，因而可用下式计算：

$$c_浓V_浓=c_稀V_稀$$

$$V_浓=\frac{c_稀V_稀}{c_浓}=\frac{0.5\times500}{15}\approx17(mL)$$

配法：量取浓 H_3PO_4 17mL，加水稀释至500mL，混匀。

二、质量分数溶液的配制和计算

1. 溶质是固体物质

$$m_B = m_S w_B$$

$$m_水 = m_S - m_B$$

式中 m_B——固体溶质的质量，g；

$m_水$——溶剂的质量，g；

m_S——欲配溶液的质量，g；

w_B——欲配溶液的质量分数。

【例2-3】 欲配 $w_{(NaCl)}=10\%$ NaCl溶液500g，如何配制？

解：

$$m_{(NaCl)} = (500\times10\%)g = 50g$$

$$m_水 = (500-50)g = 450g$$

配法：称取NaCl 50g，加水450mL，混匀。

2. 溶质是浓溶液

由于浓溶液取用量是以量取体积较为方便，故根据酸、碱溶液的密度和质量分数可算出体积，然后进行配制。计算依据是溶质的总量在稀释前后不变。

$$V_0\rho_0 w_0 = V\rho w$$

式中 V_0，V——溶液稀释前后的体积，mL；

ρ_0，ρ——浓溶液、欲配溶液的密度，g/mL；

w_0，w——浓溶液、欲配溶液的质量分数。

【例2-4】 欲配 $w_{(H_2SO_4)}=30\%$ H_2SO_4 溶液（$\rho=1.22g/mL$）500mL，如何配制？（市售浓 H_2SO_4，$\rho=1.84g/mL$，$w=96\%$）

解：

$$V_0 = \frac{V\rho w}{\rho_0 w_0} = \frac{500\times1.22\times30\%}{1.84\times96\%} = 103.6(mL)$$

配法：量取浓 H_2SO_4 103.6mL，在不断搅拌下慢慢倒入适量水中，冷却，用水稀释至500mL，混匀。（记住，切不可将水往浓 H_2SO_4 中倒，以防浓 H_2SO_4 溅出伤人）。

三、质量浓度溶液的配制和计算

【例2-5】 欲配制20g/L亚硫酸钠溶液100mL，如何配制？

解：

$$\rho = \frac{m}{V}\times1000,\quad m = \rho\times\frac{V}{1000} = 20\times\frac{100}{1000} = 2(g)$$

配法：称取2g亚硫酸钠溶于水中，加水稀释至100mL，混匀。

四、体积分数溶液的配制和计算

【例2-6】 欲配制 $\varphi_{(C_2H_5OH)}=50\%$ 乙醇溶液1000mL，如何配制？

解：

$$V = 1000\times50\% = 500(mL)$$

配法：量取无水乙醇500mL，加水稀释至1000mL，混匀。

五、比例浓度溶液的配制和计算

【例2-7】 欲配（2+3）乙酸溶液1L，如何配制？

解：
$$V_A = V\times\frac{A}{A+B} = 1000\times\frac{2}{2+3} = 400(\text{mL})$$
$$V_B = 1000-400 = 600(\text{mL})$$

配法：量取冰乙酸 400mL，加水 600mL，混匀。

巩固提升

一、单项选择题

1. 国家标准规定的实验室用水分为（　　）级。

A. 4　　B. 5　　C. 3　　D. 2

2. 化学试剂根据（　　）可分为一般化学试剂和特殊化学试剂。

A. 用途　　B. 性质　　C. 规格　　D. 使用常识

3. 不同等级的化学试剂可用不同的英文缩写符号表示，下列（　　）分别代表优级纯试剂和化学纯试剂。

A. G.B.，G.R.　　B. G.B.，C.P.　　C. G.R.，C.P.　　D. C.P.，C.A.

4. 将浓度为 5mol/L NaOH 溶液 100mL 加水稀释至 500mL，则稀释后的溶液浓度为（　　）mol/L。

A. 1　　B. 2　　C. 3　　D. 4

5. 配制好的氢氧化钠标准溶液贮存于（　　）中。

A. 棕色橡胶塞试剂瓶　　B. 白色橡胶塞试剂瓶

C. 白色磨口塞试剂瓶　　D. 试剂瓶

二、判断题

1.（　　）化学试剂选用的原则是在满足实验要求的前提下，选择试剂的级别应就低而不就高。即不超级造成浪费，且不能随意降低试剂级别而影响分析结果。

2.（　　）化学试剂 A.R. 是分析纯，为二级品，其包装瓶标签颜色为红色。

3.（　　）配制硫酸、盐酸和硝酸溶液时都应将酸注入水中。

三、计算题

1. 已知浓盐酸的密度 ρ 为 1.19g/mL，其中 HCl 的质量分数约 37%，求 HCl 的物质的量浓度。欲配制 1L 浓度为 0.2mol/L 的 HCl 溶液，应取浓盐酸多少毫升？

2. 在 100mL $c_{(NaOH)}=0.0800$mol/L 的 NaOH 溶液中，应加入多少毫升 $c_{(NaOH)}$ 0.500mol/L 的 NaOH 溶液，使最终浓度恰为 0.200mol/L？

任务三　直接法配制标准溶液

教学活动

活动一　明　确　任　务

【任务背景】

在产品质量检验中，标准溶液的浓度和消耗体积是计算待测组分含量的主要依据，所以从事化学分析工作，离不开标准溶液配制及浓度计算。标准溶液浓度的准确度直接影响分析结果的准确度。因此，必须正确配制及妥善保存标准溶液。标准溶液的配制方法有直接法和间接法，本次任务我们用直接法来配制标准溶液。

认识标准溶液

【学习目标】

专业能力：1. 能说出基准物质所具备的条件和常用的基准物质。
2. 能规范使用容量瓶配制标准溶液。
3. 能正确计算标准溶液浓度。
4. 能规范贮存标准溶液。

社会能力：1. 在学习中形成团队合作意识，提升交流、沟通的能力。
2. 工作过程遵循“6S”管理要求，关注环保安全健康。
3. 养成求真务实、科学严谨的工作态度。

方法能力：1. 能收集并处理各种资讯完成学习任务。
2. 能解决实验过程中遇到的一些问题。

【任务书】

独立完成配制 100.0mL $c_{(Na_2CO_3)}=0.1000mol/L$ 的标准溶液。

容量瓶的准备

【收集资讯】

根据任务书，小组分工收集以下资讯。

(1) 什么是标准滴定溶液？标准溶液的作用是什么？

(2) 什么是基准物质？基准物质应具备的条件有哪些？NaOH、HCl是基准物质吗？为什么？

(3) 阐述容量瓶的使用规范。

(4) 阐述直接法配制标准溶液的步骤。

(5) 对标准溶液的贮存有什么规定？

直接法配制标准溶液

活动二 制定计划

【填写工单】

各小组根据任务书及需收集的资讯，做好分工，每位同学认领自己的任务，填写工作任务单。完成任务后小组成员进行分享交流。工作任务单见表 2-13。

表 2-13 工作任务单

步骤	工作内容	负责人（任务分工）
1		
2		
3		
4		
5		

【确定方案】

通过分享交流，各小组总结配制标准溶液所需仪器、配制过程，计算所需试剂的用量，画出流程图，各小组派代表阐述流程，师生共同讨论，确定最佳方案，汇总至表 2-14。

表 2-14　　Na_2CO_3标准溶液配制

任务名称	100.0mL 浓度为 0.1000mol/L 的 Na_2CO_3标准溶液
仪器	
试剂用量计算	
配制过程	

活动三　任　务　实　施

【任务准备】

1. EHS 内容

请分析本任务所涉及的健康、安全及可能会产生的环境问题，并写出相应的健康安全预防措施和相关环境保护措施。

2. 仪器准备

领用所需仪器，对于易混用玻璃器皿，贴上标签。请列出仪器清单（表 2-15）。

表 2-15　　所需仪器清单

序号	名称	规格	序号	名称	规格

【任务实施】

(1) 根据讨论确定的最佳方案，领取仪器试剂，完成标准溶液配制任务。记录操作过程出现的问题及解决办法。

操作过程出现的问题： 解决办法：

（2）实验结束，整理台面，归置设备试剂，清洗玻璃仪器，清扫场地卫生，正确处理废液废纸。

活动四　成　果　展　示

【展示成果】

各小组将配好的溶液转移到试剂瓶，贴上标签。

【完成报告】

请按照行业规范撰写实验报告，内容包括：HSE 内容、实验目的、实验原理、试剂配制过程、原始数据记录、数据处理，结果评价和问题分析等。

活动五　评　价　反　馈

【学习评价】

评价学习成果、交流讨论疑难问题。配制标准溶液综合评价见表 2－16。

表 2－16　　配制标准溶液综合评价

评价指标	评 分 要 素	分值	自评	组评	师评
课堂表现（15%）	按时出勤，无迟到、早退、旷课现象	5			
	积极参与教学活动，按时完成各项任务	10			
专业能力（50%）	规范使用电子天平	10			
	规范使用容量瓶	10			
	正确计算试剂用量	10			
	规范配制标准溶液	20			
职业素养（社会能力）（25%）	仪容仪表、实验服穿戴	5			
	团队合作意识，交流沟通能力	5			
	遵循“6S”管理要求，关注环保安全健康	10			
	工作态度求真务实、科学严谨	5			
方法能力（10%）	收集处理各种资讯的能力	3			
	制定实施方案的能力	3			
	发现问题解决问题能力	4			
综合得分＝自评（25%）＋组评（25%）＋师评（50%）					

【自我反思】

通过该任务的学习，你获得了什么？还有什么疑问需要老师帮助？

知识链接

知识点一 容量瓶使用

容量瓶（图 2－4）是一种细颈梨形的玻璃磨口平底玻璃瓶，带有磨口玻璃塞或塑料塞，可用橡皮筋将塞子系在容量瓶的颈上。容量瓶颈上有标度刻线，一般表示在20℃时液体充满标度刻线时的准确容积。容量瓶的精度级别分为 A 级和 B 级，A 级为较高级，B 级为较低级。

容量瓶主要用于配制准确浓度的溶液或定量稀释溶液，容量瓶有无色和棕色两种，主要有 50mL、100mL、250mL、1000mL 等规格。

1. 容量瓶的准备

试漏：加水至标度刻线附近，盖好瓶塞后用滤纸擦干瓶口。然后，用左手食指按住塞子，其余手指拿住瓶颈标线以上部分，右手用 3 个指尖托住瓶底边缘，如图 2－5 所示。将瓶倒立 2min 以后不应有水渗出（可用滤纸片检查），如不漏水，将瓶直立，转动瓶塞 180°后，再倒立 2min 检查，如不漏水，方可使用。

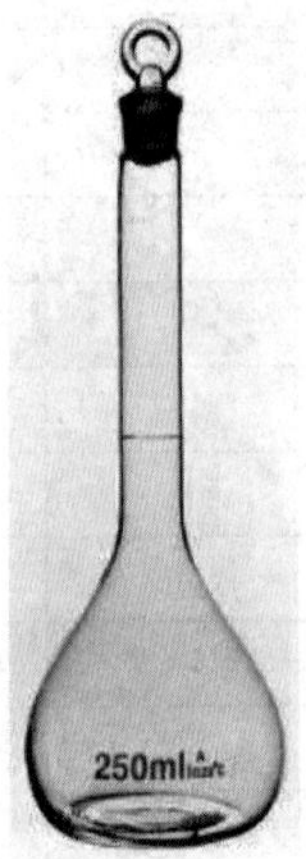

图 2－4 容量瓶

图 2－5 容量瓶试漏

洗涤：洗净的容量瓶要求倒出水后，内壁不挂水珠，否则必须用洗涤液洗。可用合成洗涤剂浸泡或用洗液浸洗。用铬酸洗液洗时，先尽量倒出容量瓶中的水，倒入 10～20mL 洗液，转动容量瓶使洗液布满全部内壁，然后放置数分钟，将洗液倒回原瓶。再依次用自来水、纯水洗净。

使用容量瓶时，不要将其玻璃磨口塞随便取下放在桌面上，以免玷污或搞错，可用橡皮筋或细绳将瓶塞系在瓶颈上。当使用平顶的塑料塞子时，操作时也可将塞子倒置在桌面上放置。

2. 溶液配制

用容量瓶配制标准溶液或分析试液时，最常用的方法是将待溶固体称出置于小烧杯中，加水或其他溶剂将固体溶解，然后将溶液定量转入容量瓶中。定量转移溶液时，右手将玻璃棒悬空伸入容量瓶口中 1～2cm，棒的下端应靠在瓶颈内壁上，但不能碰容量瓶的瓶口。左手拿烧杯，使烧杯嘴紧靠玻璃棒（烧杯离容量瓶口 1cm 左右），使溶液沿玻璃和内壁流入容量瓶中，如图 2-6 所示。烧杯中溶液流完后，将烧杯沿玻璃棒稍微向上提起，同时使烧杯直立，待竖直后移开。将玻璃棒放回烧杯中，不可放于烧杯尖嘴处，也不能让玻璃棒在烧杯中滚动，可用左手食指将其按住。然后，用洗瓶吹洗玻璃棒和烧杯内壁，再将溶液定量转入容量瓶中。如此吹洗、转移的定量转移溶液的操作，一般应重复 3 次以上，以保证定量转移。然后加入水至容量瓶的 3/4 左右容积时，用右手食指和中指夹住瓶塞的扁头，将容量瓶拿起，按同一方向摇动几周，使溶液初步混匀。继续加水至距离标度刻线约 1cm 处后，等 1～2min 使附在瓶颈内壁的溶液流下后，再加水至弯月面下缘与标度刻线相切。盖上干的瓶塞，用左手食指按住塞子，其余手指拿住瓶颈标线以上部分，而用右手的 3 个指尖托住瓶底边缘，如图 2-7 左所示，然后将容量瓶倒转，使气泡上升到顶，旋摇容量瓶混匀溶液，如图 2-7 右所示。再将容量瓶直立过来，又再将容量瓶倒转，使气泡上升到顶部，旋摇容量瓶混匀溶液。如此反复 14 次左右。注意：每摇几次后应将瓶塞微微提起并旋转 180°，然后塞上再摇。

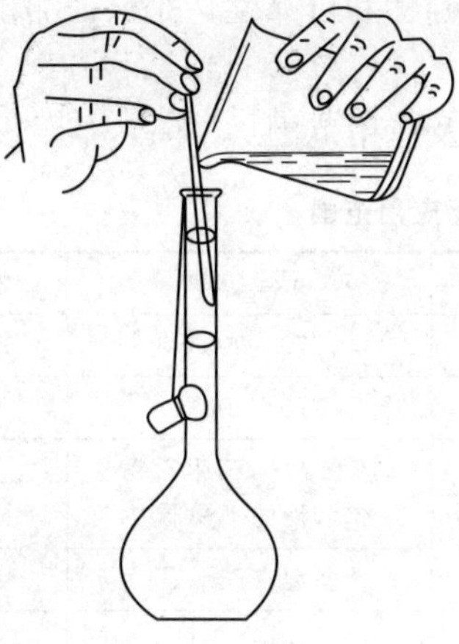

图 2-6 转移

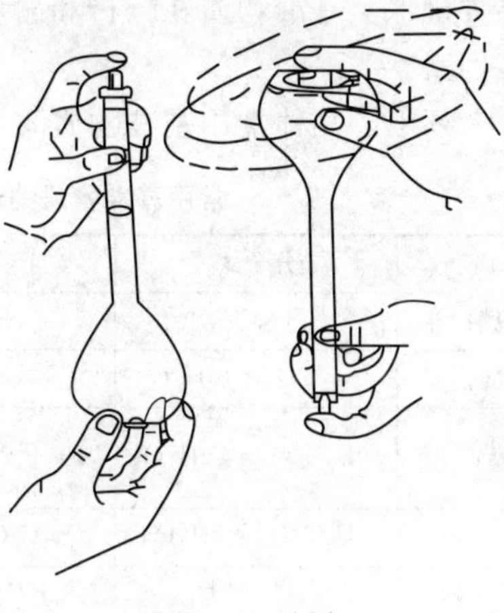

图 2-7 摇匀

3. 稀释溶液

用移液管移取一定体积的溶液于容量瓶中，加水至 3/4 左右容积时初步混匀，再加水至标度刻线。按前述方法混匀溶液。

4. 容量瓶使用注意事项

(1) 不宜长期保存试剂溶液，如配好的溶液需作保存时，应转移至试剂瓶中，不要将容量瓶当作试剂瓶使用。

(2) 使用完毕应立即用水冲洗干净，如长期不用，磨口处应洗净擦干，并用纸片将磨口隔开。

(3) 容量瓶不得在烘箱中烘烤，也不能在电炉等加热器上直接加热。如需使用干燥的容量瓶时，可将容量瓶洗净后用乙醇等有机溶剂荡洗后晾干或用电吹风的冷风吹干。

知识点二 认 识 基 准 物 质

化学试剂按用途不同，可分为一般化学试剂（已在上一任务中学习）和特殊化学试剂两大类。特殊化学试剂按用途分为基准物质、光谱纯试剂、分光光度纯试剂、色谱试剂和生化试剂等。在这里重点认识一下基准物质。

基准物质（primary reference material）指可用于直接配制标准滴定溶液或标定标准溶液浓度的物质。基准物质必须具备以下条件：

(1) 组成恒定：基准物质的组成必须与其化学式完全相符，包括任何结晶水的含量也应与化学式相符。

(2) 高纯度：纯度应至少为99.9%以上，以确保杂质含量不会影响滴定反应的准确度。

(3) 性质稳定：基准物质应性质稳定，不易吸收空气中的水分和二氧化碳，不分解，也不易被空气中的氧气所氧化。

(4) 定量反应：参与反应时，应按反应式定量地进行，没有副反应。

(5) 较大的摩尔质量：具有较大的摩尔质量有助于在称量时减少相对误差。

这些条件确保了基准物质在分析和测量中的准确性和可靠性，是保证测量结果一致性等的关键因素。

表2-17列出了几种常用基准物质的干燥条件及应用范围。

表2-17 常用基准物质的干燥条件及应用范围

名称	分子式	干燥后组成	干燥条件	标定对象
无水碳酸钠	Na_2CO_3	Na_2CO_3	270～300℃	酸
十水碳酸钠	$Na_2CO_3 \cdot 10H_2O$	Na_2CO_3	270～300℃	酸
硼砂	$Na_2B_4O_7 \cdot 10H_2O$	$Na_2B_4O_7 \cdot 10H_2O$	放在含NaCl和蔗糖饱和液的干燥器中	酸
草酸	$H_2C_2O_4 \cdot 2H_2O$	$H_2C_2O_4 \cdot 2H_2O$	室温空气干燥	碱
邻苯二甲酸氢钾	$KHC_8H_4O_4$	$KHC_8H_4O_4$	110～120℃	碱
重铬酸钾	$K_2Cr_2O_7$	$K_2Cr_2O_7$	140～150℃	还原剂
溴酸钾	$KBrO_3$	$KBrO_3$	130℃	还原剂
碘酸钾	KIO_3	KIO_3	130℃	还原剂
铜	Cu	Cu	室温干燥器中保存	还原剂
三氧化二砷	As_2O_3	As_2O_3	室温干燥器中保存	氧化剂
草酸钠	$Na_2C_2O_4$	$Na_2C_2O_4$	130℃	氧化剂
碳酸钙	$CaCO_3$	$CaCO_3$	110℃	EDTA
锌	Zn	Zn	室温干燥器中保存	EDTA
氧化锌	ZnO	ZnO	900～1000℃	EDTA
氯化钠	NaCl	NaCl	500～600℃	硝酸银
氯化钾	KCl	KCl	500～600℃	硝酸银
硝酸银	$AgNO_3$	$AgNO_3$	220～250℃	氯化物

知识点三 认识标准滴定溶液

标准溶液是指已知准确浓度的试剂溶液。在滴定分析中，不论采用何种滴定方法，都必须使用标准溶液，并根据标准溶液的浓度和用量来计算待测组分的含量。因此，正确地配制标准溶液，准确地标定其浓度，对于滴定分析过程的质量控制意义重大。

一、标准溶液浓度的表示方法

标准溶液浓度的表示方法通常有以下两种。

1. 物质的量浓度

用 c 表示。物质 B 的物质的量浓度是指单位体积溶液中所含溶质 B 的物质的量，用 c_B 表示。其数学表达式为

$$c_B=\frac{n_B}{V}$$

式中 n_B——溶液中溶质 B 的物质的量，mol，mmol；

V——溶液体积，L，mL；

c_B——物质的量浓度，mol/L，mmol/L。

由于物质的量 n_B 的数值取决于基本单元的选择，因此表示物质的量浓度时，必须指明基本单元，如 $c_{\left(\frac{1}{5}KMnO_4\right)}=0.1000mol/L$。

在滴定分析中，为了方便计算，标准溶液和待测物质选取基本单元原则为：酸碱反应以给出或接受一个质子的特定组合作为基本单元，如氢氧化钠的基本单元为 NaOH，硫酸的基本单元为$\frac{1}{2}H_2SO_4$。

氧化还原反应以给出或接受一个电子的特定组合作为基本单元，如重铬酸钾的基本单元为$\frac{1}{6}K_2Cr_2O_7$，高锰酸钾的基本单元为$\frac{1}{5}KMnO_4$。

即物质 B 在反应中的转移质子数或得失电子数为 Z_B 时，基本单元选$\frac{1}{Z_B}B$。显然

$$n\left(\frac{1}{Z_B}B\right)=Z_Bn(B)$$

因此，有

$$c\left(\frac{1}{Z_B}B\right)=Z_Bc(B)$$

例如，某 H_2SO_4 溶液，当选择 H_2SO_4 为基本单元时，其浓度 $c_{(H_2SO_4)}=0.1mol/L$；当选择$\frac{1}{2}H_2SO_4$ 为 H_2SO_4 基本单元时，则浓度为 $c_{\left(\frac{1}{2}H_2SO_4\right)}=0.2mol/L$。

2. 滴定度

在企业实验室的例行分析中，有时也用滴定度表示标准溶液的浓度。滴定度是指每毫升标准溶液相当于被测物质的质量，数学表达式为 $T_{B/A}=\frac{m_B}{V_A}$，m_B 是被测物质的质

量，V_A 是标准溶液的体积。例如每毫升高锰酸钾标准溶液恰好能与 0.005585g 亚铁离子反应，则该高锰酸钾标准溶液的滴定度可表示为

$$T_{Fe^{2+}/KMnO_4}=0.005585g/mL$$

如果分析的对象固定，用滴定度计算其含量时，只需将滴定度乘以所消耗的标准溶液体积即可求得被测物的质量，计算十分简便。

二、标准溶液浓度的配制

标准溶液的配制和标定可以参考 GB/T 601—2016《化学试剂 标准滴定溶液的制备》。

标准溶液的配制一般有下列两种方法，即直接配制法和间接配制法。滴定分析中，并不是什么试剂都可用直接法配制标准溶液，只有符合基准物质要求的物质可以用直接法配制标准溶液。

具体配制步骤：计算→称量→溶解→转移→洗涤→初混→定容→摇匀→计算→装瓶→贴标签。

根据要配制溶液的浓度和体积计算出所需基准物质的质量，用天平准确称取该物质的质量，溶解后转移到容量瓶，洗涤烧杯和玻棒，并把洗涤液转移到容量瓶，加水到容量瓶 2/3 处时，进行初混，再定容、摇匀，最后根据所称基准物质的质量及所配溶液体积计算出准确浓度。将容量瓶中的溶液转移到干净的试剂瓶中，贴上标签。

直接法配制标准溶液的最大的优点是操作简便，配制好的溶液可直接用于滴定。

大多数物质不符合基准物质的条件，如浓盐酸易挥发，氢氧化钠易吸收空气中的水分和二氧化碳，这些物质的标准溶液须采用间接法来配制。

三、标准溶液的贮存

(1) 除另有规定外，标准滴定溶液在 10～30℃下，密封保存时间一般不超过 6 个月；碘标准滴定溶液、亚硝酸钠标准滴定溶液 [$c_{(NaNO_2)}=0.1mol/L$] 密封保存时间为 4 个月；高氯酸标准滴定溶液、氢氧化钾-乙醇标准滴定溶液、硫酸铁（Ⅲ）铵标准滴定溶液密封保存时间为 2 个月。超过保存时间的标准滴定溶液进行复标定后可以继续使用。

(2) 标准滴定溶液在 10～30℃下，开封使用过的标准滴定溶液保存时间一般不超过 2 个月（倾出溶液后立即盖紧）；碘标准滴定溶液、氢氧化钾-乙醇标准滴定溶液一般不超过 1 个月；亚硝酸钠标准滴定溶液 [$c_{(NaNO_2)}=0.1mol/L$] 一般不超过 15 天；高氯酸标准滴定溶液开封后当天使用。当标准滴定溶液出现浑浊、沉淀、颜色变化等现象时，应重新制备。

(3) 贮存标准滴定溶液的容器，其材料不应与溶液起理化作用，壁厚最薄处不小于 0.5mm。见光易分解、挥发的溶液存于棕色瓶中，如 $KMnO_4$、$Na_2S_2O_3$、$AgNO_3$、I_2。对玻璃有腐蚀的溶液，如 KOH、NaOH、EDTA 等，一般应储存于塑料瓶中。短时间盛装稀 KOH、NaOH 的溶液时，也可用玻璃瓶，不过必须用橡皮塞塞住。对易吸收 CO_2 溶液，可采用装有碱石灰干燥管的容器，以防止 CO_2 进入。

巩固提升

一、单项选择题

1. 下列几种标准溶液一般采用直接法配制的是（　　）。

A. $KMnO_4$ 标准溶液　　B. I_2 标准溶液

C. $K_2Cr_2O_7$ 标准溶液　　D. $Na_2S_2O_3$ 标准溶液

2. 配制高锰酸钾溶液 $c_{(KMnO_4)}=0.1mol/L$，则高锰酸钾基本单元的浓度 $c_{(\frac{1}{5}KMnO_4)}$ 为（　　）。

A. 0.5mol/L　　B. 0.02mol/L　　C. 0.1mol/L　　D. 0.25mol/L

3. 下列容量瓶的使用不正确的是（　　）。

A. 使用前应检查是否漏水　　B. 瓶塞与瓶应配套使用

C. 容量瓶不宜代替试剂瓶使用　　D. 使用前在烘箱中烘干

4. 作为基准试剂，其杂质含量应略低于（　　）。

A. 分析纯　　B. 优级纯　　C. 化学纯　　D. 实验试剂

二、计算题

1. 500mL H_2SO_4 溶液中含有 4.904g H_2SO_4，求 $c_{(H_2SO_4)}$ 及 $c_{(\frac{1}{2}H_2SO_4)}$。

2. 称取基准无水碳酸钠 5.364g，用水溶解后准确稀释至 500mL，求该溶液的准确浓度。

3. $T_{NaOH/HCl}=0.003462g/mL$ 的 HCl 溶液，相当于物质的量浓度 $c(HCl)$ 为多少？

4. 计算下列溶液的滴定度，以 g/mL 表示：

（1）$c_{(HCl)}=0.2615mol/L$ 的 HCl 溶液，用来测定 $Ba(OH)_2$ 和 $Ca(OH)_2$；

（2）$c_{(NaOH)}=0.1032mol/L$ 的 NaOH 溶液，用来测定 H_2SO_4 和 CH_3COOH。

任务四　练习移液管使用技术

教学活动

活动一　明　确　任　务

【任务背景】

在滴定分析中，我们需要从试剂瓶中准确移取一定体积的溶液到锥形瓶中，如何实现这一过程呢？用烧杯或量筒，会造成很大的误差。完成这一任务的仪器就是移液管。

本次任务我们学习移液管的操作技术。

【学习目标】

专业能力：1. 能说出移液管和吸量管的洗涤方法和使用方法。

2. 能正确洗涤移液管和吸量管。

3. 能规范使用移液管和吸量管。

社会能力：1. 在学习中形成团队合作意识，提升交流、沟通的能力。

2. 工作过程遵循“6S”管理要求，关注环保安全健康。

3. 养成求真务实、科学严谨的工作态度。

方法能力：1. 能收集并处理各种资讯完成学习任务。

2. 能针对工作任务制定具体的实施方案。

3. 能解决实验过程中遇到的一些问题。

【任务书】

（1）用移液管移取 25.00mL 自来水到锥形瓶中。

（2）用 10mL 吸量管分别量取 1.00mL、5.00mL、10.00mL 自来水到锥形瓶中。

【收集资讯】

移液管的使用

根据任务书，小组分工收集以下资讯。

（1）移液管和吸量管在使用前如何洗涤和润洗？

（2）用移液管和吸量管移液的步骤？

活动二 制 定 计 划

【填写工单】

各小组根据任务书及需收集的资讯，做好分工，每位同学认领自己的任务，填写工作任务单。完成任务后小组成员进行分享交流。工作任务单见表 2-18。

表 2-18 工作任务单

步骤	工作内容	负责人（任务分工）
1		
2		
3		
4		
5		

【确定方案】

通过分享交流，各小组总结移液管洗涤、润洗、移液等步骤，画出流程图，各小组派代表阐述过程，师生共同讨论，确定最佳方案，汇总至表 2-19。

表 2-19 移液管和吸量管操作步骤

任务名称	用移液管移取 25.00mL 自来水到锥形瓶中	用吸量管移取一定体积的自来水
操作步骤及要点		

活动三 任 务 实 施

【任务准备】

1. EHS 内容

请分析本任务所涉及的健康、安全及可能会产生的环境问题，并写出相应的健康安全预防措施和相关环境保护措施。

2. 仪器试剂准备

领用所需仪器试剂，对于易混用玻璃器皿，贴上标签。请列出仪器清单（表 2-20)。

表 2-20 所需仪器试剂清单

序号	名称	规格	序号	名称	规格

【任务实施】

(1) 根据讨论确定的最佳方案，领取仪器试剂，每位学生独立完成移液任务。记录操作过程出现的问题及解决办法。

操作过程出现的问题：   解决办法：

(2) 实验结束，整理台面，归置设备试剂，清洗玻璃仪器，清扫场地卫生，正确处理废液废纸。

活动四 成 果 展 示

【展示成果】

各小组派代表展示移液管操作技能。

【完成报告】

请按照行业规范撰写实验报告，内容包括：HSE内容、实验目的、实验原理、移液管操作过程及要点，自我评价和问题分析等。

活动五 评 价 反 馈

【学习评价】

评价学习成果、交流讨论疑难问题。配制标准溶液综合评价见表2-21。

表2-21 配制标准溶液综合评价

评价指标	评 分 要 素	分值	自评	组评	师评
课堂表现（15%）	按时出勤，无迟到、早退、旷课现象	5			
	积极参与教学活动，按时完成各项任务	10			
专业能力（50%）	移液管洗涤干净	5			
	移液管润洗正确	5			
	吸溶液（手持移液管姿势正确，不吸空、不重吸）	15			
	调刻线（调前擦干外壁，用另一小烧杯承接，小烧杯倾斜、移液管竖直、移液管尖靠烧杯内壁）	15			
	放溶液（移液管竖直、盛器倾斜、移液管尖靠盛器壁、放液后停留约15s）	10			
职业素养（社会能力）（25%）	仪容仪表、实验服穿戴	5			
	团队合作意识，交流沟通能力	5			
	遵循“6S”管理要求，关注环保安全健康	10			
	工作态度求真务实、科学严谨	5			
方法能力（10%）	收集处理各种资讯的能力	3			
	制定实施方案的能力	3			
	发现问题解决问题能力	4			
综合得分＝自评(25%)＋组评(25%)＋师评(50%)					

【自我反思】

通过该任务的学习，你获得了什么？还有什么疑问需要老师帮助？

知识链接

知识点一 认识移液管和吸量管

移液管是用于准确量取一定体积溶液的量出式玻璃量器，其中间有一膨大部分（称为球状），球的上部和下部均为较细窄的管颈，出口缩至很小，以防止过快流出溶液而引起误差。管颈上部刻一圈标线，如图 2-8 所示，表示在一定温度（一般为 20℃）下，使溶液的弯月面与移液管标线相切，流出的体积与管上标明的体积相同。常用的移液管有 5mL、10mL、25mL、50mL 和 100mL 等规格。移液管按其容量精度分为 A 级和 B 级。

吸量管是具有分刻度的玻璃管，如图 2-9 所示。它一般只用于量取小体积的溶液。常用的吸量管有 1mL、2mL、5mL、10mL 等规格，吸量管吸取液的准确度不如移液管。有些吸量管其分刻度不是刻到管尖，而是离管尖尚差 1～2cm，如图 2-9 右所示。

图 2-8 移液管

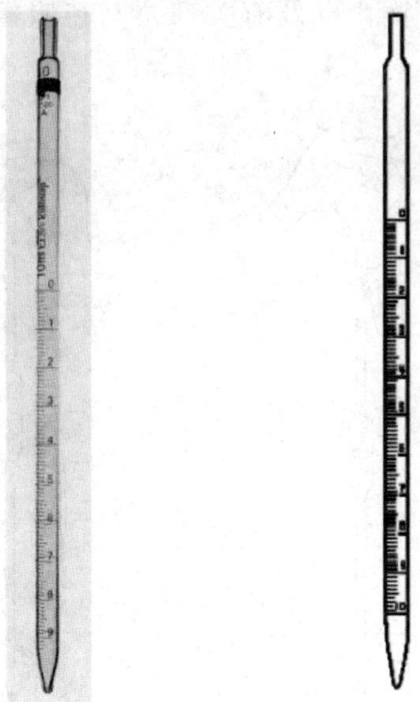

图 2-9 吸量管

为了能正确使用移液管和吸量管，现分述下面几点。

1. 洗涤

洗涤前，应先检查移液管或吸量管的管口和尖嘴有无破损，若有破损则不能使用。

移液管和吸量管均可用自来水洗涤，再用蒸馏水洗净，较脏（内壁挂水珠）时，可用铬酸洗液洗净。其洗涤方法是：右手拿移液管或吸量管，管的下口插入洗液中，左手拿洗耳球，先把球内空气压出，然后把球的尖端接在移液管或吸量管的上口，慢慢松开左手手指，将洗液慢慢吸入管内直至上升到刻度以上部分，等待片刻后，将洗液放回原瓶中。如果需要比较长时间浸泡在洗液中时（一般吸量管需要这样做），应准备一个高型玻璃筒或大量筒，筒底铺些玻璃毛，将吸量管直立于筒中，筒内装满洗液，筒口用玻璃片盖上。浸泡一段时间后，取出吸量管，沥尽洗液，用自来水冲洗，再用蒸馏水洗干净。洗净的标志是内壁不挂水珠。干净的移液管和吸量管应放置在干净的移液管架上。

2. 润洗

移取溶液前，可用吸水纸将洗干净的移液管的尖端内外的水除去，然后用待吸溶液润洗 3 次。方法是：先从试剂瓶中倒出少许溶液至一干燥的小烧杯中，然后用左手持洗耳球，将食指或拇指放在洗耳球的上方，其余手指自然地握住洗耳球，用右手的拇指和中指拿住移液管或吸量管标线以上的部分，无名指和小指辅助拿住移液管，如图 2－10 所示，将管尖伸入小烧杯的溶液或洗液中吸取，待吸液吸至球部的 1/4～1/3 处（注意：勿使溶液流回，即溶液只能上升不能下降，以免稀释溶液）时，立即用右手食指按住管口并移出。将移液管横过来，用两手的拇指及食指分别拿住移液管的两端，边转动边使移液管中的溶液浸润内壁，当溶液流至标度刻线以上且距上口 2～3cm 时，将移液管直立，使溶液由尖嘴放出、弃去。如此反复润洗 3 次。润洗这一步骤很重要，它是保证使移液管的内壁及有关部位与待吸溶液处于同一浓度。吸量管的润洗操作与此相同。

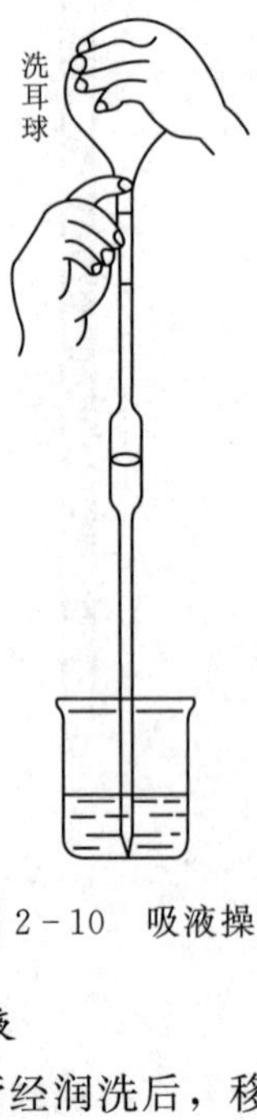

图 2－10　吸液操作

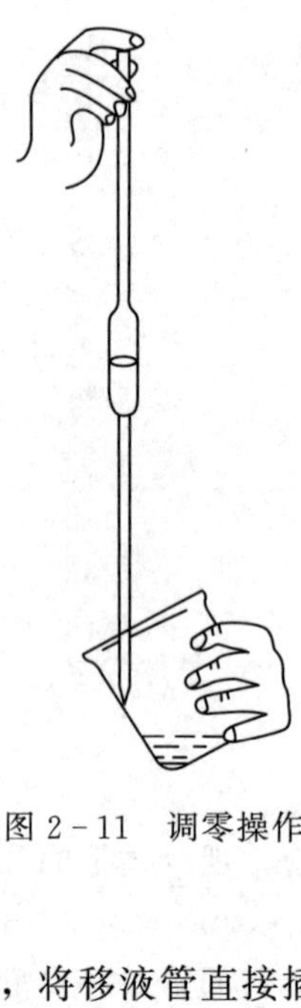

图 2－11　调零操作

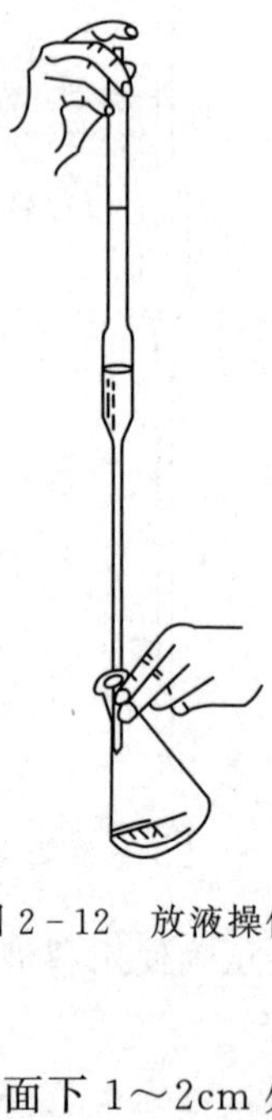

图 2－12　放液操作

3. 吸液

移液管经润洗后，移取溶液时，将移液管直接插入待吸液面下 1～2cm 处。管尖不应伸入太浅，以免液面下降后造成吸空，也不应伸入太深，以免移液管外部附有过多的溶液。吸液时，应注意容器中液面和管尖的位置，应使管尖随液面下降而下降。当洗耳球慢慢放松时，管中的液面徐徐上升，当液面上升至标线以上 1～2cm（不可过高、过低）时，迅速移去洗耳球。

4. 调零

用右手食指堵住管口，并将移液管往上提起，使之离开小烧杯，用吸水纸擦拭管的下端原伸入溶液的部分，以除去管壁上的溶液。左手改拿一干净的小烧杯，然后使烧杯倾斜成 30°，其内壁与移液管尖紧贴，停留 30s 后右手食指微微松动，使液面缓慢下降（见图 2－11），直到视线平视时弯月面与标线相切，这时立即将食指按紧管口。

5. 放液

左手改拿接收溶液的容器，并将接收容器倾斜，使内壁紧贴移液管尖成 30°左右。然后放松右手食指，使溶液自然地顺壁流下，如图 2－12 所示。待液面下降到管尖后，等 15s 左右，移出移液管。这时，尚可见管尖部位仍留有少量溶液，对此，除特别注明“吹”字的以外，一般此管尖部位留存的溶液是不能吹入接收容器中的，因为在工厂生产检定移液管时是没有把这部分体积算进去的。

用吸量管吸取溶液时，大体与上述操作相同。但吸量管上常标有“吹”字，特别是 1mL 以下的吸量管尤其是如此，对此，要特别注意。同时，对于分度刻到离管尖尚差 1～2cm 的吸量管，放出溶液时也应注意。实验中要尽量使用同一支吸量管，以免带来误差。

巩固提升

一、单项选择题

1. 下面不宜加热的仪器是（　　）。

A. 试管　　B. 移液管

C. 坩埚　　D. 蒸发皿

2. 下列仪器使用时需用溶液润洗的有（　　）。

A. 移液管　　B. 容量瓶

C. 烧杯　　D. 锥形瓶

3. 用 25mL 的移液管移出的溶液体积应记为（　　）。

A. 25mL　　B. 25.0mL

C. 25.00mL　　D. 25.000mL

二、多选题

1. 下列有关移液管的使用错误的是（　　）。

A. 一般不必吹出残留液

B. 移液管只能粗略地量取一定量液体体积

C. 用后洗净，加热烘干后即可再用

D. 用蒸馏水淋洗后即可移液

任务五 练习滴定管使用技术

教学活动

活动一 明 确 任 务

【任务背景】

滴定管是滴定时可准确放出滴定剂体积的玻璃量器。能准确、熟练地使用滴定管可以减少溶液体积的测定误差，为获得准确的分析结果创造先决条件。

本次任务我们来学习滴定管的操作技术。

【学习目标】

专业能力：1. 能正确洗涤、规范使用滴定管。

2. 认识酸碱指示剂，能选择合适的酸碱指示剂。

3. 学会判断滴定终点。

4. 能正确记录和处理测定数据。

社会能力：1. 在学习中形成团队合作意识，提升交流、沟通的能力。

2. 工作过程遵循“6S”管理要求，关注环保安全健康。

3. 养成求真务实、科学严谨的工作态度。

方法能力：1. 能收集并处理各种资讯完成学习任务。

2. 能针对工作任务制定具体的实施方案。

3. 能解决实验过程中遇到的一些问题。

【任务书】

（1）从酸式滴定管中放出 20mL（精确到 0.01mL）左右 H_2SO_4 溶液到锥形瓶中，记录放出的 H_2SO_4 体积。滴加 1～2 滴酚酞指示剂，摇匀。

（2）在碱式滴定管中装入 NaOH 溶液，用 NaOH 溶液滴定锥形瓶里的 H_2SO_4 溶液至微红色，30s 不褪色为滴定终点。记录消耗的 NaOH 体积。

平行测定 3 次。

$$c_{(\frac{1}{2}H_2SO_4)}=0.1mol/L, c_{(NaOH)}=0.1mol/L$$

【收集资讯】

滴定管的使用

根据任务书，小组分工收集以下资讯。

（1）写出滴定管的操作步骤。

（2）常用的酸碱指示剂有哪些？它们的变色情况如何？

（3）容量瓶、移液管、滴定管、锥形瓶，哪些需要用溶液润洗？为什么？

活动二 制 定 计 划

【填写工单】

各小组根据任务书及需收集的资讯，做好分工，每位同学认领自己的任务，填写工作任务单。完成任务后小组成员进行分享交流。工作任务单见表 2-22。

表 2-22 工 作 任 务 单

步骤	工 作 内 容	负责人（任务分工）
1		
2		
3		
4		
5		

【确定方案】

通过分享交流，各小组总结滴定管洗涤、润洗、装液、滴定等步骤，各小组派代表阐述操作要点，师生共同讨论，确定最佳方案，汇总至表 2-23。

表 2-23 NaOH 溶液滴定 H_2SO_4 溶液的操作步骤

任务名称	NaOH 溶液滴定 H_2SO_4 溶液
操作步骤	各步骤操作要点

活动三 任 务 实 施

【任务准备】

1. EHS 内容

请分析本任务所涉及的健康、安全及可能会产生的环境问题，并写出相应的健康安全预防措施和相关环境保护措施。

2. 仪器试剂准备

领用所需仪器试剂，对于易混用玻璃器皿，贴上标签。请列出仪器清单（表 2-24）。

表 2-24 所需仪器试剂清单

序号	名称	规格	序号	名称	规格

【任务实施】

（1）根据讨论确定的最佳方案，每位学生独立完成滴定任务。记录操作过程出现的问题及解决办法。

操作过程出现的问题：   解决办法：

（2）实验结束，整理台面，归置设备试剂，清洗玻璃仪器，清扫场地卫生，正确处理废液废纸。

活动四 成 果 展 示

【数据记录及处理】

NaOH 溶液滴定 H_2SO_4 溶液数据记录表见表 2-25。

表 2-25 NaOH 溶液滴定 H_2SO_4 溶液数据记录表

编 号	1	2	3	备注
$V_{(H_2SO_4)}$/mL				
$V_{(NaOH)}$/mL				
$V_{(H_2SO_4)}/V_{(NaOH)}$				
$V_{(H_2SO_4)}/V_{(NaOH)}$ 平均值				

【完成报告】

请按照行业规范撰写实验报告，内容包括：HSE 内容、实验目的、实验原理、试剂配制过程、样品处理及测试过程、原始数据记录、数据处理、结果评价和问题分析等。

活动五 评 价 反 馈

【学习评价】

评价学习成果、交流讨论疑难问题。配制标准溶液综合评价见表 2-26。

表 2-26 配制标准溶液综合评价

评价指标	评 分 要 素	分值	自评	组评	师评
课堂表现（15%）	按时出勤，无迟到、早退、旷课现象	5			
	积极参与教学活动，按时完成各项任务	10			
专业能力（50%）	滴定管准备（试漏、洗涤）	5			
	滴定管润洗正确	5			
	移液管装液、排气泡、调零操作规范	10			
	滴定操作（滴定手势、滴定速度）	10			
	终点控制	5			
	读数正确	5			
	数据记录及时规范	5			
	计算正确	5			
职业素养（社会能力）（25%）	仪容仪表、实验服穿戴	5			
	团队合作意识，交流沟通能力	5			
	遵循“6S”管理要求，关注环保安全健康	10			
	工作态度求真务实、科学严谨	5			
方法能力（10%）	收集处理各种资讯的能力	3			
	制定实施方案的能力	3			
	发现问题解决问题能力	4			
综合得分=自评(25%)+组评(25%)+师评(50%)					

【自我反思】

通过该任务的学习，你获得了什么？还有什么疑问需要老师帮助？

知识链接

知识点一 认 识 滴 定 管

滴定管是准确测量溶液体积的量出式玻璃仪器。常见的滴定管分为酸式滴定管、碱式滴定管和聚四氟乙烯活塞酸碱两用滴定管，目前普遍使用聚四氟乙烯活塞酸碱两用滴定管。滴定管标准容量通常有 50mL 和 25mL 两种，最小刻度为 0.1mL，读数可估读到 0.01mL。常量分析常用滴定管如图 2-13 所示。

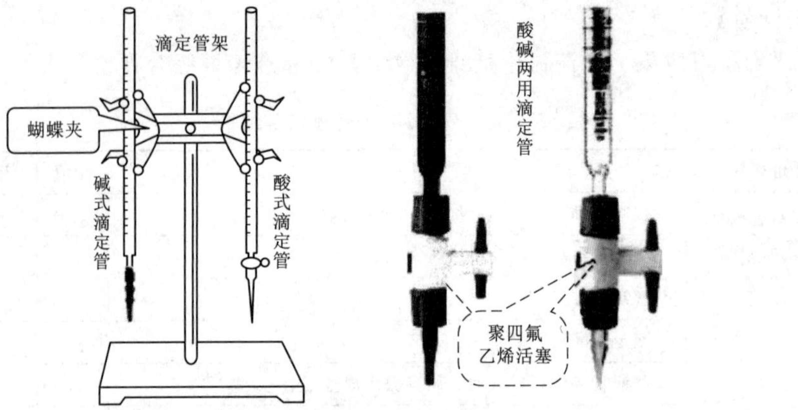

图 2-13 滴定管

滴定管是滴定分析法所用的主要量器，可分为一种是酸式滴定管，一种是碱式滴定管，还有一种聚四氟乙烯酸碱通用滴定管。

酸式滴定管的下端有玻璃活塞，可装入酸性或氧化性滴定液，不能装入碱性滴定液，因为碱性滴定液能腐蚀玻璃磨口和活塞，难以转动。

碱式滴定管用来盛放碱性溶液，它的下端连接一橡皮管，橡皮管内放有玻璃珠以控制溶液流出，橡皮管下端再接有一尖嘴玻璃管。凡是能与橡皮管起反应的溶液，如高锰酸钾、碘等溶液，都不能装入碱式滴定管中。

（1）滴定管的使用步骤

检查→试漏→洗涤→润洗→装液→排气泡→调零→滴定→读数。

1）检查：新拿到一根滴定管，用前应先做一些初步检查，如酸式滴定管活塞是否匹配、滴定管尖嘴和上口是否完好，碱式滴定管的乳胶管孔径与玻璃珠大小是否合适，乳胶管是否有孔洞裂纹和硬化等。初步检查合格后，进行下列工作。

2）试漏：试漏的方法是将滴定管用水充满至“0”刻线附近，然后夹在滴定管夹上，用吸水纸将滴定管外壁擦干，静置 2min，检查管尖及活塞周围有无水渗出，然后将活塞转动 180°，重新检查，如有漏水或活塞转动不灵活，必须涂凡士林或更换乳胶管（玻璃珠）。活塞涂凡士林可按下法进行：将滴定管平放在桌面上，取下活塞，把活塞及活塞座内壁用吸水纸擦干（擦活塞座时应使滴定管平放在桌面上），然后用手指蘸上凡士林，均匀地在活塞两端涂上薄薄的一层（注意，滴定管活塞座内壁不涂凡士林，如图 2-14 所示）。

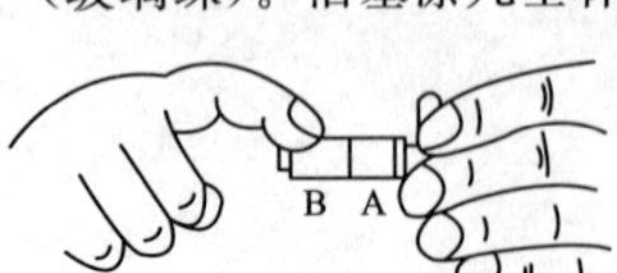

图 2-14 活塞涂凡士林操作

涂凡士林时，不要涂得太多，以免活塞孔被堵住，也不要涂得太少，达不到转动灵活和防止漏水之目的。涂凡士林后，将活塞直接插入活塞座中（注意，滴定管不能竖起，应仍平放在桌面上，否则管中的水会流入活塞座内）。插时活塞孔应与滴定管平行，此时活塞不要转动，这样可以避免将凡士林挤到活塞孔中去，然后，向同一方向不断旋转活塞，直至活塞全部是透明状为止。旋转时，应有一定的向活塞小头部分方向挤的力，以免来回移动活塞，使塞孔受堵。最后用橡皮圈套住，以防活塞脱落。在涂凡士林过程中要特别小心，切莫让活塞跌落在地上，造成整根滴定管的报废。涂凡士林后的滴定管，活塞应转动灵活，凡士林层中没有纹络，活塞呈均匀的透明状态。

注意：若使用活塞为聚四氟乙烯的滴定管不需涂凡士林。

3）洗涤：一般用自来水冲洗，零刻度线以上部位可用毛刷蘸洗涤剂刷洗，零刻度线以下部位如不干净，则采用洗液洗（碱式滴定管应除去乳胶管，用橡胶乳头将滴定管下口套住）。少量的污垢可装入约 10mL 洗液，先从下端放出少许，然后用双手平托滴定管的两端不断转动滴定管，使洗液润洗滴定管内壁，操作时管口对准洗液瓶口，以防洗液外流。洗完后将洗液从上口倒出。如果滴定管太脏，可将洗液装满整根滴定管浸泡一段时间。为防止洗液流出，在滴定管下方可放一烧杯（注意，若进行水中化学耗氧量测定时，滴定管不可用铬酸洗液洗涤）。最后用自来水、蒸馏水洗净。洗净后的滴定管内壁应被水均匀润湿而不挂水珠。如挂水珠，应重新洗涤。注意，酸式滴定管应先涂凡士林再进行洗涤。

4）润洗：滴定管润洗的目的是不使标准溶液的浓度发生变化。装入标准溶液前应先用待装溶液润洗 3 次。润洗的方法是先将试剂瓶中的溶液摇匀，使凝结在瓶内壁上的水珠混入溶液，在天气比较热或室温变化较大时，此项操作更为必要。向滴定管中加入 10～15mL 待装溶液，先从滴定管下端放出少许，然后双手平托滴定管的两端，边转动滴定管，边使溶液润洗滴定管整个内壁，最后将溶液全部从上口放出。重复 3 次。

5）装液：装液时标准溶液应直接倒入滴定管中，不得用其他容器（如烧杯、漏斗等）来转移。装入前应先用标准溶液润洗滴定管内壁 3 次。最后将标准溶液直接倒入滴定管，直至充满至零刻度以上。

6）排气泡：滴定管充满标准溶液后，应检查滴定管的出口下部尖嘴部分是否充满溶液，是否留有气泡。为了排除碱管中的气泡，可右手斜持滴定管，左手拇指和食指捏住玻璃珠所在部位稍上处，使橡胶管向上弯曲翘起，并捏挤乳胶管，使玻璃珠与乳胶管之间形成一条缝隙，溶液流出即可排除气泡，如图 2－15 所示。注意不能捏挤玻璃珠下方的乳胶管，以免当松开手时空气进入而形成气泡。

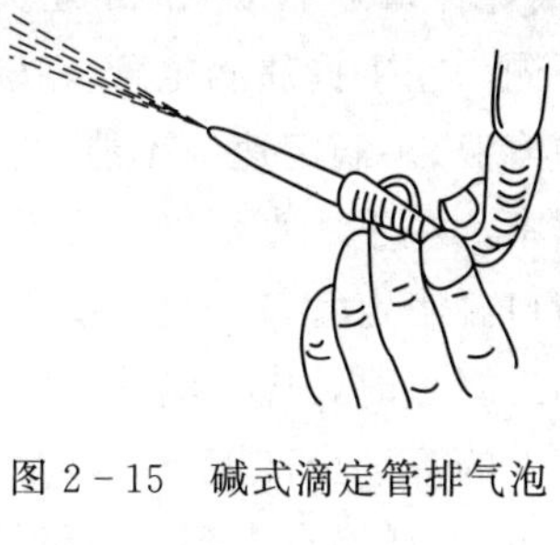

图 2－15　碱式滴定管排气泡

酸管的气泡，一般较易看出，当有气泡时，右手拿滴定管上部无刻度处，并使滴定管倾斜 30°，左手迅速打开活塞使溶液冲出管口，反复数次，一般即可达到排除酸管出口处气泡的目的，由于目前酸管制作有时不符合规格要求，因此，有时按上法仍无法排除酸管出口处的气泡，这时可在活塞打开的情况下，上下晃动滴定管以达到排除气泡的目的。

7）调零：先将溶液装至零刻度线以上 5mm 左右，不可过高，慢慢开活塞使溶液液面慢慢下降，直至弯月面下缘恰好与零刻度线相切。

8）滴定：将滴定管夹在滴定管架上，滴定之前再复核一下零点。酸式滴定管操作时，左手握滴定管，左手的拇指在管前，食指和中指在管后，控制活塞的转动，其无名指和小指向手心弯曲，轻轻地贴在活塞座小头的下边，如图 2-16 所示。注意：手心不能顶到活塞，也不要向外用力，以免推出活塞造成漏水，应使活塞稍有一点向手心的回力。当然，也不要过分往里用太大的回力，以免造成活塞转动困难。滴定时转动活塞，控制溶液流出速度，要求做到能逐滴放出并能使溶液成悬而未滴的状态，即练习加半滴溶液的技术。

碱式滴定管的滴定操作是左手的拇指在前，食指在后，捏住胶管中玻璃珠所在部位稍上处，向手心方向捏挤玻璃珠与胶管之间形成一条缝隙，溶液即可流出，如图 2-17 所示。但注意不要用力捏玻璃珠，也不要使玻璃珠上下移动，不要捏挤玻璃珠下方的胶管，以免当松开手时空气进入而形成气泡。滴定前，先记下滴定管液面的初读数，如果是 0.00mL，也可以不记。用小烧杯内壁碰下悬在滴定管尖端的液滴。

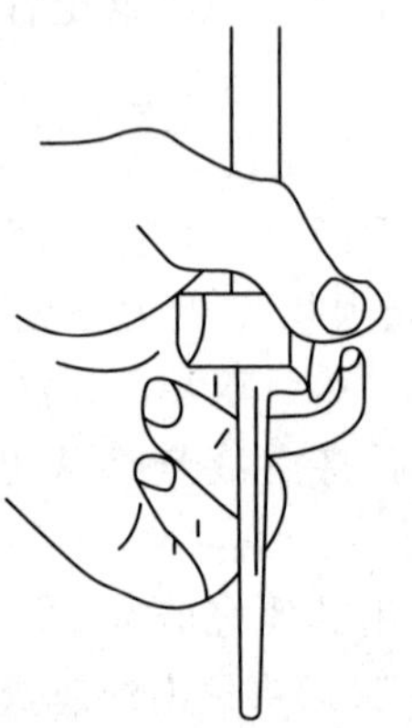

图 2-16 酸式滴定管握姿

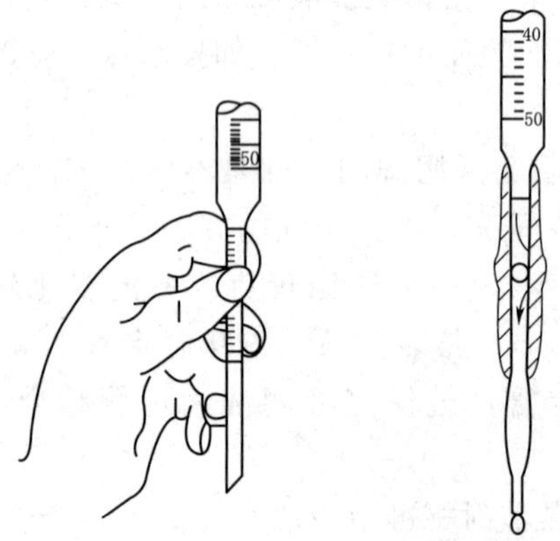

(a) 碱式滴定管握姿 (b) 溶液从缝隙中流出

图 2-17 碱式滴定管的控制

滴定操作可在锥形瓶或烧杯中进行。滴定时，应使滴定管尖嘴部分插入锥形瓶口（或烧杯口）下 1～2cm 处。用右手的拇指、食指和中指拿住锥形瓶，其余两指辅助在下侧，左手握住滴定管，按前述方法，边滴加溶液，边摇锥形瓶（或用玻璃棒搅拌烧杯中溶液）。滴定速度不能太快，以每秒 3～4 滴为宜，切不可成液柱流下。在整个滴定过程中，左手一直不能离开活塞任溶液自流。摇动锥形瓶时，要注意勿使溶液溅出，勿使瓶口碰滴定管口，也不要使瓶底碰白瓷板，不要前后振动，如图 2-18、图 2-19 所示。临近终点时，应一滴或半滴地加入，并用洗瓶吹入少量水冲洗锥形瓶内壁，使附着在瓶壁上的溶液全部流下，然后观察终点是否已达到（为便于观察，可在锥形瓶下放一块白瓷板），如终点未到，继续滴定，直至准确到达终点为止。

半滴的控制和吹洗。快到滴定终点时，要一边摇动，一边逐滴地滴入，甚至是半滴半滴地滴入。应该扎扎实实地练好加入半滴溶液的方法。用酸管时，可轻轻转动活塞使溶液悬挂在出口管嘴上，形成半滴，用锥形瓶内壁将其沾落（尽量往下沾）、再用洗瓶冲洗。对碱管，加半滴溶液时，应先松开拇指与食指，将悬挂的半滴溶液沾在锥形瓶内壁上再放开无名指和小指，这样可避免出口管尖出现气泡。

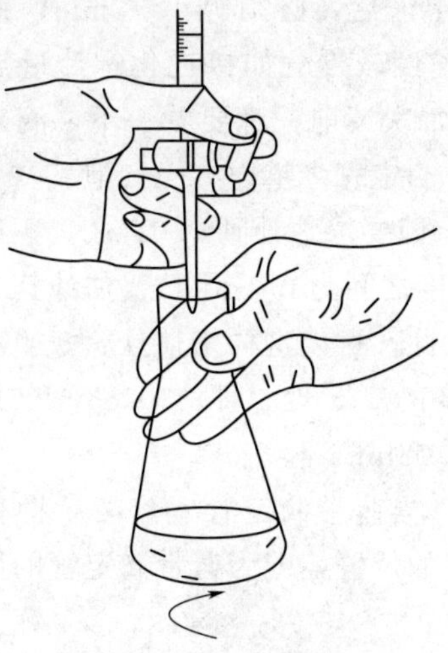

图 2-18 酸式滴定管操作

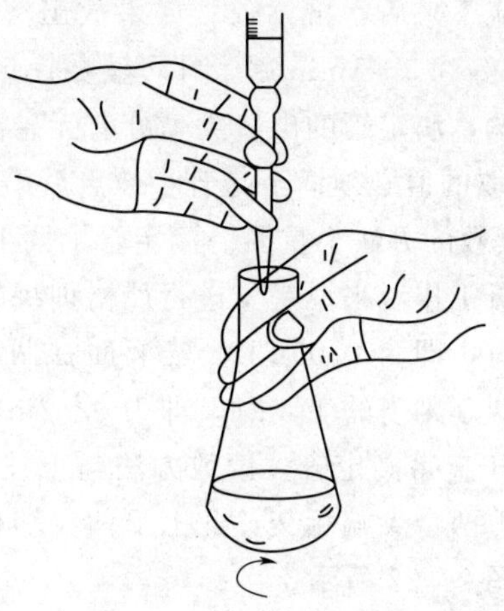

图 2-19 碱式滴定管操作

滴入半滴溶液时，也可采用倾斜锥形瓶的方法，将附于壁上的溶液涮至瓶中。这样可避免吹洗次数太多，造成被滴物过度稀释。

9）读数：滴定管读数前，应注意管出口嘴尖上有无气泡或挂着水珠。若在滴定后管尖上有气泡或挂有水珠读数，这时是无法读准确的。一般读数应遵守下列原则：

a. 读数时应将滴定管从滴定管架上取下，用右手大拇指和食指捏住滴定管上部无刻处，其他手指从旁辅助，使滴定管保持垂直，然后再读数。滴定管夹在滴定管架上读数的方法，一般不宜采用，因为它很难确保滴定管的垂直和准确读数。

b. 由于水的附着力和内聚力的作用，滴定管内的液面呈弯月形，无色和浅色溶液的月面比较清晰，读数时，应读弯月面下缘实线的最低点，为此，读数时，视线应与弯月面缘实线的最低点相切，即视线应与弯月面下缘实线的最低点在同一水平面上，如图 2-20 所示。视线高于液面，读数将偏低；反之，读数偏高。对于深色溶液（如 $KMnO_4$、I_2 等），其弯月面是不够清晰的，读数时，视线应与液面两侧的最高点相切，这样才易读准，如图 2-21 所示。

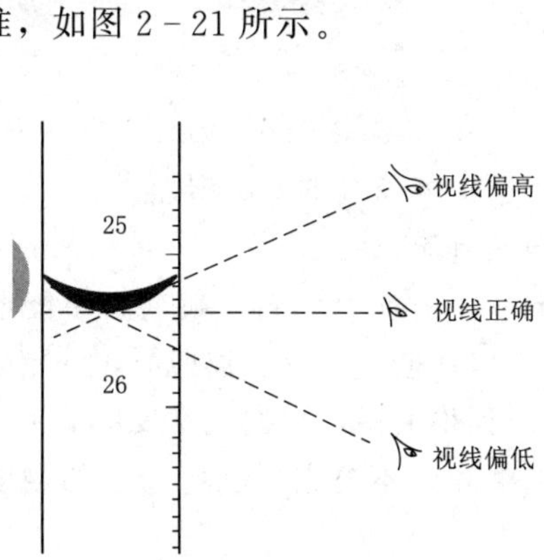

图 2-20 滴定管读数

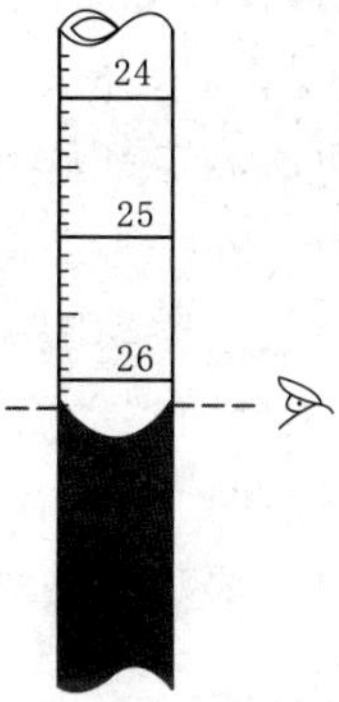

图 2-21 深色液面读数

c. 为便于读数准确，在滴定管装满或放出溶液后，必须等 1～2min，使附着在内壁的溶液流下来后，再读数。如果放出溶液的速度较慢（如接近化学计量点时就是如此），那可等 0.5～1min 后，即可读数。记住，每次读前，都要看一下，滴定管内壁有没有挂水珠，滴定管的出口尖嘴处有无悬液滴，滴定管尖嘴内有无气泡。

d. 读取的值必须读至毫升小数点后第二位，即要求估计到 0.01mL。正确掌握估计 0.01mL 读数的方法很重要。滴定管上两个小刻度之间为 0.1mL，要估计其 1/10 的值，对一个分析工作者来说是要进行严格训练的。为此，可以这样来估计——当液面在此两小刻之间时，即为 0.05mL；若液面在两小刻度的 1/3 处，即为 0.03mL 或 0.07mL；当液面在两小刻度的 1/5 时，即为 0.02mL 或 0.08mL 等。

e. 对于蓝带滴定管，读数方法与上述相同。当蓝带滴定管盛溶液后将有似两个弯月间的上下两个尖端相交，此上下两尖端相交点的位置，即为蓝带滴定管的读数的正确位置，如图 2-22 所示。

f. 为便于读数，可采用读数卡，它有利于初学者练习读数。读数卡是用贴有黑纸或有黑色的长方形（约 3cm×1.5cm）的白纸板制成。读数时，将读数卡放在滴定管背后，黑色部分在弯月面下约 1mm 处，此时即可看到弯月面的反射层全部成为黑色，如图 2-23 所示。然后，读此黑色弯月面下缘的最低点。然而，对深色溶液需读其两侧最高点时，需用白色卡片作为背景。

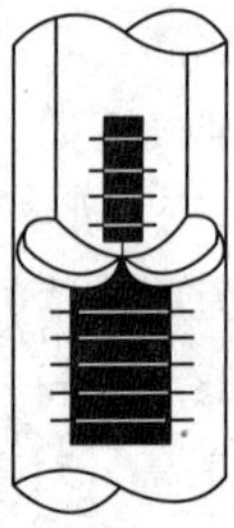

图 2-22 蓝带滴定管读数

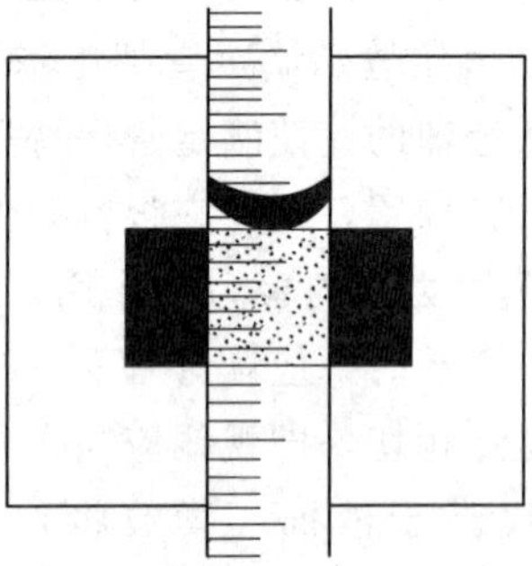

图 2-23 借黑纸卡读数

（2）滴定操作注意事项

进行滴定操作时，应注意如下几点。

1）最好每次滴定都从 0.00mL 开始，这样可以减少滴定误差。

2）滴定时，左手不能离开活塞而任溶液自流。

3）摇瓶时，应微动腕关节，使溶液向一个方向（向右）旋转，不能前后振动，以免溶液溅出。不要因摇动瓶口碰在管口上，以免造成事故。摇瓶时，一定要使溶液旋转出现一漩涡，因此，要求有一定速度，不能摇得太慢，影响化学反应的进行。

4）滴定时，要观察滴落点周围颜色的变化。不要去看滴定管上的刻度变化，而不顾反应的进行。

5）滴定速度的控制方面，一般开始时，滴定速度可稍快，呈“成串不成线”，这时为 10mL/min，即每秒 3～4 滴，而不要滴成“水线”。接近终点时，应改为一滴一滴加入即加一滴摇几下，再加，再摇。最后是每加半滴，摇几下锥形瓶，直至溶液出现明显的颜色变化为止。

知识点二 认 识 滴 定 分 析

滴定分析（titrimetry）是将一种已知准确浓度的试剂溶液滴加到被测物质的溶液中，直到所加溶液物质的量按化学计量关系恰好反应完全，然后根据所用试剂溶液的浓度和体积可以求得被测物质含量的分析方法。由于这种测定方法是以测量溶液体积为基础，故又称容量分析。

认识滴定分析

一、滴定分析基本术语

在进行滴定分析过程中，已知准确浓度的试样溶液称为标准溶液，又称滴定剂（titrant）。需测含量的物质称为被测物质，也称被滴定剂（titrand）。

滴定时，将标准溶液通过滴定管逐滴加入到盛有被测溶液的锥形瓶中进行测定的操作过程称为滴定（titration）。

当加入的标准溶液的量与被测物的量恰好符合化学反应式所表示的化学计量关系时，称滴定到达化学计量点（stoichiometric point，以 sp 表示）。

在化学计量点时，反应往往没有易被人察觉的外部特征，因此通常要加入某种试剂，这种在化学计量点附近时能使溶液颜色改变的试剂叫指示剂（indicator）。

滴定过程中指示剂颜色发生改变的那一点称为滴定终点（end point，以 ep 表示）。

滴定终点往往与理论上的化学计量点不一致，由此引起的误差叫终点误差（end point error）。

终点误差是滴定分析误差的主要来源之一，其大小决定于滴定反应的完全程度和指示剂的选择。

二、滴定分析法的分类

滴定分析法以化学反应为基础，根据标准溶液和待测组分间的反应类型的不同，分为 4 类：

1. 酸碱滴定法（acid - base titration method）

以酸碱质子传递反应为基础的一种滴定分析方法。可用于测定酸、碱和两性物质。其基本反应为

$$H^+ + OH^- \longrightarrow H_2O$$

例如用 NaOH 标准溶液滴定 HCl 溶液。

2. 配位滴定法（complexometric titration）

以配位反应为基础的一种滴定分析方法。可用于对金属离子进行测定。若采用 EDTA 作配位剂，其反应为

$$M + Y \longrightarrow MY$$

式中 M——金属离子；

Y——EDTA 的阴离子。

3. 氧化还原滴定法（oxidation reduction titration）

以氧化还原反应为基础的一种滴定分析方法。可用于对具有氧化还原性质的物质或某些不具有氧化还原性质的物质进行测定。如重铬酸钾法测定铁，其反应如下：

$$Cr_2O_7^{2-} + 6Fe^{2+} + 14H^+ \longrightarrow 2Cr^{3+} + 6Fe^{3+} + 7H_2O$$

4. 沉淀滴定法（precipitation titration）

以沉淀反应为基础的一种滴定分析方法。可用于对 Ag^+、CN^-、SCN^- 及类卤素等离子等进行测定。如银量法，其常见反应如下：

$$Ag^+ + Cl^- \longrightarrow AgCl\downarrow$$

三、滴定分析对反应的要求

化学反应有很多，但并不是所有化学反应都适合滴定分析，为保证滴定分析的准确度，用于滴定分析的化学反应必须具备下列条件。

（1）反应必须按方程式进行，即反应具有确定的计量关系，不发生副反应。

（2）反应必须定量完成，通常要求在 99.9%以上，这是定量计算的基础。

（3）反应能够迅速地完成（有时可加热或用催化剂以加速反应）。

（4）有适当的方法确定滴定的终点。

凡能满足上述要求的反应都可采用直接滴定法。

四、滴定分析的方式

根据操作的不同，滴定分析又分为不同的滴定方式。

1. 直接滴定法（direct titration）

直接滴定法，是用标准溶液直接滴定被测物质的一种方法。直接滴定法是滴定分析法中最常用、最基本的滴定方法。例如用 HCl 滴定 NaOH，用 $K_2Cr_2O_7$ 滴定 Fe 等。

往往有些化学反应不能同时满足滴定分析的滴定反应要求，这时可选用下列几种方法之一进行滴定。

2. 返滴定法（back titration）

返滴定法的操作是：先准确地加入一定量过量的标准溶液，使其与试液中的被测物质或固体试样进行反应，待反应完成后，再用另一种标准溶液滴定剩余的标准溶液。

当遇到下列几种情况下，可以用返滴定法。

（1）当试液中被测物质与滴定剂的反应速率慢，如 Al 与 EDTA 的反应。先加入已知过量的 EDTA 标准溶液，待 Al 与 EDTA 反应完成后，剩余的 EDTA 则利用标准锌溶液等返滴定。

（2）用滴定剂直接滴定固体试样时，反应不能立即完成。如 HCl 滴定固体 $CaCO_3$。在固体 $CaCO_3$ 中，先加入已知过量的 HCl 标准溶液，待反应完成后，可用标准 NaOH 溶液返滴定剩余的 HCl。

（3）某些反应没有合适的指示剂或被测物质对指示剂有封闭作用时，也用返滴定法。

3. 置换滴定法（replacement titration）

对于某些不能直接滴定的物质，也可以使它先与另一种物质起反应，置换出一定量能被滴定的物质来，然后再用适当的滴定剂进行滴定。这种滴定方法称为置换滴定法。例如硫代硫酸钠不能用来直接滴定重铬酸钾和其他强氧化剂，这是因为在酸性溶液中氧化剂可将 $S_2O_3^{2-}$ 氧化为 $S_4O_6^{2-}$ 或 SO_4^{2-} 等混合物，没有一定的计量关系。但是，硫代硫酸钠却是一种很好的滴定碘的滴定剂。这样一来，如果在酸性重铬酸钾溶液中加入过量的碘化钾，用重铬酸钾置换出一定量的碘，然后用硫代硫酸钠标准溶液直接滴定碘，计量关系便非常好。实际工作中，就是用这种方法用重铬酸钾标定硫代硫酸钠标准溶液浓度的。

4. 间接滴定法（indirect titration）

有些物质虽然不能与滴定剂直接进行化学反应，但可以通过别的化学反应间接测定。

例如高锰酸钾法测定钙就属于间接滴定法。由于 Ca^{2+} 在溶液中没有可变价态，所以不能直接用氧化还原法滴定。但若先将 Ca^{2+} 沉淀为 CaC_2O_4，过滤洗涤后用 H_2SO_4 溶解，再用 $KMnO_4$ 标准溶液滴定与 Ca^{2+} 结合的 $C_2O_4^{2-}$，便可间接测定钙的含量。

显然，由于返滴定法、置换滴定法、间接滴定法的应用，大大扩展了滴定分析的应用范围。

知识点三　认识酸碱指示剂

酸碱滴定分析中，借助加入的酸碱指示剂在化学计量点附近颜色的变化来确定滴定终点。这种方法简单、方便，是确定滴定终点的基本方法。

一、酸碱指示剂的作用原理

酸碱指示剂

酸碱指示剂（acid - base indicator）是在某一特定 pH 区间，随介质酸度条件的改变颜色明显变化的物质。常用的酸碱指示剂一般是一些有机弱酸或弱碱，其酸式体及其碱式体由于结构不同而具有不同的颜色。当溶液 pH 改变时，指示剂的酸式体失去质子转化为碱式体，或指示剂的碱式体得到质子变为酸式体，从而引起颜色变化。

甲基橙（methyl orange，MO）是一种有机弱碱，也是一种双色指示剂，它在溶液中的离解平衡可用下式表示。

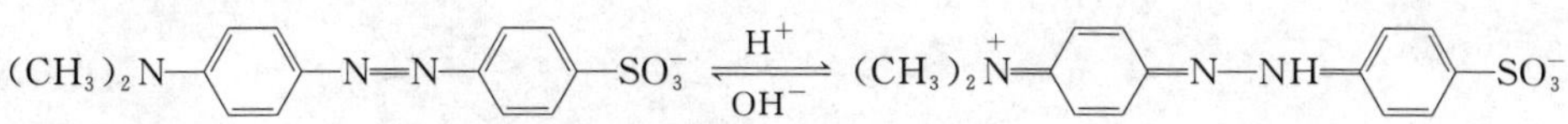

黄色（偶氮式）　　　　红色（醌式）

由平衡关系式可以看出：当溶液中 $[H^+]$ 增大时，反应向右进行，此时甲基橙主要以醌式体存在，溶液呈红色；当溶液中 $[H^+]$ 降低而 $[OH^-]$ 增大时，反应向左进行，甲基橙主要以偶氮式体存在，溶液呈黄色。

酚酞是一种有机弱酸，它在溶液中的离解平衡如下所示：

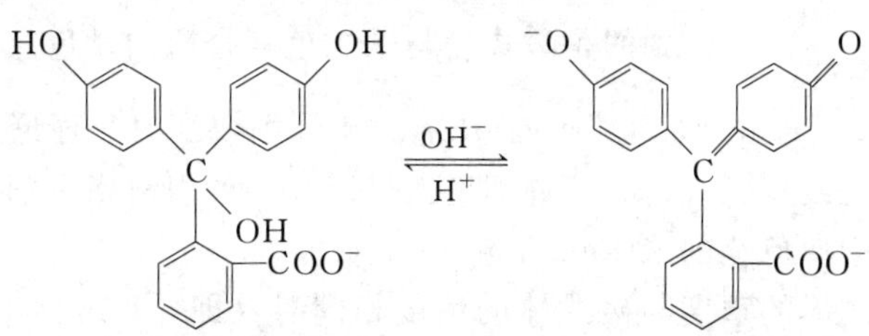

无色（羟式）　　　　红色（醌式）

在酸性溶液中，平衡向左移动，酚酞主要以羟式体存在，溶液呈无色；在碱性溶液中平衡向右移动，酚酞主要以醌式体存在，因此溶液呈红色。

由此可见，当溶液的 pH 发生变化时，由于指示剂结构的变化，颜色也随之发生变化，因而可通过酸碱指示剂颜色的变化确定酸碱滴定的终点。

二、变色范围和变色点

若以 HIn 代表酸碱指示剂的酸式体（其颜色称为指示剂的酸式色），其离解产物 In^- 就代表酸碱指示剂的碱式体（其颜色称为指示剂的碱式色），则离解平衡可表示为

$$HIn \rightleftharpoons H^+ + In^-$$

当离解达到平衡时：

$$K_{HIn}=\frac{[H^+][In^-]}{[HIn]}$$

则

$$\frac{[In^-]}{[HIn]}=\frac{K_{HIn}}{[H^+]} \tag{2-1}$$

或

$$pH=pK_{HIn}+\lg\frac{[In^-]}{[HIn]} \tag{2-2}$$

溶液的颜色决定于指示剂碱式体与酸式体的浓度比值，即$\frac{[In^-]}{[HIn]}$值。对给定的指示剂而言，在指定条件下 K_{HIn} 是常数。因此，由式（2－1）可以看出，$\frac{[In^-]}{[HIn]}$值只决定于［H^+］，［H^+］变化时，$\frac{[In^-]}{[HIn]}$值也随之变化，因而溶液将呈现不同的颜色。

一般来说，当一种形式体的浓度大于另一种形式体的浓度 10 倍时，人眼通常只看到较浓形式体的颜色。若$\frac{[In^-]}{[HIn]}\leqslant\frac{1}{10}$，看到的是 HIn 的颜色（即酸式色）。此时，由式（2－2），得

$$pH\leqslant pK_{HIn}+\lg\frac{1}{10}=pK_{HIn}-1$$

如果，$\frac{[In^-]}{[HIn]}\geqslant\frac{10}{1}$，看到的是 In^- 的颜色（即碱式色）。此时，由式（2－2），得

$$pH\geqslant pK_{HIn}+\lg\frac{10}{1}=pK_{HIn}+1$$

若$\frac{[In^-]}{[HIn]}$在$\frac{1}{10}\sim\frac{10}{1}$时，看到的是酸式色与碱式色复合后的颜色。

因此，当溶液的 pH 由 $pK_{HIn}-1$ 向 $pK_{HIn}+1$ 逐渐改变时，理论上人眼可以看到指示剂由酸式色逐渐过渡到碱式色。这种理论上可以看到的引起指示剂颜色变化的 pH 间隔称为指示剂的理论变色范围（transition interval）。

当指示剂中酸式体的浓度与碱式体的浓度相同时（即［HIn］=［In^-］），溶液便显示指示剂酸式体与碱式体的混合色。由式（2－2）可知，此时溶液的 $pH=pK_{HIn}$，这一点称为指示剂的理论变色点（color transition point）。例如，甲基红 $pK_{HIn}=5.0$，所以甲基红的理论变色范围为 pH 4.0～6.0，理论变色点的 pH 为 5.0。

理论上说，指示剂的变色范围都是2个pH单位，但指示剂的变色范围（指从一种色调改变至另一种色调）不是根据pK_{HIn}计算出来的，而是依据人眼观察出来的。由于人眼对各种颜色的敏感程度不同，加上两种颜色之间的相互影响，因此实际观察到的各种指示剂的变色范围（表2-27）并不都是2个pH单位，而是略有上下。例如甲基红指示剂，它的理论变色点pH=5.0，其酸式色为红色，碱式色为黄色。由于人眼对红色更为敏感，当指示剂酸式的浓度比碱式大5倍时，即可看到指示剂的酸式色（红色）。而黄色则没有红色那么明显，只有当指示剂碱式的浓度比酸式至少大于12.5倍时，才能看到指示剂的碱式色（黄色）。所以甲基红指示剂的变色范围不是理论上的pH 4.0～6.0，而是pH 4.4～6.2，这就称为指示剂的实际变色范围。表2-27列出了几种常用酸碱指示剂在室温下水溶液中的变色范围，供使用时参考。

表2-27　几种常用酸碱指示剂在室温下水溶液中的变色范围

指示剂	变色范围（pH）	颜色变化	pK_{HIn}	质量浓度	用量（滴/10mL，试液）
百里酚蓝	1.2～2.8	红～黄	1.7	1g/L的20%乙醇溶液	1～2
甲基黄	2.9～4.0	红～黄	3.3	1g/L的90%乙醇溶液	1
甲基橙	3.1～4.4	红～黄	3.4	0.5g/L的水溶液	1
溴酚蓝	3.0～4.6	黄～紫	4.1	1g/L的20%乙醇溶液或其钠盐水溶液	1
溴甲酚绿	4.0～5.6	黄～蓝	4.9	1g/L的20%乙醇溶液或其钠盐水溶液	1～3
甲基红	4.4～6.2	红～黄	5.0	1g/L的60%乙醇溶液或其钠盐水溶液	1
溴百里酚	6.2～7.6	黄～蓝	7.3	1g/L的20%乙醇溶液或其钠盐水溶液	1
中性红	6.8～8.0	红～黄橙	7.4	1g/L的60%乙醇溶液	1
酚红	6.8～8.4	黄～红	8.0	1g/L的60%乙醇溶液或其钠盐水溶液	1
酚酞	8.0～10.0	无色～红	9.1	5g/L的90%乙醇溶液	1～3
百里酚蓝	8.0～9.6	黄～蓝	8.9	19/L的20%乙醇溶液	1～4
百里酚酞	9.4～10.6	无色～蓝	10.0	1g/L的90%乙醇溶液	1～2

由于深色较浅色明显，所以当溶液由浅色变为深色时，人眼容易辨别。例如，以甲基作指示剂，用碱标准滴定溶液滴定酸时，终点颜色的变化是由橙红变黄，就不及用酸标准滴定溶液滴定碱时终点颜色由黄变橙红明显。所以用酸标准滴定溶液滴定碱时可用甲基橙作指示剂；而用碱标准滴定溶液滴定酸时，一般采用酚酞作指示剂，因为终点从无色变为红色比较敏锐。

三、混合指示剂

由于指示剂具有一定的变色范围，只有当溶液pH的改变超过一定数值，也就是说只有在酸碱滴定的化学计量点附近pH发生突跃时，指示剂才能从一种颜色突然变为另一种颜色。但在某些酸碱滴定中，由于化学计量点附近pH突跃小，使用单一指示剂确定终点无法达到所需要的准确度，这时可考虑采用混合指示剂。

混合指示剂是利用颜色之间的互补作用，使变色范围变窄，从而使终点时颜色变化敏锐。它的配制方法一般有两种。一种是由两种或多种指示剂混合而成。例如溴甲酚绿

($pK_{HIn}=4.9$) 与甲基红 ($pK_{HIn}=5.0$) 指示剂，前者当 pH<4.0 时呈黄色（酸式色），pH>5.6 时呈蓝色（碱式色），后者当 pH<4.4 时呈红色（酸式色）、pH>6.2 时呈浅黄色（碱式色），当它们按一定比例混合后，两种颜色混合在一起，酸式色便成为酒红色（即红中稍带黄），碱式色便成为绿色。当 pH=5.1 时，也就是溶液中酸式体与碱式体的浓度大致相同时，溴甲酚绿呈绿色，而甲基红呈橙色，两种颜色互为互补色，从而使得溶液呈现浅灰色，变色十分敏锐。

另一种混合指示剂是在某种指示剂中加入一种惰性染料（其颜色不随溶液 pH 的变化而变化），由于颜色互补使变色敏锐，但变色范围不变。几种常用的混合指示剂见表 2-28。

表 2-28　几种常用的混合指示剂

指示剂溶液的组成	变色时 pH	颜色		备注
		酸式色	碱式色	
1 份 0.1%甲基黄乙醇溶液 1 份 0.1%亚甲基蓝乙醇溶液	3.25	蓝紫	绿	pH=3.2，蓝紫 pH=3.4，绿色
1 份 0.1%甲基橙水溶液 1 份 0.25%靛蓝二磺酸水溶液	4.1	紫	黄绿	
1 份 0.1%溴甲酚绿钠盐水溶液 1 份 0.2%甲基橙水溶液	4.3	橙	蓝绿	pH=3.5，黄色 pH=4.05，绿色 pH=4.3，浅绿
3 份 0.1%溴甲酚绿乙醇溶液 1 份 0.2%甲基红乙醇溶液	5.1	酒红	绿	
1 份 0.1%溴甲酚绿钠盐水溶液 1 份 0.1%氯酚红钠盐水溶液	6.1	黄绿	蓝绿	pH=5.4，蓝绿 pH=5.8，蓝色 pH=6.0，蓝带紫 pH=6.2，蓝紫
1 份 0.1%中性红乙醇溶液 1 份 0.1%亚甲基蓝乙醇溶液	7.0	紫蓝	绿	pH=7.0，紫蓝
1 份 0.1%甲酚红钠盐水溶液 3 份 0.1%百里酚蓝钠盐水溶液	8.3	黄	紫	pH=8.2，玫瑰红 pH=8.4，清晰的紫色
1 份 0.1%百里酚蓝 50%乙醇溶液 3 份 0.1%酚酞 50%乙醇溶液	9.0	黄	紫	从黄到绿，再到紫
1 份 0.1%酚酞乙醇溶液 1 份 0.1%百里酚酞乙醇溶液	9.9	无色	紫	pH=9.6，玫瑰红 pH=10，紫色
2 份 0.1%百里酚酞乙醇溶液 1 份 0.1%茜素黄 R 乙醇溶液	10.2	黄	紫	

巩固提升

一、单项选择题

1. 带有玻璃活塞的滴定管常用来装（　　）。

A. 见光易分解的溶液　　　　B. 酸性溶液

C. 碱性溶液　　D. 任何溶液

2. 下列数据记录正确的是（　　）。

A. 滴定管 25mL　　B. 滴定管 25.00mL

C. 分析天平 0.28g　　D. 量筒 25.00mL

3. 某酸碱指示剂的 $K_{HIn}=1.0\times10^{-6}$，则从理论上推算其变色范围是 pH=（　　）。

A. 4～5　　B. 5～6　　C. 4～6　　D. 5～7

二、多选题

1. 要准确量取 25.00mL 的稀盐酸，可用的量器是（　　）。

A. 25mL 量筒　　B. 25mL 酸式滴定管

C. 25mL 移液管　　D. 25mL 烧杯

2. 读取滴定管读数时，下列操作中正确的是（　　）。

A. 读数前要检查滴定管内壁是否挂水珠，管尖是否有气泡

B. 读数时，应使滴定管保持垂直

C. 读取弯月面下缘最低点，并使视线与该点在同一水平面上

D. 有色溶液与无色溶液的读数方法相同

三、问答题

1. 判断在下列 pH 溶液中，指示剂显什么颜色？

（1）pH=3.5 溶液中滴入甲基红指示液。

（2）pH=7.0 溶液中滴入溴甲酚绿指示液。

（3）pH=4.0 溶液中滴入甲基橙指示液。

（4）pH=10.0 溶液中滴入甲基橙指示液。

（5）pH=6.0 溶液中滴入甲基红和溴甲酚绿指示液。

2. 某溶液滴入酚酞为无色，滴入甲基橙为黄色，指出该溶液的 pH 范围。

任务六　处理分析数据

教学活动

活动一　明确任务

【任务背景】

定量分析的目的是通过一系列的分析步骤，来获得被测组分的准确含量。但是，在实际测量过程中，即使采用最可靠的分析方法、使用最精密的仪器、由技术最熟练的分析人员测定也不可能得到绝对准确的结果，误差是客观存在的。所以，我们要了解分析

过程中误差产生的原因及出现的规律，以便采取相应措施减小误差。在一组测定数据中往往有个别数据与其他数据相差较远，这一数据称为可疑值，可疑值对测定的精密度和准确度均有重大影响，对于可疑值应采用统计学方法决定其取舍。本次学习任务将解决上述问题。

【学习目标】

专业能力：1. 能阐述误差、偏差等概念。

2. 能阐述精密度与准确度的关系。

3. 能说出误差的分类及减免误差的方法。

4. 能对实验数据进行分析、评价、取舍。

社会能力：1. 在学习中形成团队合作意识，提升交流、沟通的能力。

2. 工作过程遵循“6S”管理要求，关注环保安全健康。

3. 养成求真务实、科学严谨的工作态度。

方法能力：1. 能收集并处理各种资讯完成学习任务。

2. 能针对工作任务制定具体的实施方案。

3. 能解决学习过程中遇到的一些问题。

【任务书】

某分析人员测定试样中镁的含量，得到下列数据：31.32%、31.28%、31.27%、31.30%、31.38%。请你帮助其对这一组数据进行分析处理。

(1) 求出这一组数据的平均值、中位值、极差、相对极差、平均偏差、相对平均偏差、标准偏差和相对标准偏差。

(2) 已知标准值为31.31%，求分析结果的绝对误差、相对误差。

(3) 试用Q检验法判断可疑值31.38%是否应该舍弃。置信度要求为90%。

【收集资讯】

分析测试中的误差

异常值检验与取舍

根据任务书，小组分工收集以下资讯。

(1) 准确度与精密度的概念及两者间的关系。

(2) 各类误差和偏差的表示方法和相关计算。

(3) 误差的分类，各类误差的来源及特点，如何减免误差？

(4) 如何用$4\bar{d}$检验法、Q检验法、G检验法对可疑值进行取舍。

活动二 制定计划

【填写工单】

各小组根据任务书及需收集的资讯，做好分工，每位同学认领自己的任务，填写工作任务单。完成任务后小组成员进行分享交流。工作任务单见表 2-29。

表 2-29 工作任务单

步骤	工作内容	负责人（任务分工）
1		
2		
3		
4		
5		

【分享交流】

通过各自收集到的资讯进行分享交流，师生共同讨论，梳理知识要点，绘制思维导图。

活动三 任务实施

【任务实施】

请写出数据处理过程：

【问题讨论】

数据处理过程出现的问题及解决办法。

操作过程出现的问题：   解决办法：

活动四 评 价 反 馈

【学习评价】

评价学习成果、交流讨论疑难问题。处理分析数据综合评价见表 2-30。

表 2-30 处理分析数据综合评价表

评价指标	评 分 要 素	分值	自评	组评	师评
课堂表现（15%）	按时出勤，无迟到、早退、旷课现象	5			
	积极参与教学活动，按时完成各项任务	10			
专业能力（50%）	各类偏差计算	20			
	各类误差计算	15			
	可疑值的取舍	15			
职业素养（社会能力）（25%）	仪容仪表、实验服穿戴	5			
	团队合作意识，交流沟通能力	5			
	遵循“6S”管理要求，关注环保安全健康	10			
	工作态度求真务实、科学严谨	5			
方法能力（10%）	收集处理各种资讯的能力	3			
	制定实施方案的能力	3			
	发现问题解决问题能力	4			
综合得分＝自评(25%)＋组评(25%)＋师评(50%)					

【自我反思】

通过该任务的学习，你获得了什么？还有什么疑问需要老师帮助？

知识链接

知识点一 分析测试中的误差

准确测定试样中各有关组分的含量是分析化学的主要任务之一。不准确的分析结果会导致产品报废、资源浪费，甚至在科学上得出错误的结论。但是在分析过程中，即使技术很熟练的分析人员，用同一种方法对同一试样进行多次分析，也不能得到完全一样的分析结果。这说明，在分析过程中，误差是客观存在的。因此，在定量分析中应该了解产生误差的原因和规律，采取有效措施减小误差，并对分析结果进行评价，判断其准确性，以提高分析结果的可靠程度，使之满足生产与科学研究等方面的要求。

一、误差的分类和来源

在分析测试过程中，由于存在着一些影响测定的因素，因此误差是客观存在的。根据误差的性质和产生的原因，一般可将其分为系统误差（systematic error）和随机误差（random error）两大类。

1. 系统误差

系统误差是指在重复性条件下，对同一被测量进行无限多次测量所得结果的平均值与被测量的真值之差。

系统误差具有重复性和单向性，其大小是可以测定的，所以又称它为可测误差（deter-minable error）。系统误差产生的原因主要有以下几方面。

（1）仪器误差（instrumental error）：由于仪器、量器不准引起的误差称为仪器误差。例如移液管的刻度不准确、分析天平所用的砝码未经校准等。

（2）试剂误差（reagent error）：由于分析时所使用的试剂纯度不够而引起的误差称为试剂误差。例如试剂变质或被污染、蒸馏水中含微量待测组分等引起的误差。

（3）方法误差（methodic error）：由于分析方法本身的缺陷所引起的误差称为方法误差。方法误差的大小与分析方法的特性有直接关系。例如，在重量分析中沉淀的溶解或共沉淀所引起的误差；滴定分析法中由于滴定终点与化学计量点的差异、副反应的发生等所引起的误差，均属方法误差。

（4）操作误差（operational error）：由于操作者操作不当造成的误差称为操作误差。例如，滴定终点颜色的辨别偏深或过浅；读取滴定液体积时总是偏高或偏低等。

按系统误差的变化规律来分类，系统误差可分为恒定系统误差和可变系统误差。恒定系统误差的大小与试样的多少无关，在测量过程中绝对误差保持不变，而相对误差会随试样质量增大而减小，如滴定分析中的指示剂误差便属于这种误差；可变系统误差中常见的是线性系统误差，也称比例误差，其分析结果的绝对误差随样品量的增大而成比例增大，而相对误差却与试样的多少无关。

2. 随机误差

随机误差是指测量结果与在重复性条件下，对同一被测量进行无限多次测量所得结果的平均值之差。它是由于测量过程中各种因素的随机波动而引起的具有抵偿性的误差，因而又被称为偶然误差（accidental error）或不定误差（indeterminable error）。这些因素主要有实验室环境温度、气压、湿度的变化，测量仪器示值的波动，分析人员对各份试样处理时的微小差别等。随机误差的特点是大小和正负都变化不定，且无法加以校正，似乎没有规律性。但如果进行多次重复测定，就会发现测定数据的分布符合一定的统计规律。

在定量分析中，除系统误差和随机误差外，还有一类“过失误差”（gross error），它是由分析人员因粗枝大叶或违反操作规程所引起的。例如仪器失灵、试剂被污染、溶液溅失、沉淀穿滤、器皿不洁净、加错试剂、读错读数、记录和计算错误等。这种“过失误差”没有一定的规律，只要分析人员加强责任心、认真细致、严格遵守操作规程，这种误差是可以避免的。含有过失误差的测量值为异常值，在进行数据处理时，应将其剔除。

二、准确度和精密度

1. 真值（true value）（x_T）

某一物质本身具有的客观存在的真实数值，即为该量的真值。一般说来，真值是未知的，但下列情况的真值可以认为是知道的。

（1）理论真值：如某化合物的理论组成等。

（2）计量学约定真值：如国际计量大会上确定的长度、质量、物质的量单位等。

（3）相对真值：认定精度高一个数量级的测定值作为低一级的测量值的真值。这种真值是相对比较而言的。如厂矿实验室中标准试样及管理试样中组分的含量等可视为真值。

2. 准确度（accuracy）

准确度表示分析结果与被测量真值或约定真值间的一致程度。准确度与真实值之间的差别越小，则分析结果越准确，即准确度越高。

3. 精密度（precision）

在对样品进行分析时，一般需要在同一条件下对同一样品进行多次重复测定（称平行测定），此时可得到一组数值不等的测量结果，这些测量结果之间接近的程度称为精密度。几次测量结果的数值越接近，分析结果的精密度就越高。在分析化学中，有时用重复性（repeatability）和再现性（reproducibility）表示不同情况下分析结果的精密度，前者表示同一分析人员在同一条件下所得分析结果的精密度，后者表示不同分析人员或不同实验室之间在各自条件下所得分析结果的精密度。

4. 准确度和精密度的关系

定量分析工作中要求测量值或分析结果应达到一定的准确度与精密度。值得注意的是，并非精密度高者准确度就高。二者的关系可用靶图（图 2-24）加以解释。

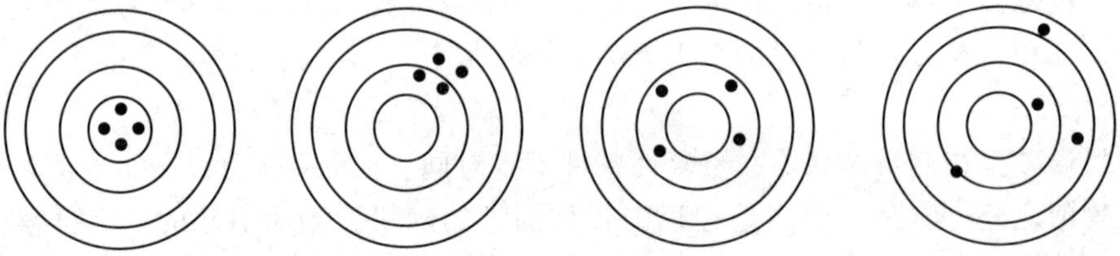

(a) 准确且精密　(b) 不准确但精密　(c) 准确但不精密　(d) 不准确且不精密

图 2-24　靶图

（1）测定的精密度好，准确度也好。这是测定工作中要求的最好结果，它说明系统误差和随机误差都小。也就是说，在消除系统误差的情况下，操作人员规范操作会得到较好的准确度和精密度。

（2）测定的精密度好，但准确度不好。这是由于系统误差大、随机误差小造成的。

（3）测定的精密度不好，但准确度好。这种情况少见，是偶然碰上的。

（4）测定的精密度不好，准确度也不好。这是由于系统误差和随机误差都大引起的。

在确定消除了系统误差的前提下，精密度可表达准确度。通常要求常量分析结果的相对误差小于 0.1 %～0.2 %。

三、误差和偏差

1. 误差（error）

准确度的高低用误差来衡量。误差（E）是指测定值（x）与被测量的真值（x_T）之间的差。误差越小，表示测定结果与真值越接近，准确度越高；反之，误差越大，准确度越低。误差可用绝对误差（absolute error，符号 E_a）与相对误差（relative error，符号 E_r）两种方法表示。

绝对误差（E_a）表示测定值（x）与真值之间的代数差值，即

$$E_a = x - x_T$$

相对误差是指绝对误差（E_a）在被测量真值中所占的百分率，即

$$E_r = \frac{E_a}{x_T} \times 100\%$$

例如，测定某铝合金中铝的质量分数为81.18%，已知真值为81.13%，则其绝对误差为

$$E_a = 81.18\% - 81.13\% = +0.05\%$$

其相对误差为

$$E_r = \frac{E_a}{x_T} \times 100\% = \frac{0.05\%}{81.13\%} \times 100\% = 0.062\%$$

绝对误差和相对误差都有正值和负值。当误差为正值时，表示测定结果偏高；误差为负值时，表示测定结果偏低。相对误差能反映误差在真值中所占的比例，这对于比较在各种情况下测定结果的准确度更为方便，因此最常用。但应注意，有时为了说明一些仪器测量的准确度，用绝对误差更清楚。例如分析天平的称量误差是±0.0002 g，常量滴定管的读数误差是±0.02mL 等，这些都是用绝对误差来说明的。

2. 偏差（deviation）

精密度的高低常用偏差（d）来衡量。偏差小，测定结果精密度高；偏差大，测定结果精密度低，测定结果不可靠。偏差是指测定值（x）与几次测定结果平均值（$\overline{x}$）的差值，与误差相似，偏差也有绝对偏差和相对偏差。设一组测量值为 x_1，x_2，…，x_n，其算术平均值为 $\overline{x}$，对单次测量值 x_i，其单次测量偏差可表示为

$$\text{绝对偏差 } d_i = x_i - \overline{x}$$

$$\text{相对偏差 } Rd_i = \frac{d_i}{\overline{x}} \times 100\%$$

由于在几次平行测定中各次测定的偏差有负有正，有些还可能是零，为了说明分析结果的精密度，通常以单次测量偏差绝对值的平均值即平均偏差（deviation average）$\overline{d}$ 表示其精密度：

$$\overline{d} = \frac{|d_1| + |d_2| + \cdots + |d_n|}{n} = \frac{|x_1 - \overline{x}| + |x_2 - \overline{x}| + \cdots + |x_n - \overline{x}|}{n}$$

测量结果的相对平均偏差为

$$\text{相对平均偏差 } R\overline{d} = \frac{\overline{d}}{\overline{x}} \times 100\%$$

随机误差和系统误差直接影响到分析测试的准确度或精密度，而准确度和精密度又

是分析质量的最重要的标准。采用哪些可能的措施可以减少误差，这要依赖于误差本身的性质。因此，有必要对这两种误差最相关的特性进行总结和比较（表 2-31）。

表 2-31　随机误差和系统误差的最显著的特征

序号	随机（或不可测）误差	系统（或可测）误差
1	由操作者、仪器和方法的不确定性造成	由操作者仪器和方法偏差造成
2	不可消除，但可通过仔细的操作而减小	原则上可认识且减小（部分甚至全部）
3	可通过在平均值附近的分散度辨认	由平均值与真值之间的不一致程度辨认
4	影响精密度	影响准确度
5	通过精密度的大小（例如标准差）定量	以平均值与真值之间的差值定量

知识点二　提高分析结果准确度的方法

为提高分析结果的准确度，减小分析过程中的误差主要有以下方法。

一、选择合适的分析方法

为了使测定结果达到一定的准确度，满足实际分析工作的需要，先要选择合适的分析方法。各种分析方法的准确度和灵敏度是不相同的。化学分析法对高含量组分的测定，能获得准确和较满意的结果，相对误差一般在千分之几。而对低含量组分的测定，化学分析法就达不到这个要求。仪器分析法，虽然误差较大，但是由于灵敏度高，可以测出低含量组分。在选择分析方法时，主要根据组分含量及对准确度的要求，在可能的条件下选择最佳的分析方法。

例如用 $K_2Cr_2O_7$ 滴定法测得铁的含量为 40.20%，若方法的相对误差为 0.2%，则铁的含量范围是 40.12%～40.28%。这一试样如果用光度法进行测定，按其相对误差约 2%计，可测得的铁的含量范围将在 41.0%～39.4%之间，显然这样的测定准确度太差。如果是含铁为 0.50%的试样，尽管 2%的相对误差大了，但由于含量低，其绝对误差小，仅为 $0.02\times0.50\%=0.01\%$，这样的结果是满足要求的。相反，含量这么低的样品，若用重量法或滴定法，则又是无法测量的。此外，在选择分析方法时还要考虑分析试样的组成。

二、减小测量误差

在测定方法选定后，为了保证分析结果的准确度，必须尽量减小测量误差。例如，在重量分析中，测量步骤是称量，这就应设法减小称量误差。一般分析天平的称量误差是±0.0001g，用减量法称量两次，可能引起的最大误差是±0.0002g，为了使称量时的相对误差在 0.1%以下，试样质量就不能太小。从相对误差的计算中可得到

$$相对误差=\frac{绝对误差}{试样质量}$$

因此

$$相对误差=\frac{绝对误差}{试样质量}=\frac{0.0002}{0.001}=0.2(g)$$

可见，试样质量必须在 0.2g 以上才能保证称量的相对误差在 0.1%以内。

在滴定分析中，滴定管读数常有±0.01mL 的误差。在一次滴定中，需要读数两

次，这样可能造成±0.02mL的误差。所以，为了使测量时的相对误差小于0.1%，消耗滴定剂体积必须在20mL以上。一般常控制在30～40mL，以保证误差小于0.1%。

应该指出，对不同测定方法，测量的准确度只要与该方法的准确度相适就可以了。例如用分光光度法测定微量组分，要求相对误差为2%，若称取试样0.5g，则试样的称量误差小于0.5×2%=0.01（g）就行了，没有必要像重量法和滴定分析法那样，强调称准至±0.0002g。不过实际工作中，为了使称量误差可以忽略不计，一般将称量的准确度提高约1个数量级。如在上例中，宜称准至±0.001g左右。

三、增加平行测定次数，减小随机误差

如前所述，在消除系统误差的前提下，平行测定次数越多，其测定结果的平均值越接近真实值。因此，增加测定次数可以减小随机误差。但测定次数过多意义不大。一般分析测定，平行测定4～6次即可。

四、消除测量过程中的系统误差

由于造成系统误差有多方面的原因，因此应根据具体情况，采用不同的方法来检验和消除系统误差。

1. 空白试验

由试剂和器皿引入的杂质所造成的系统误差，一般可作空白试验来加以校正。空白试验是指在不加试样的情况下，按试样分析规程在同样的操作条件下进行的测定。空白试验所得结果的数值称为空白值。从试样的测定值中扣除空白值，就得到比较准确的分析结果。

2. 校正仪器

分析测定中，具有准确体积和质量的仪器，如滴定管、移液管、容量瓶和分析天平砝码，都应进行校正，以消除仪器不准所引起的系统误差。因为这些测量数据都是参加分析结果计算的。

3. 对照试验

常用的对照试验有3种。

(1) 用组成与待测试样相近，已知准确含量的标准样品，按所选方法测定，将对照试验的测定结果与标样的已知含量相比，其比值即称为校正系数。

$$\text{校正系数}=\frac{\text{标准试样组分的标准含量}}{\text{标准试样测得的含量}}$$

则试样中被测组分含量的计算为

$$\text{被测试样组分含量}=\text{测得含量}\times\text{校正系数}$$

(2) 用标准方法与所选用的方法测定同一试样，若测定结果符合公差要求，说明所选方法可靠。

(3) 用加标回收率的方法检验，即取2等份试样，在一份中加入一定量待测组分的纯物质，用相同的方法进行测定，计算测定结果和加入纯物质的回收率，以检验分析方法的可靠性

4. 分析结果的校正

分析过程中的系统误差有时可采用适当的方法进行校正。例如用硫氰酸盐分光光度

法测定钢铁中的钨时，钒的存在引起正的系统误差。为了扣除钒的影响，可采用校正系数法。根据实验结果，1%钒相当于0.2%钨，即钒的校正系数为0.2（校正系数随实验条件略有变化）。因此，在测得试样中钒的含量后，利用校正系数即可由钨的测定结果中扣除钒的结果，从而得到钨的正确结果。

知识点三　异常值的检验与取舍

在定量分析中，得到一组数据后，往往有个别数据与其他数据相差较远，这一数据称为异常值，又称为可疑值或极端值。如果在重复测定中发现某次测定有失常情况，如在溶解样品时有溶液溅出、滴定时不慎加入过量滴定剂等，这次测定值必须舍去。若是测定并无失误而结果又与其他值差异较大，则对于该异常值是保留还是舍去，应按一定的统计学方法进行处理。统计学处理异常值的方法有好几种，下面重点介绍 $4\bar{d}$ 检验法、Q 检验法及格鲁布斯（Grubbs）法。

1. $4\bar{d}$ 检验法

对于一组分析数据，可以用 $4\bar{d}$ 检验法判断可疑值的取舍。其具体步骤如下。

（1）将可疑值除外，求其余数据的平均值 $\bar{x}_{n-1}$ 和平均偏差 $\bar{d}_{n-1}$。

（2）求可疑值与平均值 $\bar{x}_{n-1}$ 的差值。

（3）将此值与 $4\bar{d}_{n-1}$ 比较，若可疑值与平均值的差值大于等于 $4\bar{d}_{n-1}$，则可疑值应舍去，否则保留。

2. Q 检验法

Q 检验法常用于检验一组测定值的一致性，剔除可疑值。其具体步骤如下。

（1）将测定结果按从小到大的顺序排列：x_1，x_2，…，x_n。

（2）计算 $Q_{计}$：可疑值与最邻近数据之差，除以最大值与最小值之差所得商称为 Q 值。

若可疑值出现在首项，则

$$Q_{计}=\frac{x_2-x_1}{x_n-x_1}(检验\ x_1)$$

若可疑值出现在末项，则

$$Q_{计}=\frac{x_n-x_{n-1}}{x_n-x_1}(检验\ x_n)$$

（3）查临界值 Q（表 2-32），将计算值 $Q_{计}$ 与临界值 Q 比较。若 $Q_{计}<Q$，则可疑值为正常值，应保留；若 $Q_{计}\geqslant Q$，则可疑值应予剔除。

表 2-32　临界值 Q（置信度 90%、96%、99%）

测定次数	3	4	5	6	7	8	9	10
Q（90%）	0.94	0.76	0.64	0.56	0.51	0.47	0.44	0.41
Q（96%）	0.98	0.85	0.73	0.64	0.59	0.54	0.51	0.48
Q（99%）	0.99	0.93	0.82	0.74	0.68	0.63	0.60	0.57

3. 格鲁布斯（Grubbs）法（G 检验法）

格鲁布斯检验步骤：

(1) 将各数据按从小到大顺序排列：x_1，x_2，…，x_n。求出算术平均值 $\overline{x}$ 和标准偏差 s。

(2) 计算 G 值：

若设 x_1 为可疑值，根据公式 $G=(\overline{x}-x_1)/s$ 计算 G 值；

若设 x_n 为可疑值，根据公式 $G=(x_n-\overline{x})/s$ 计算 G 值。

(3) 查格鲁布斯检验临界值（表 2-33）（不做特别说明时 α 取 0.05）得 G 的临界值 $G_{a,n}$。

(4) 将 $G_{计}$ 与 $G_{\alpha,n}$ 表值比较。如果 $G_{计} \geqslant G_{\alpha,n}$，则所怀疑的数据 x_1 或 x_n 是异常的，应予剔除；反之应予保留。

(5) 在第一个异常数据剔除舍弃后，如果仍有可疑数据需要判别时，则应重新计算 $\overline{x}$ 和 s，求出新的 G 值，再次检验。依此类推，直到无异常的数据为止。

表 2-33　格鲁布斯检验临界值

测定次数	G 值		测定次数	G 值	
	显著性水平 $\alpha=0.05$	显著性水平 $\alpha=0.01$		显著性水平 $\alpha=0.05$	显著性水平 $\alpha=0.01$
3	1.15	1.15	12	2.29	2.55
4	1.46	1.49	13	2.33	2.61
5	1.67	1.75	14	2.37	2.66
6	1.82	1.94	15	2.41	2.71
7	1.94	2.10	16	2.44	2.75
8	2.03	2.22	17	2.47	2.79
9	2.11	2.32	18	2.50	2.82
10	2.18	2.41	19	2.53	2.85
11	2.23	2.48	20	2.56	2.88

巩固提升

一、单项选择题

1. 测量结果与被测量真值之间的一致程度，称为（　　）。

A. 重复性　　B. 再现性　　C. 准确度　　D. 精密度

2. 下列论述中错误的是（　　）。

A. 方法误差属于系统误差　　B. 系统误差包括操作误差

C. 系统误差呈现正态分布　　D. 系统误差具有单向性

3. 在下列所述情况中，不属于操作错误的是（　　）。

A. 称量时，分析天平零点稍有变动

B. 仪器未洗涤干净

C. 称量易挥发样品时没有采取密封措施

D. 操作时有溶液溅出

4. 下列关于平行测定结果准确度与精密度的描述正确的有（　　）。

A. 精密度高则没有随机误差　　B. 精密度高则准确度一定高

C. 精密度高表明方法的重现性好　　D. 存在系统误差则精密度一定不高

5. 在测量操作过程中出现下列情况，属于系统误差的是（　　）。

A. 称量某物时未冷却至室温就进行称量

B. 滴定前用待测定的溶液淋洗锥形瓶

C. 称量用砝码没有校正

D. 用移液管移取溶液前未用该溶液洗涤移液管

6. 在不加样品的情况下，用测定样品同样的方法和步骤，对空白样进行定量分析，称为（　　）。

A. 对照试验　　B. 空白试验　　C. 平行测定　　D. 预试验

7. 表示一组测量数据中，最大值与最小值之差叫作（　　）。

A. 绝对误差　　B. 绝对偏差　　C. 极差　　D. 平均偏差

8. 滴定分析中，若试剂含少量待测组分，可用于消除误差的方法是（　　）。

A. 仪器校正　　B. 空白试验

C. 对照分析　　D. 增加平行测定次数

9. 下列方法中可以用于减少测定过程中的偶然误差的是（　　）。

A. 仪器校正　　B. 进行空白试验

C. 进行对照试验　　D. 增加平行测定次数

10. 同一操作者，在同一实验室里，用同一台仪器，按同一试验方法规定的步骤，同时完成同一试样的两个或多个测定过程称为（　　）。

A. 重复试验　　B. 平行试验　　C. 再现试验　　D. 对照试验

【课后拓展】滴定管校正

由学生查阅相关资料，对 25mL 滴定管进行校正，绘制校正曲线。

【阅读材料】

阅读材料一　化学计量学简介

化学计量学（chemometrics）是当代化学与分析化学的重要发展前沿。能容易地获得大量化学测量数据的现代分析仪器的涌现以及对这些化学测量数据进行适当处理，并从中最大限度地提取有用化学信息的需要，是促进化学计量学进一步发展的推动力。化学计量学的主要特征是：运用最新数学、统计学、计算机科学的成果或发展新的数学、计算机方法以解决化学研究的难题。化学计量学为化学测量提供基础理论和方法优化化学测量过程，并从化学测量数据中最大限度地提取有用的化学信息，它的出现显示了现代分析化学的发展潮流。

作为化学测量的基础理论和方法学，化学计量学的基本内容包括化学采样、化学试验设计、化学信号预处理、定性定量分析的多元校正和多元分辨、化学模式识别、化学构效关系以及人工智能和化学专家系统等。

化学计量学应用领域十分广阔，涉及环境化学、食品化学、农业化学、医学化学、石油化学、材料化学、化学工程等。如环境化学中的污染源识别、环境质量预测，食品、农业化学中的试验设计和复杂样品分析，医药化学中的分子设计、新药发现及结构性能关系研究，石油化学中的化学模式识别、波谱与物质特性的关系，化学工程科学中的过程分析、工艺过程诊断、控制和优化等。

化学计量学是现代分析化学的前沿领域之一。化学计量学与分析化学的信息化有着密切关联，它的发展将为现代智能化分析仪器的构建提供各种依据，也可为复杂多组分体系的定性定量分析及其结构解析提供重要的方法和手段。

阅读材料二　早期的酸碱指示剂——植物指示剂

早在 300 多年前，酸碱指示剂就被化学家们使用了。1663 年英国化学家波义耳发表了一篇题为《关于颜色的实验》的文章，其中讲到："用上好的紫罗兰，捣出有色的汁液，滴在白纸上（这是为了用较少的量使颜色更明显），再在汁液上加两三滴酒精，将醋或其他几乎所有的酸液滴到这个混合液上时，你立刻就会发现浆液变成了红色"。

波义耳除用紫罗兰花的汁液外，还用了矢车菊、蔷薇花、雪莲花、报春花、胭脂花和石蕊等。石蕊是一种菌类和藻类共生的植物，通常把它制成蓝色粉末，溶于水和酒精。常用的石蕊试纸可用滤纸浸泡在石蕊的酒精溶液中，然后再晾干而制成。

随着植物指示剂的使用逐渐广泛，一些科学家指出各种植物指示剂的变色灵敏度和变色范围不一样，必须对所有植物汁液的灵敏度进行鉴定，才能找到合适的指示剂来测量各种酸的相对强度。

1782 年，法国化学家居东德莫沃将纸浸泡在姜黄、巴西木的汁液中制成试纸，首先用于利用硝酸制取硝酸钾的工业生产中。接着化学家在酸碱滴定中利用了植物指示剂，以确定滴定终点。

1877 年，德国化学家卢克首先用化学制剂酚酞作为酸碱指示剂。第二年，德国化学家隆格使用了甲基橙。自此，科学家开始使用化学制剂作指示剂。

模块二

滴定分析技术

项目三　工业硫酸纯度测定

【项目由来】

工业硫酸是一种重要的化工产品，也是一种基本的工业原料。广泛应用于化工、轻工、制药及国防科研部门，在国民经济中占有非常重要的地位。可用于制造肥料、药物、炸药、颜料、洗涤剂、蓄电池等，也可净化石油、金属冶炼以及染料等工业中。常用作化学试剂，在有机合成中可用作脱水剂和磺化剂。

硫酸（H_2SO_4）是无色油状液体，质量分数为98.3%的浓硫酸，其密度约为1.84g/cm^3，物质的量浓度为18.4mol/L，熔点10.36℃，沸点338℃。

工业硫酸的纯度常用酸碱滴定法测定，酸碱滴定法是以酸碱反应为基础的滴定分析方法。工业硫酸纯度常用NaOH标准滴定溶液滴定。

本项目以“制备NaOH标准溶液”和“测定工业硫酸含量”两个工作任务引领，进行理实一体化教学。

【学习导航】

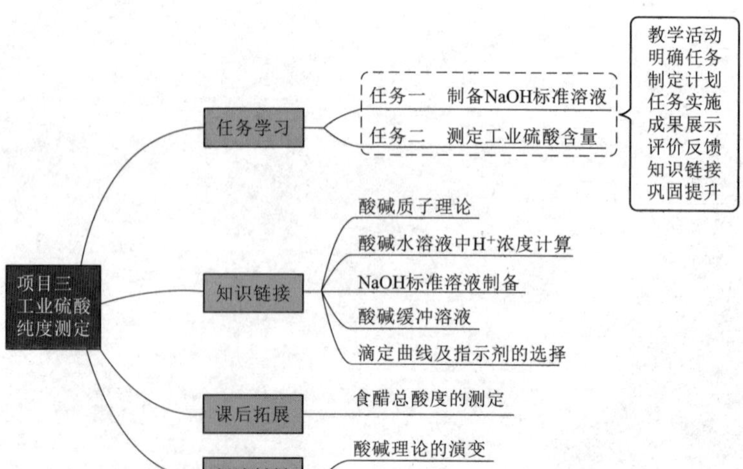

【任务学习】

任务一　制备 NaOH 标准溶液

教学活动

活动一　明　确　任　务

【任务背景】

由于氢氧化钠容易吸收空气中的水分及 CO_2，它不是基准物质，因此 NaOH 标准滴定溶液不能用直接法配制，须先配制成接近所需浓度的溶液，然后再用基准物质标定其准确浓度。标定后的 NaOH 可以测定工业硫酸的纯度。

【学习目标】

专业能力：1. 能准确配制并标定 NaOH 标准溶液。
2. 能阐述 NaOH 标准溶液的标定原理。
3. 会准确记录数据、正确计算、分析误差、准确表达测定结果。

社会能力：1. 在学习中形成团队合作意识，提升交流、沟通的能力。
2. 工作过程遵循“6S”管理要求，关注环保安全健康。
3. 养成求真务实、科学严谨的工作态度。

方法能力：1. 能收集并处理各种资讯完成学习任务。
2. 能针对工作任务制定具体的实施方案。
3. 能解决实验过程中遇到的一些问题。

【任务书】

请你研读标准 GB/T 601—2016《化学试剂　标准滴定溶液的制备》中的 4.1 氢氧化钠标准滴定溶液配制与标定，标定 0.1mol/L 的 NaOH 标准溶液。

GB/T 601—2016《化学试剂　标准滴定溶液的制备》4.1 氢氧化钠标准滴定溶液

小组合作制定计划，准备仪器试剂，根据实施方案完成标定；记录原始数据，正确处理数据，分析误差，撰写实训报告。工作过程必须遵守“6S”管理要求，过程规范，数据记录完整、真实，质控监测合格。

氢氧化钠标准溶液标定

1. 方法原理

标定 NaOH 溶液的基准物质很多，常用的有草酸（$H_2C_2O_4 \cdot 2H_2O$）和邻苯二甲酸氢钾（$KHC_8H_4O_4$，缩写为 KHP）等。GB/T 601—2016 采用的是邻苯二甲酸氢钾。滴定反应如下：

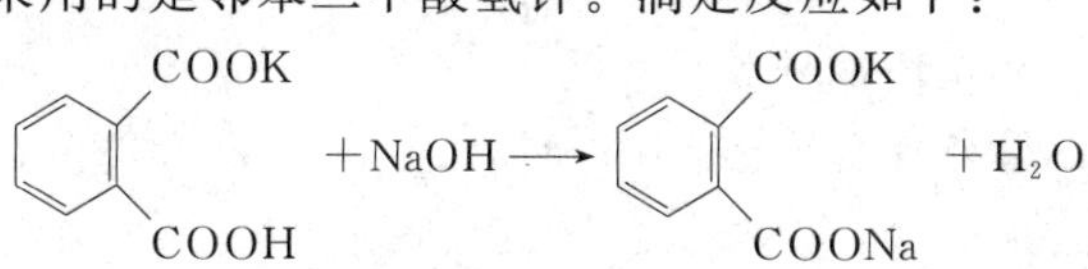

计量点时由于弱酸盐的水解，溶液呈弱碱性，应采用酚酞作为指示剂。

2. 任务准备

（1）仪器。滴定装置。

(2) 试剂。①氢氧化钠固体；②邻苯二甲酸氢钾（基准试剂）；③酚酞指示剂(10g/L)：1g 酚酞溶于适量乙醇中，再稀释至 100mL。

3. 操作步骤

(1) NaOH 标准溶液的配制。

称取 110g 氢氧化钠，溶于 100mL 无二氧化碳的水中，摇匀，注入聚乙烯容器中，密闭放置至溶液清亮。按表 3-1 的规定量，用塑料管量取上层清液，用无二氧化碳的水稀释至 1000mL，摇匀。

表 3-1　NaOH 标准滴定溶液的配制用量

NaOH 标准滴定溶液浓度/(mol/L)	NaOH 溶液体积/mL
1	54
0.5	27
0.1	5.4

(2) NaOH 标准溶液的标定。

按表 3-2 的规定量，称取于 105～110℃电烘箱中干燥至恒量的工作基准试剂邻苯二甲酸氢钾，加无二氧化碳的水溶解，加 2 滴酚酞指示液（10g/L），用配制的氢氧化钠溶液滴定至溶液呈粉红色，并保持 30s。

平行测定 3 次，同时做空白。

表 3-2　氢氧化钠标准滴定溶液的标定用量

NaOH 标准滴定溶液浓度/(mol/L)	工作基准试剂邻苯二甲酸氢钾的质量/g	无二氧化碳水体积/mL
1	7.5	80
0.5	3.6	50
0.1	0.75	50

(3) 氢氧化钠标准滴定溶液浓度计算

氢氧化钠标准滴定溶液浓度 $c_{(NaOH)}$，按下式计算：

$$c_{(NaOH)}=\frac{m\times1000}{(V_1-V_0)M}$$

式中　m——邻苯二甲酸氢钾质量，g；

V_1——滴定消耗氢氧化钠溶液体积，mL；

V_0——空白试验消耗氢氧化钠溶液体积，mL；

M——邻苯二甲酸氢钾的摩尔质量，g/mol；$M_{(KHC_8H_4O_4)}=204.22$g/mol。

【收集资讯】

小组分工收集以下资讯。

(1) 如何利用市售氢氧化钠配制成 0.1mol/L 的氢氧化钠溶液？

(2) 标准滴定溶液有几种制备方法？氢氧化钠标准滴定溶液采用何种方法制备？

(3) 标定 NaOH 标准滴定溶液浓度的基准物有邻苯二甲酸氢钾与草酸 ($H_2C_2O_4 \cdot 2H_2O$)，写出草酸标定 NaOH 的反应方程式，结果如何计算?

(4) 什么是平行实验? 如何完成? 平行实验目的是什么?

(5) 什么是空白实验? 如何完成? 空白实验目的是什么?

(6) 在完成任务过程中将会产生哪些环保方面的问题? 你将如何处理?

(7) 完成此任务需要老师提供哪些帮助?

活动二 制 定 计 划

【填写工单】

各小组根据任务书及需收集的信息，做好分工，每位同学认领自己的任务，填写工作任务单。完成任务后小组成员进行分享交流。工作任务单见表 3-3。

表 3-3 工 作 任 务 单

步骤	工 作 内 容	负责人（任务分工）
1		
2		
3		
4		
5		

【确定方案】

根据任务书，小组讨论 NaOH 标准溶液配制、标定实验过程，画出流程图，各小组派代表阐述流程，师生共同讨论，确定最佳方案，绘制如下：

1. NaOH 标准溶液配制

2. NaOH 标准溶液标定

活动三 任务实施

【任务准备】

1. EHS 内容

请分析本任务所涉及的健康、安全及可能会产生的环境问题，并写出相应的健康安全预防措施和相关环境保护措施。

2. 仪器准备

请列出所需仪器清单（表 3-4），向实验老师领用仪器，对于易混用玻璃器皿，贴上标签。

表 3-4　所需仪器清单

序号	名称	规格	序号	名称	规格

3. 领取试剂配制溶液

根据实验需要领取相应试剂配制相关溶液（表 3-5）。

表 3-5　实验试剂配制

序号	名称	浓度	配制方法

【任务实施】

（1）根据确定的最佳方案完成任务，合理统筹安排时间，注意台面整洁。

操作过程出现的问题：   解决办法：

（2）实验结束，整理台面，归置设备试剂，清洗玻璃仪器，清扫场地卫生，正确处理废液废纸。

活动四 成 果 展 示

【数据记录及处理】

NaOH 标准滴定溶液的标定见表 3－6。

表 3－6 NaOH 标准滴定溶液的标定

编 号	1	2	3	备注
称量瓶与基准物质量/g				
倾样后称量瓶与基准物质量/g				
基准物质量（KHP）/g				
滴定管初读数/mL				
滴定管终读数/mL				
滴定消耗 NaOH 体积/mL				
空白/mL				
$c_{(NaOH)}$/(mol/L)				
$\bar{c}_{(NaOH)}$/(mol/L)				
相对极差/%				

【写出计算公式及过程】

以第一组数据为例写出计算公式及过程。

【完成报告】

请按照行业规范撰写实验报告，内容包括：HSE 内容、实验目的、实验原理、试剂配制过程、样品处理及测试过程、原始数据记录、数据处理，结果评价和问题分析等。

活动五 评 价 反 馈

【学习评价】

评价学习成果、交流讨论疑难问题。NaOH 标准滴定溶液标定综合评价见表 3－7。

表 3－7 NaOH 标准滴定溶液标定综合评价

评价指标	评 分 要 素	分值	自评	组评	师评
课堂表现（15%）	按时出勤，无迟到、早退、旷课现象	5			
	积极参与教学活动，按时完成各项任务	10			
专业能力（50%）	无 CO_2 水制备规范	5			
	NaOH 溶液配制规范	5			
	天平称量操作规范	5			
	滴定管操作规范	5			
	终点判断准确	5			
	规范记录数据、正确处理数据	10			
	分析结果的精密度	5			
	正确撰写报告	10			
职业素养（社会能力）（25%）	仪容仪表、实验服穿戴	5			
	团队合作意识，交流沟通能力	5			
	遵循“6S”管理要求，关注环保安全健康	10			
	工作态度求真务实、科学严谨	5			
方法能力（10%）	收集处理各种资讯的能力	3			
	制定实施方案的能力	3			
	发现问题解决问题能力	4			
综合得分＝自评（25%）＋组评（25%）＋师评（50%）					

【自我反思】

通过该任务的学习，你获得了什么？还有什么疑问需要老师帮助？

知识链接

知识点一 酸 碱 质 子 理 论

一、酸碱质子理论

酸碱质子理论定义：凡是能给出质子（proton，H^+）的物质就是酸；凡是能接受质子的物质就是碱。

按照酸碱质子理论，酸失去一个质子形成的碱称为该酸的共轭碱，碱获得一个质子后生成了该碱的共轭酸。由得失一个质子而发生共轭关系的一对酸碱称为共轭酸碱对（conjugate acid - base pair），也可直接称为酸碱对，即

酸碱质子理论

$$\text{酸} \rightleftharpoons \text{质子} + \text{碱}$$

例如：
$$HAc \rightleftharpoons H^+ + Ac^-$$

HAc是Ac^-的共轭酸，Ac^-是HAc的共轭碱。类似的例子还有：

$$H_2CO_3 \rightleftharpoons H^+ + HCO_3^-$$
$$HCO_3^- \rightleftharpoons H^+ + CO_3^{2-}$$
$$NH_4^+ \rightleftharpoons H^+ + NH_3$$
$$H_6Y^{2+} \rightleftharpoons H^+ + H_5Y^+$$

由此可见，酸碱可以是阳离子、阴离子，也可以是中性分子。

上述各个共轭酸碱对的质子得失反应称为酸碱半反应，而酸碱半反应是不可能单独进行的，酸在给出质子的同时必定有另一种碱来接受质子。酸（如HAc）在水中存在如下平衡：

$$HAc(\text{酸}_1) + H_2O(\text{碱}_2) \rightleftharpoons Ac^-(\text{碱}_1) + H_3O^+(\text{酸}_2)$$

碱（如NH_3）在水中存在如下平衡：

$$NH_3(\text{碱}_1) + H_2O(\text{酸}_2) \rightleftharpoons NH_4^+(\text{酸}_1) + OH^-(\text{碱}_2)$$

所以，HAc的水溶液之所以能表现出酸性，是由于HAc和水溶剂之间发生了质子转移反应；NH_3的水溶液之所以能表现出碱性，也是由于它与水溶剂之间发生了质子转移反应。前者水是碱，后者水是酸。

对上述两个反应通常可以用最简便的反应式来表示，即

$$HAc \rightleftharpoons H^+ + Ac^-$$
$$NH_3 \cdot H_2O \rightleftharpoons NH_4^+ + OH^-$$

二、酸碱离解常数

1. 水的质子自递作用

水分子具有两性作用，一个水分子可以从另一个水分子中夺取质子而形成H_3O^+和OH^-，即

$$H_2O(\text{碱}_1) + H_2O(\text{酸}_2) \rightleftharpoons H_3O^+(\text{酸}_1) + OH^-(\text{碱}_2)$$

水分子之间存在质子的传递作用，称为水的质子自递作用。这个作用的平衡常数称为水的质子自递常数（autoprotolysis constant），用K_w表示，即

$$K_W = [H_3O^+][OH^-]$$

水合质子H_3O^+也常常简写作H^+，因此水的质子自递常数常简写为

$$K_W = [H^+][OH^-]$$

这个常数就是水的离子积，它与浓度、压力无关，而与温度有关，温度一定时K_w为常数。在25℃时它约等于10^{-14}。

2. 酸碱离解常数

在水溶液中，酸的离解是指酸与溶剂水之间的质子转移反应；碱的离解是指碱与溶

剂水之间的质子转移反应；反应进行的程度可以用反应的平衡常数（K_t）来衡量。对于酸 HA 而言，其在水溶液中的离解反应与平衡常数为

$$HA + H_2O \rightleftharpoons H_3O^+ + A^-$$

$$K_a = \frac{[H^+][A^-]}{[HA]} \tag{3-1}$$

在稀溶液中，平衡常数 K_a 称为酸的离解常数（acidity constant），它是衡量酸强弱的参数。K_a 越大，则表明该酸的酸性越强。在一定温度下 K_a 是一个常数，它仅随温度的变化而变化。

与此类似，对于碱 A^- 而言，它在水溶液中的离解反应与平衡常数是

$$A^- + H_2O \rightleftharpoons HA + OH^-$$

$$K_b = \frac{[HA][OH^-]}{[A^-]} \tag{3-2}$$

K_b 是衡量碱强弱的尺度，称为碱的离解常数。

因此，对于共轭酸碱对来说，如果酸的酸性越强，则其对应共轭碱的碱性则越弱；反之酸的酸性越弱，则其对应共轭碱的碱性则越强。例如，HCl、$HClO_4$ 等在水溶液中能把质子强烈地转移给水分子，其 K_a 值远远大于 1（如 HCl 的 $K_a \approx 10^8$），所以它是强酸；而它们的共轭碱 Cl^-、ClO_4^-，则几乎无法从 H_2O 中夺取质子，其 K_b 值小到几乎难以用普通实验方法测定。

根据式（3-1）和式（3-2），共轭酸碱对的 K_a、K_b 值之间满足

$$K_aK_b = \frac{[H_3O^+][A^-]}{[HA]} \times \frac{[HA][OH^-]}{[A^-]} = [H_3O^+][OH^-] = K_w \tag{3-3}$$

或

$$pK_a + pK_b = pK_w \tag{3-4}$$

因此，已知酸或碱的离解常数即可根据式（3-3）或式（3-4）计算出它们的共轭酸或共轭碱的离解常数。

对于多元酸或多元碱溶液，其离解是分级进行的，每一级都有其相应的离解常数，分别用 K_{a1}，K_{a2}，…，K_{an} 以及 K_{b1}，K_{b2}，…，K_{bn} 表示，通常其值的大小关系为：$K_{a1} > K_{a2} > \cdots > K_{an}$ 以及 $K_{b1} > K_{b2} > \cdots > K_{bn}$。

3. 酸碱反应

酸碱反应实际上是两个共轭酸碱对相互作用达到平衡的结果。酸碱反应的实质是发生质子的转移，其反应的结果是各反应物分别转化为各自的共轭碱和共轭酸，其反应的平衡常数称为酸碱反应常数，用 K_t 表示。

对于强酸与强碱的反应（例如 HCl 和 NaOH），其反应实质为

$$H^+ + OH^- = H_2O$$

则

$$K_t = \frac{1}{[H^+][OH^-]} = \frac{1}{K_w} = 10^{14}$$

对于强碱与弱酸的反应（例如 NaOH 与 HAc），其反应实质为

$$HAc+OH^- \longrightarrow H_2O+Ac^-$$

则

$$K_t=\frac{[Ac^-]}{[HAc][OH^-]}=\frac{1}{K_{b(Ac^-)}}=\frac{K_{a(HAc)}}{K_w}$$

同样，强酸与弱碱的反应实质为

$$A^- +H^+ \longrightarrow HA$$

则

$$K_t=\frac{[HA]}{[H^+][A^-]}=\frac{1}{K_{a(HA)}}=\frac{K_{b(A^-)}}{K_w}$$

因此，在水溶液中，强酸强碱之间反应的平衡常数 K_t 最大，反应最完全；而其他类型的酸碱反应，其平衡常数 K_t 值则取决于相应的 K_a 与 K_b 值。

知识点二　酸碱水溶液中 H^+ 浓度计算

一、分析浓度、平衡浓度和酸碱度

1. 分析浓度

分析浓度是指溶液中溶质的各种型体的总浓度，用符号 c 表示，单位为 mol/L。例如：$c(HAc)=0.1000$mol/L 的 HAc 溶液。

2. 平衡浓度

平衡浓度是指溶液达到平衡时，溶液中各种形态的物质的浓度，用符号 [ ] 表示。例如：HAc 溶液，达到平衡时，溶液中存在 HAc 和 Ac^- 两种形态，[HAc] 和 $[Ac^-]$ 即为各自的平衡浓度，HAc 的分析浓度就等于这两种平衡浓度之和，数学表达式为 $c(HAc)=[HAc]+[Ac^-]$

3. 酸碱度

溶液的酸（碱）度与溶液中酸（碱）的浓度是两个不同的概念。酸度是指溶液中 H^+ 的平衡浓度，常用 pH 表示。碱度是指溶液中 OH^- 的平衡浓度，常用 pOH 表示。

例如，HAc 的分析浓度 $c(HAc)=0.10$mol/L，测得 $[H^+]=1.3\times10^{-3}$mol/L，故其酸度为 pH=2.89。

二、酸碱水溶液中 H^+ 浓度计算

1. 强酸（碱）溶液 pH 计算

一元强酸在水中全部离解，溶液中 H^+ 的一部分来自水的电离，一部分来自酸的电离。

（1）当 $c_a\geqslant10^{-6}$ mol/L，忽略水的电离，H^+ 浓度按下式计算

$$[H^+]=c_a \tag{3-5}$$

（2）当 $c_a<10^{-8}$mol/L，忽略酸的电离，只考虑水的电离，H^+ 浓度按下式计算

$$[H^+]=[OH^-]=\sqrt{K_w} \tag{3-6}$$

（3）当 10^{-6} mol/L$>c_a\geqslant10^{-8}$mol/L 时，既要考虑水电离也要考虑酸的电离。

由
$$HA \longrightarrow H^+ +A^- \qquad H_2O \rightleftharpoons H^+ +OH^-$$
得
$$[H^+]=[A^-]+[OH^-]=c_a+[OH^-]$$

即 $$[H^+]=c_a+K_w/[H^+]$$

整理，得 $$[H^+]=1/2(c_a+\sqrt{c_a^2+4K_w}) \tag{3-7}$$

计算出 $[H^+]$ 后，根据 $pH=-\lg[H^+]$ 可计算出相应的 pH。

同理，计算强碱溶液的 pH，只需将式（3-5）～式（3-7）中的 $[H^+]$ 和 c_a 相应换成 $[OH^-]$ 和 c_b 即可。

2. 一元弱酸（碱）溶液 pH 计算

一元弱酸 HA 在水中部分电离，有

$$HA \rightleftharpoons H^+ + A^- \qquad H_2O \rightleftharpoons H^+ + OH^-$$

$$[H^+]=[A^-]+[OH^-]$$

$$[H^+]=\frac{K_a[HA]}{[H^+]}+\frac{K_w}{[H^+]}$$

整理，得 $$[H^+]=\sqrt{K_a[HA]+K_w}$$

（1）若 $c_aK_w \geqslant 20K_w$ 时，可忽略 K_w；若 $c_a/K_a \geqslant 500$，可用 c_a 代替 $[HA]$。

则 $$[H^+]=\sqrt{c_aK_a}\text{（最简式）} \tag{3-8}$$

（2）若 $c_aK_w \geqslant 20K_w$，$c_a/K_a<500$，说明 HA 的离解度较大

则 $$[HA]=c_a-[H^+]$$

$$[H^+]=\sqrt{K_a(c_a-[H^+])}$$

$$[H^+]^2+K_a[H^+]-c_aK_a=0$$

$$[H^+]=\frac{1}{2}(-K_a+\sqrt{K_a^2+4c_aK_a}) \tag{3-9}$$

式（3-9）是计算一元弱酸溶液 $[H^+]$ 的近似式。

同理，一元弱碱溶液 pH 计算的最简式为

$$[OH^-]=\sqrt{c_bK_b}$$

（应用条件是 $c_bK_w \geqslant 20K_w$，且 $c_b/K_b \geqslant 500$）

若 $c_b/K_b<500$，一元弱碱溶液 pH 计算的近似式为

$$[OH^-]=\frac{1}{2}(-K_b+\sqrt{K_b^2+4c_bK_b})$$

3. 多元弱酸（碱）溶液 pH 计算

多元弱酸（碱）在水中是分步离解的，而且 $K_{a1}(K_{b1})$ 比 $K_{a2}(K_{b2})$ 和 $K_{a3}(K_{b3})$ 大得多，因此，溶液中的 $H^+(OH^-)$ 主要来源于多元弱酸（碱）的第一步离解。

（1）当 $c_aK_{a1} \geqslant 20K_w$，$c_a/K_{a1} \geqslant 500$，且 $2K_{b2}/\sqrt{c_aK_{a1}}<0.05$ 时，可按一元弱酸处理，

$$[H^+]=\sqrt{c_aK_{a1}}\text{（最简式）} \tag{3-10}$$

（2）若条件 $c_a/K_{a1} \geqslant 500$ 不满足，就按一元弱酸的近似式计算，即

$$[H^+]=\frac{1}{2}(-K_{a1}+\sqrt{K_{a1}^2+4c_aK_{a1}}) \tag{3-11}$$

同理，计算多元弱碱溶液的 pH，只需将式（3－10）、式（3－11）中的 $[H^+]$、K_{a1} 和 c_a 相应换成 $[OH^-]$、K_{b1} 和 c_b 即可。

其他酸碱溶液 pH 计算本教材不再赘述。为方便起见，表 3－8 列出了各类酸碱水溶液 $[H^+]$、的计算公式，供读者选择。若需计算碱溶液的 pH，只需将公式和使用条件中的 $[H^+]$、K_a 和 c_a 相应换成 $[OH^-]$、K_b 和 c_b 即可。

表 3－8　常见酸碱水溶液 $[H^+]$ 的计算公式及使用条件

类别	计算公式	使用条件（允许误差 5%）
强酸	最简式：$[H^+]=c_a$ $[H^+]=\sqrt{K_w}$ 精确式：$[H^+]=\frac{1}{2}(c+\sqrt{c^2+4K_w})$	$c_a \geqslant 10^{-6}$ mol/L $c_a < 10^{-8}$ mol/L 10^{-6} mol/L $> c_a \geqslant 10^{-8}$ mol/L
一元弱酸	近似式：$[H^+]=\frac{1}{2}(-K_a+\sqrt{K_a^2+4c_aK_a})$ 最简式：$[H^+]=\sqrt{cK_a}$	$c_aK_a \geqslant 20K_w$ $c_aK_a \geqslant 20K_w$，且 $c_a/K_a \geqslant 500$
二元弱酸	近似式：$[H^+]=\frac{1}{2}(-K_{a1}+\sqrt{K_{a1}^2+4c_aK_{a1}})$ 最简式：$[H^+]=\sqrt{c_aK_{a1}}$	$c_aK_{a1} \geqslant 20K_w$，且 $2K_{a2}/\sqrt{c_aK_{a1}} < 0.05$ $c_aK_{a1} \geqslant 20K_w$，$c/K_{a1} \geqslant 500$，且 $2K_{a2}/\sqrt{c_aK_{a1}}$ < 0.05
两性物质	酸式盐 近似式：$[H^+]=\sqrt{cK_{a1}K_{a2}/(K_{a1}+c)}$ 最简式：$[H^+]=\sqrt{K_{a1}K_{a2}}$ 弱酸弱碱盐 近似式：$[H^+]=\sqrt{K_aK'_ac/(K_{a1}+c)}$ 最简式：$[H^+]=\sqrt{K_aK'_a}$ （K_a 为弱碱的共轭酸的离解常数，K_a 为弱酸的离解常数）	$cK_{a2} \geqslant 20K_w$ $cK_{a2} \geqslant 20K_w$，且 $c \geqslant 20K_{a1}$ $cK'_a \geqslant 20K_w$ $cK'_a \geqslant 20K_w$，且 $c \geqslant 20K_a$
缓冲溶液	最简式：$[H^+]=\frac{c_a}{c_b}K_a$ （c_a、c_b 分别为 HA 及其共轭碱 A^- 的浓度）	c_a、c_b 较大（即 $c_a \gg [OH^-]-[H^-]$，$c_b \gg [H^-]-[OH^-]$）

强酸（碱）溶液 pH 计算

弱酸（碱）溶液 pH 计算

知识点三　NaOH 标准溶液制备

酸碱滴定法中常用的标准滴定溶液均为强酸强碱溶液组成。一般用于配制碱标准滴定溶液的主要有 NaOH 和 KOH，多数情况用的是 NaOH 溶液。酸碱标准滴定溶液通常配成 0.1mol/L，但有时也用到浓度高达 1.0mol/L 和低至 0.01mol/L 的。不过标准滴定溶液若浓度太高，因消耗太多试剂，会造成不必要的浪费；浓度太低，又会导致滴定突跃太小，不利于终点的判断，从而得不到准确的滴定结果。因此，实际工作中应根据需要配制合适浓度的标准溶液。

一、NaOH 标准滴定溶液配制

由于氢氧化钠具有很强的吸湿性，容易吸收空气中的水分及 CO_2，因此 NaOH 标准滴定溶液不能用直接法配制，须先配制成接近所需浓度的溶液，然后再用基准物质标定其准确浓度。

NaOH 溶液吸收空气中的 CO_2 生成 CO_3^{2-}。而 CO_3^{2-} 的存在，在滴定弱酸时会带入较大的误差，因此必须配制和使用不含 CO_3^{2-} 的 NaOH 标准滴定溶液。

由于 Na_2CO_3 在浓的 NaOH 溶液中溶解度很小，因此配制无 CO_3^{2-} 的 NaOH 标准滴定溶液最常用的方法是先配制 NaOH 的饱和溶液（取分析纯 NaOH 约 110g 溶于 100mL 无 CO_2 的蒸馏水中），密闭静置数日，待其中的 Na_2CO_3 沉降后，取上层清液作贮备液（由于浓碱腐蚀玻璃，因此饱和 NaOH 溶液应当保存在塑料瓶或内壁涂有石蜡的瓶中），其浓度约为 20mol/L。配制时，根据所需浓度移取一定体积的 NaOH 饱和溶液，再用无 CO_2 的蒸馆馏水稀释至所需的体积（详细步骤见 GB/T 601—2016《化学试剂 标准滴定溶液的制备》）。

配制成的 NaOH 标准滴定溶液应保存在装有虹吸管及碱石灰管的瓶中，防止吸收空气中的 CO_2。放置过久的 NaOH 溶液浓度会发生变化，使用时应重新标定。

二、NaOH 标准滴定溶液标定

常用于标定 NaOH 标准滴定溶液浓度的基准物质有邻苯二甲酸氢钾与草酸。

1. 邻苯二甲酸氢钾（KHC_8O_4，缩写为 KHP）

邻苯二甲酸氢钾容易用重结晶法制得纯品，不含结晶水，在空气中不吸水，容易保存，且摩尔质量大［M(KHP)＝204.2g/mol］，所以它可采用“单份标定”。标定前，邻苯二甲酸氢钾应于 100～125℃干燥至恒重后，贮于称量瓶中，盖好盖，置干燥器中备用。干燥温度不宜过高，否则邻苯二甲酸氢钾会脱水而成为邻苯二甲酸酐。用 KHP 标定 NaOH 溶液的标定反应如下：

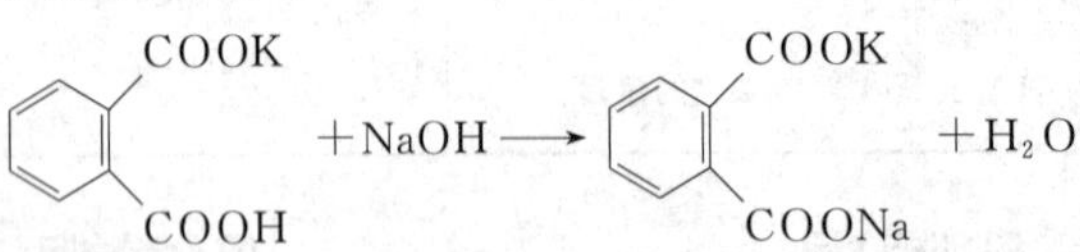

由于滴定产物邻苯二甲酸钾钠盐呈弱碱性，故滴定时采用酚酞作指示剂，终点时溶液由无色变至浅红。

2. 草酸（$H_2C_2O_4 \cdot 2H_2O$）

草酸是二元酸（$pK_{a1}=1.25$，$pK_{a2}=4.29$），由于 $K_{a1}/K_{a2}<10^5$，故与强碱作用时只能按二元酸一次被滴定到 $C_2O_4^{2-}$。其标定反应如下：

$$H_2C_2O_4+2NaOH \longrightarrow Na_2C_2O_4+2H_2O$$

由于草酸的摩尔质量较小［$M_{(H_2C_2O_4 \cdot 2H_2O)}=126.07g/mol$］，为了减小称量误差，标定时宜采用“称大样法”标定。用草酸标定 NaOH 溶液可选用酚作指示剂，终点时溶液变色敏锐。

注：在实际标定时通常有两种操作方法：一种是基准物质准确称量溶解后标定，另一种是基准物质准确称量，溶解后定量转移入一定体积的容量瓶中配制，然后移取一定量进行标定（通常是配制成250mL，移取25.00mL)，前者称为“小份标定”或“单份标定”或“称小样”，后者称为“大份标定”或“称大样”。后者的称量范围一般比前者大10倍，称量误差小。摩尔质量小的基准物质标定时应采用“称大样”法。

巩固提升

一、单项选择题

1. $H_2PO_4^-$ 的共轭碱是（ ）。

A. HPO_4^{2-}　　B. PO_4^{3-}　　C. H_3PO_4　　D. OH^-

2. 在共轭酸碱对中，酸的酸性越强，其共轭碱的（ ）。

A. 碱性越强　　B. 碱性强弱不定　　C. 碱性越弱　　D. 碱性消失

3. 共轭酸碱对中，K_a 与 K_b，的关系是（ ）。

A. $K_a/K_b=1$　　B. $K_a/K_b=K_w$　　C. $K_a/K_b=1$　　D. $K_aK_b=K_w$

二、计算题

1. 分别计算 $c_{(HCl)}=0.039mol/L$，$c_{(HCl)}=2.6\times10^{-7}mol/L$ 的 HCl 溶液的 pH。

2. 分别计算 $c_{(HAc)}=0.083mol/L$、$c_{(HAc)}=3.4\times10^{-4}mol/L$ 的 HAc 溶液的 pH。已知 $pK_{(HAc)}=4.76$。

3. 试计算 $c_{(Na_2CO_3)}=0.31mol/L$ 的 Na_2CO_3 水溶液的 pH。

4. 已知 0.10mol/L 一元弱酸溶液的 pH=3.0，计算 0.10mol/L 共轭碱 NaB 溶液的 pH。

5. 称取基准物质草酸（$H_2C_2O_4\cdot2H_2O$）0.2002g 溶于水中，用 NaOH 溶液滴定，消耗了 NaOH 溶液 28.52mL，计算 NaOH 溶液的浓度。已知 $M_{(H_2C_2O_4\cdot2H_2O)}=126.07g/mol$。

任务二　测定工业硫酸含量

教学活动

活动一　明　确　任　务

【任务背景】

硫酸是化学工业中极为重要的基础原料，用于生产肥料、制药、石油精炼、金属加工等多种领域。确保硫酸的浓度符合特定标准是保证最终产品质量的关键。通过测定工业硫酸的含量，企业可以确保其产品质量，同时保护员工安全，维护环境健康，并遵守相关法规，从而实现可持续发展。

【学习目标】

专业能力：1. 能根据相关标准制定工业硫酸含量测定的方案。

2. 能讲述工业硫酸含量的测定原理及计算方法。

3. 会制备硫酸试样。

4. 能规范使用容量分析仪器。

5. 能准确判断终点颜色。

6. 会准确记录数据、正确计算、分析误差、准确表达测定结果。

社会能力：1. 在学习中形成团队合作意识，提升交流、沟通的能力。

2. 工作过程遵循“6S”管理要求，关注环保安全健康。

3. 养成求真务实、科学严谨的工作态度。

方法能力：1. 能收集并处理各种资讯完成学习任务。

2. 能针对工作任务制定具体的实施方案。

3. 能解决实验过程中遇到的一些问题。

【任务书】

某分析测试中心受某硫酸生产企业委托，对该公司生产的某批次硫酸进行硫酸质量分数的测定，要求提供原始数据，出具检测报告。

请你研读标准 GB/T 534—2014《工业硫酸》中的 5.2 浓硫酸中硫酸质量分数的测定，小组合作制定测定计划，准备仪器试剂，根据实施方案完成测定；记录原始数据，正确处理数据，分析误差，撰写实训报告。工作过程必须遵守“6S”管理要求，过程规范，数据记录完整、真实，质控监测合格。

GB/T 534—2014《工业硫酸》

1. 方法原理

硫酸是一种强酸，可用 NaOH 标准滴定溶液滴定。滴定反应式为

$$H_2SO_4 + 2NaOH = Na_2SO_4 + 2H_2O$$

滴定硫酸一般可选用甲基橙、甲基红等指示剂，国家标准 GB/T 534—2014 中规定使用甲基红-亚甲基蓝混合指示剂（终点时溶液呈灰绿色）。

2. 任务准备

(1) 仪器。滴定装置。

(2) 试剂。①氢氧化钠标准溶液（0.1mol/L）；②硫酸试样；③甲基红-亚甲基蓝混合指示剂（0.12g 甲基红＋0.08g 亚甲基蓝，溶于 100mL 乙醇中）（也可用甲基红或甲基橙作指示剂）。

3. 操作步骤

(1) 工业 H_2SO_4 试样的准备。

用胶帽滴瓶在分析天平上准确称取工业 H_2SO_4 样品 15～2.0g（精确至 0.0001g），放入已装有 100mL 蒸馏水的 250mL 烧杯中，搅拌，冷却至室温，定量转入 250mL 容量瓶中，用水稀释至刻度，摇匀。

(2) 工业 H_2SO_4 试样的测定。

用移液管吸取 25.00mL 该试液至锥形瓶中，加甲基红-亚甲基蓝混合指示剂 2 滴，用 0.1000mol/L NaOH 标准溶液滴定至溶液由红紫色变为绿色即为滴定终点。平行测定 3 次。

(3) 工业硫酸质量分数计算。

质量分数 $w_{(H_2SO_4)}$ 的计算公式为

$$w_{(H_2SO_4)}=\frac{c_{[NaOH]}V_{[NaOH]}M_{(\frac{1}{2}H_2SO_4)}}{m\times\frac{25}{250}}\times100\%$$

式中 $w_{(H_2SO_4)}$——工业硫酸试样中 H_2SO_4 的质量分数，%；

$c_{(NaOH)}$——NaOH 标准滴定溶液浓度，mol/L；

$V_{(NaOH)}$——NaOH 标准滴定溶液消耗体积，mL；

m——工业硫酸试样的质量，g；

$M_{(\frac{1}{2}H_2SO_4)}$——$\frac{1}{2}H_2SO_4$ 的摩尔质量，g/moL。

【收集资讯】

小组分工收集以下资讯：

(1) 什么是混合指示剂？

(2) 怎样稀释浓硫酸？

(3) 用 NaOH 标准溶液滴定 H_2SO_4 时，能否选用酚酞作指示剂？为什么？

(4) 在完成任务过程中将会产生哪些环保方面的问题？你将如何处理？

(5) 完成此任务需要老师提供哪些帮助？

活动二　制　定　计　划

【填写工单】

各小组根据任务书及需收集的信息，做好分工，每位同学认领自己的任务，填写工作任务单。完成任务后小组成员进行分享交流。工作任务单见表 3-9。

表 3-9　　工 作 任 务 单

步骤	工 作 内 容	负责人（任务分工）
1		
2		
3		
4		
5		

【确定方案】

根据任务书，小组讨论工业 H_2SO_4 试样准备、工业 H_2SO_4 试样测定的实验过程，画出流程图，各小组派代表阐述流程，师生共同讨论，确定最佳方案，绘制如下：

1. 工业 H_2SO_4 试样准备：

2. 工业 H_2SO_4 试样测定：

活动三 任 务 实 施

【任务准备】

1. EHS 内容

请分析本任务所涉及的健康、安全及可能会产生的环境问题，并写出相应的健康安全预防措施和相关环境保护措施。

2. 仪器准备

请列出所需仪器清单（表 3－10），向实验老师领用仪器，对于易混用玻璃器皿，贴上标签。

表 3－10　所需仪器清单

序号	名称	规格	序号	名称	规格

3. 领取试剂配制溶液

根据实验需要领取相应试剂配制相关溶液（表 3－11）。

表 3-11 实验试剂配制

序号	名称	浓度	配制方法

【任务实施】

(1) 根据确定的最佳方案完成任务，合理统筹安排时间，注意台面整洁。

操作过程出现的问题：   解决办法：

(2) 实验结束，整理台面，归置设备试剂，清洗玻璃仪器，清扫场地卫生，正确处理废液废纸。

活动四 成果展示

【数据记录及处理】

工业硫酸质量分数测定见表 3-12。

表 3-12 工业硫酸质量分数测定

编号	1	2	3	备注
滴瓶与浓硫酸质量/g				
滴出硫酸后滴瓶质量/g				
浓硫酸质量/g				
滴定管初读数/mL				
滴定管终读数/mL				
滴定消耗 NaOH 体积/mL				
空白/mL				
$w_{(H_2SO_4)}$/%				
$w_{(H_2SO_4)}$ 平均值/%				
相对极差/%				

【写出计算公式及过程】

以第一组数据为例写出计算公式及过程。

【完成报告】

请按照行业规范撰写实验报告，内容包括：HSE 内容、实验目的、实验原理、试剂配制过程、样品处理及测试过程、原始数据记录、数据处理，结果评价和问题分析等。

活动五 评 价 反 馈

【学习评价】

评价学习成果、交流讨论疑难问题。工业硫酸质量分数测定综合评价见表 3 - 13。

表 3 - 13 工业硫酸质量分数测定综合评价

评价指标	评 分 要 素	分值	自评	组评	师评
课堂表现（15%）	按时出勤，无迟到、早退、旷课现象	5			
	积极参与教学活动，按时完成各项任务	10			
专业能力（50%）	天平称量操作规范	5			
	容量瓶使用规范	5			
	移液管使用规范	5			
	滴定管操作规范	5			
	终点判断准确	5			
	规范记录数据、正确处理数据	10			
	分析结果的精密度	5			
	正确撰写报告	10			
职业素养（社会能力）（25%）	仪容仪表、实验服穿戴	5			
	团队合作意识，交流沟通能力	5			
	遵循“6S”管理要求，关注环保安全健康	10			
	工作态度求真务实、科学严谨	5			
方法能力（10%）	收集处理各种资讯的能力	3			
	制定实施方案的能力	3			
	发现问题解决问题能力	4			
综合得分＝自评(25%)＋组评(25%)＋师评(50%)					

【自我反思】

通过该任务的学习，你获得了什么？还有什么疑问需要老师帮助？

知识链接

知识点一 酸碱缓冲溶液

一、缓冲溶液组成及作用原理

酸碱缓冲溶液（buffer solution）是一种对溶液酸度起稳定作用的溶液。向溶液中加入少量酸、碱以及稀释，都能使溶液的酸度基本上稳定不变。缓冲溶液这种能抵抗外加少量酸、碱或稀释而使溶液的 pH 不发生变化的性质称为缓冲作用。

缓冲溶液一般由弱酸和弱酸盐（如 HAc－NaAc）、弱碱和弱碱盐（如 NH_3－NH_4Cl），以及不同碱度的酸式盐等组成。高浓度的强酸、强碱也可以作为缓冲溶液。

下面以 HAc 和 NaAc 所组成的缓冲体系为例说明缓冲溶液的作用原理。溶液中 NaAc 完全解离成 Na^+ 和 Ac^-，HAc 部分解离为 H^+ 和 Ac^-。

$$NaAc \longrightarrow Na^+ + Ac^-$$

$$HAc \rightleftharpoons H^+ + Ac^-$$

如果在这种溶液中加入少量强酸 HCl，HCl 全部解离，加入的 H^+ 就与溶液中的 Ac^- 结合成难以解离的 HAc，HAc 的解离平衡向左移动，使溶液中的 H^+ 浓度增加不多，pH 变化很小；如果加入少量的强碱 NaOH，则加入的 OH^- 与溶液中 H^+ 结合成 H_2O 分子，引起 HAc 分子继续解离，即平衡向右移动，使溶液中 H^+ 浓度的降低也不多，pH 变化仍很小；如果加水稀释，虽然 HAc 的浓度降低了，但它的解离度增大了，也使溶液中 H^+ 基本不变。因此缓冲溶液具有调节控制溶液酸度的能力。

二、缓冲容量及缓冲范围

1. 缓冲容量

当往缓冲溶液中加入少量强酸或强碱，或者将其稍加稀释时，溶液的 pH 几乎不发生变化。而当加入的强酸浓度接近于缓冲体系共轭碱的浓度，或加入的强碱浓度接近于缓冲体系中共轭酸的浓度时，缓冲溶液的缓冲能力即消失。这说明，缓冲溶液的缓冲能力是有一定限度的，其大小可用缓冲容量来衡量。

缓冲容量一般以每升缓冲溶液中加入一个单位量的强酸或强碱所引起溶液 pH 的变化（ΔpH）来表示。ΔpH 越小，缓冲容量越大。

缓冲容量的大小与缓冲溶液的总浓度和组分浓度比有关。

（1）缓冲溶液中缓冲组分的总浓度（即弱酸和它的共轭碱的浓度之和或弱碱和它的共轭酸的浓度之和）越大，缓冲容量就越大。

（2）同一种缓冲溶液，缓冲组分的总浓度相同时，组分浓度比越接近于 1，缓冲容量越大。

2. 缓冲范围

缓冲溶液所能控制的 pH 范围称为缓冲溶液的缓冲范围。缓冲溶液的缓冲作用都有一定的有效范围，这个范围一般在 pK_a 两侧各一个 pH 单位。对酸式缓冲溶液，则 $pH=pK_a\pm1$；对碱式缓冲溶液，则 $pH=pK_w-(pK_b\pm1)$。例如，HAc - NaAc 缓冲体系，$pK_a=4.74$，其缓冲范围是 $pH=4.74\pm1$，即 3.74～5.74；NH_3 - NH_4Cl 缓冲体系，$pK_b=4.74$，其缓冲范围是 $pH=14.00-(4.74\pm1)$，即 8.26～10.26。

三、缓冲溶液的选择

分析化学中用于控制溶液酸度的缓冲溶液很多，通常根据实际情况选用不同的缓冲溶液。缓冲溶液的选择原则如下：

(1) 缓冲溶液对测量过程应没有干扰。

(2) 所需控制的 pH 应在缓冲溶液的缓冲范围之内。如果缓冲溶液是由弱酸及其共轭碱组成的，则所选的弱酸的 pK_a 值应尽量与所需控制的 pH 一致。

(3) 缓冲溶液应有足够的缓冲容量，以满足实际工作需要。为此，在配制缓冲溶液时，应尽量控制弱酸与其共轭碱的浓度比接近于 1∶1，所用缓冲溶液的总浓度尽量大一些（一般可控制在 0.01～1 mol/L 之间）。

(4) 组成缓冲溶液的物质应价廉易得，避免污染环境。

表 3 - 14 列出了常用的酸碱缓冲溶液，供实际选择时参考。

表 3 - 14　　常用的酸碱缓冲溶液

缓冲溶液的组成		共轭酸碱对	pK_a	pH 范围
酸的组分	碱的组分			
盐酸	氨基乙酸	$^+NH_3CH_2COOH/^+NH_3CH_2COO^-$	2.35	1.0～3.7
一氯乙酸	氢氧化钠		2.86	
甲酸	氢氧化钠	$ClCH_2COOH/ClCH_2COO^-$	3.77	2.8～4.6
乙酸	乙酸钠		4.76	3.7～5.6
盐酸	六亚甲基四胺	$HCOOH/HCOO^-$	5.13	4.2～6.2
磷酸二氢钠	磷酸氢二钠		7.21	5.9～8.0
盐酸	三乙醇胺	HAc/Ac^-	7.76	6.7～8.7
氯化铵	氨水		9.25	8.3～9.2
氨基乙酸	氢氧化钠	$(CH_2)_6N_4H^+/(CH_2)_6N_4$	9.78	8.2～10.1
碳酸氢钠	碳酸钠		10.32	9.2～11.0
磷酸氢二钠	氢氧化钠	$H_2PO_4^-/HPO_4^{2-}$	12.32	11.0～12.0

四、缓冲溶液 pH 计算

由弱酸 HA（浓度 c_a）及其共轭碱 NaA（浓度 c_b）组成的缓冲溶液，NaA 完全电离，HA 部分电离，有

$$NaA \longrightarrow Na^+ + A^-$$

$$HA \rightleftharpoons H^+ + A^-$$

$$K_a=\frac{[H^+][A^-]}{[HA]}$$

缓冲溶液

得

$$[H^+]=\frac{K_a[HA]}{[A^-]}$$

假设 HA 电离了 x，则上式变为

$$[H^+]=\frac{K_a(c_a-x)}{(c_b+x)}$$

缓冲溶液 pH 计算

对于弱酸来说，电离极弱，即 x 远小于 c_a 和 c_b，上式中 x 可以忽略，则

$$[H^+]=\frac{K_a c_a}{c_b}$$

$$pH=pK_a+\lg\frac{c_b}{c_a}$$

同理，由弱碱及其共轭酸组成的缓冲溶液，可用如下公式计算：

$$[OH^-]=\frac{K_b c_b}{c_a}$$

$$pH=pK_w-pK_b+\lg\frac{c_b}{c_a}$$

知识点二　滴定曲线及指示剂的选择

酸碱滴定中最重要的是了解在其滴定过程中溶液 pH 的变化，特别是化学计量点附近 pH 的变化。再根据 pH 的变化规律给某一特定酸碱滴定反应选择一合适的指示剂。在滴定过程中用来描述加入不同量标准滴定溶液（或不同中和百分数）时溶液 pH 变化的曲线称为酸碱滴定曲线（titration curve）。各种不同类型的酸碱滴定过程中 H^+ 浓度的变化规律是各不相同的。

一、强酸（碱）滴定强碱（酸）的滴定曲线

1. 滴定过程中溶液 pH 的变化

强酸（碱）滴定强碱（酸）的过程相当于

$$H^+ + OH^- \longrightarrow H_2O \quad K_t=\frac{1}{K_w}=10^{14.00}$$

这种类型的酸碱滴定，其反应程度是最高的，也最容易得到准确的滴定结果。下面以 0.1000mol/L NaOH 标准滴定溶液滴定 20.00mL 0.1000mol/L HCl 为例来说明强碱滴定强酸过程中 pH 的变化与滴定曲线的形状。

该滴定过程可分为 4 个阶段。

（1）滴定开始前。溶液的 pH 由此时 HCl 溶液的酸度决定。即

$$[H^+]=0.1000\text{mol/L}$$

$$pH=1.00$$

（2）滴定开始至化学计量点前。溶液的 pH 由溶液中未被中和的 HCl 溶液的酸度决定。例如，当滴入 NaOH 溶液 18.00mL 时，溶液中剩余 HCl 溶液 2.00mL 未被

NaOH 中和，则

$$[H^+]=\frac{0.1000\times2.00}{20.00+18.00}mol/L=5.26\times10^{-3}mol/L$$

$$pH=2.28$$

当滴入 NaOH 溶液 19.80mL 时，溶液中剩余 HCl 溶液 0.20mL 未被 NaOH 中和，则

$$[H^+]=\frac{0.1000\times0.20}{20.00+19.80}mol/L=5.30\times10^{-4}mol/L$$

$$pH=3.30$$

当滴入 NaOH 溶液 19.98mL 时，溶液中剩余 HCl 溶液 0.02mL 未被 NaOH 中和，则

$$[H^+]=\frac{0.1000\times0.20}{20.00+19.98}mol/L=5.00\times10^{-5}mol/L$$

$$pH=4.30$$

（3）化学计量点时。溶液的 pH 由体系产物的离解情况决定。此时溶液中的 HCl 全部被 NaOH 中和，其产物为 NaCl 与 H_2O，因此溶液呈中性，即

$$[H^+]=[OH^-]=1.00\times10^{-7}mol/L$$

$$pH=7.00$$

（4）化学计量点后。溶液的 pH 由滴入的过量的 NaOH 浓度和过量的体积决定。例如，加入 NaOH 20.02mL 时，NaOH 过量 0.02mL，此时溶液中［OH^-］为

$$[OH^-]=\frac{0.1000\times0.02}{20.00+20.02}mol/L=5.00\times10^{-5}mol/L$$

$$pOH=4.30;\quad pH=9.70$$

用完全类似的方法可以计算出整个滴定过程中加入任意体积 NaOH 溶液时溶液的 pH，其结果见表 3-15。

表 3-15 用 0.1000mol/L NaOH 溶液滴定 20.00mL 0.1000mol/L HCl 时 pH 的变化

加入 NaOH 溶液的体积/mL	HCl 被滴定分数/%	剩余 HCl 溶液的体积/mL	过量 NaOH 溶液的体积/mL	[H^+]	pH
0	0	20.00		1.00×10^{-1}	1.00
18.00	90.00	2.00		5.26×10^{-3}	2.28
19.80	99.00	0.20		5.03×10^{-4}	3.30
19.98	99.90	0.02		5.00×10^{-5}	4.30 突跃范围
20.00	100.00	0		1.00×10^{-6}	7.00 突跃范围
20.02	100.1		0.02	2.00×10^{-10}	9.70 突跃范围
20.20	101.0		0.20	2.01×10^{-11}	10.70
22.00	110.0		2.00	2.10×10^{-12}	11.68
40.00	200.0		20.00	3.00×10^{-13}	12.52

2. 滴定曲线的形状和滴定突跃

以溶液的 pH 为纵坐标，以 NaOH 溶液的加入量（或滴定分数）为横坐标，可绘制出强碱滴定强酸的滴定曲线，如图 3-1 中的实线所示。

由表 3-15 和图 3-1 可以看出，从滴定开始到加入 19.98mL NaOH 标准滴定溶液，溶液的 pH 仅改变了 3.30 个 pH 单位，曲线比较平坦。而在化学计量点附近，加入 1 滴 NaOH 溶液（相当于 0.04mL，即从溶液中剩余 0.02mL HCl 溶液到过量 0.02mL NaOH 溶液）就使溶液的酸度发生了巨大的变化，其 pH 由 4.30 急增至 9.70，增幅达 5.40 个 pH 单位，相当于 $[H^+]$ 降低到 1/250000，溶液也由酸性突变到碱性，溶液的性质由量变引起了质变。从图 3-1 也可看到，在化学计量点前后 0.1 %，曲线呈现近似垂直的一段，表明溶液的 pH 有一个突然的改变，这种 pH 的突然改变便称为滴定突跃，而突跃所在的 pH 范围称为滴定突跃范围。此后，再继续滴加 NaOH 溶液，溶液的 pH 变化越来越小，曲线又趋平坦。

如果用 0.1000mol/L HCl 标准滴定溶液滴定 20.00mL 0.1000mol/L NaOH 溶液，其滴定曲线如图 3-1 中的虚线所示。显然，滴定曲线形状与 NaOH 标准滴定溶液滴定 HCl 溶液相似，只是 pH 不是随着标准滴定溶液的加入逐渐增大，而是逐渐减小。

值得注意的是，从滴定过程 pH 的计算可以知道，滴定的突跃大小还必然与被滴定物质及标准滴定溶液的浓度有关。一般说来，酸碱浓度增大到 10 倍，则滴定突跃范围就增加 2 个 pH 单位；反之，若酸碱浓度减小到原来的 1/10，则滴定突跃范围就减少 2 个 pH 单位。

如用 1.000mol/L NaOH 标准滴定溶液滴定 1.000mol/L HCl 溶液时，其滴定突跃范围就增大为 3.30 ～ 10.70；若用 0.01000mol/L NaOH 标准滴定溶液滴定 0.01000mol/L HCl 溶液时，其滴定突跃范围就减小到 5.30～8.70。不同浓度的强碱滴定强酸的滴定曲线如图 3-2 所示。滴定突跃具有非常重要的意义，它是选择指示剂的依据。

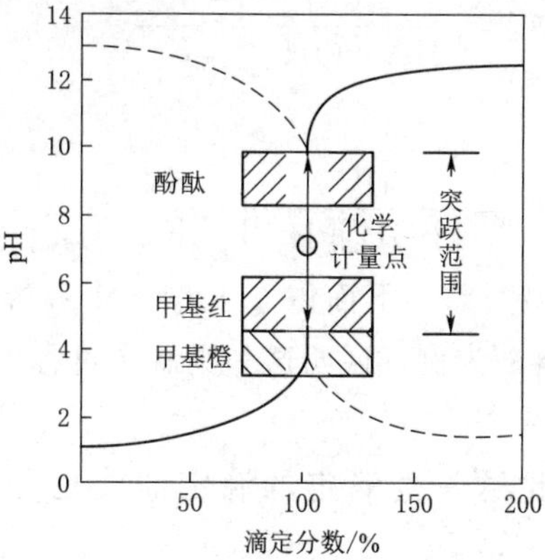

图 3-1　0.1000mol/L NaOH 溶液与 0.1000mol/L HCl 溶液滴定曲线

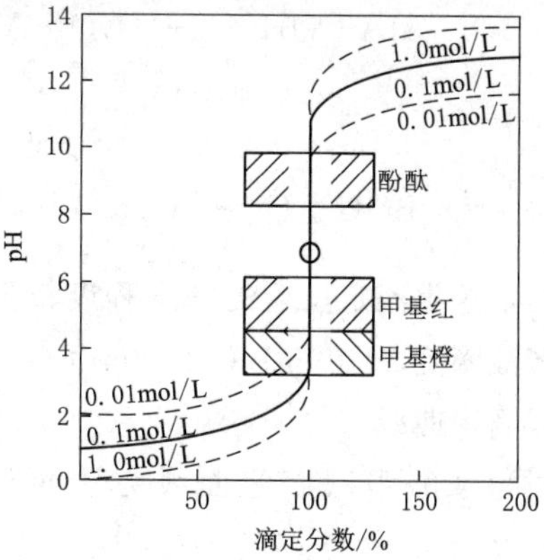

图 3-2　不同浓度的强碱滴定强酸的滴定曲线

3. 指示剂的选择

选择指示剂的原则：一是指示剂的变色范围全部或部分地落入滴定突跃范围内；二

是指示剂的变色点尽量靠近化学计量点。

例如，用0.1000mol/L NaOH标准滴定溶液滴定0.1000mol/L HCl溶液，其突跃范围为4.30～9.70，可选择甲基红、甲基橙与酚酞作指示剂。如果选择甲基橙作指示剂，当溶液颜色由橙色恰好变为黄色时，溶液的pH为4.4，滴定误差小于0.1%。实际分析时，为了更好地判断终点，通常选用酚酞作指示剂，因其终点颜色由无色变成浅红色，非常容易辨别。

如果用0.1000mol/L HCl标准滴定溶液滴定0.1000mol/L NaOH溶液，可选择酚酞或甲基红作为指示剂。倘若仍然选择甲基橙作指示剂，则当溶液颜色由黄色转变成橙色时，其pH为4.0，滴定误差将有+0.2%。实际分析时，为了进一步提高滴定终点的准确性以及更好地判断终点（如用甲基红，终点颜色由黄变橙，人眼不易把握；若用酚酞，则由红色褪至无色，人眼也不易判断），通常选用混合指示剂溴甲酚绿-甲基红，终点时颜色由绿经浅灰变为暗红，容易观察。

4. 终点误差

从以上分析来看，利用指示剂颜色的变化确定滴定终点时，滴定终点pH与滴定反应的化学计量点不完全一致，这就给滴定结果带来一定的误差，这种误差就是终点误差，也称为滴定误差，用E_t表示。

酸碱滴定时，如果终点与化学计量点不一致，则说明溶液中或者多加了酸或碱，或者还有剩余的酸或碱未完全反应，因此，将过量的或者剩余的酸或碱的物质的量除以理论上应该加入的酸或碱的物质的量，即可得出酸碱滴定反应的终点误差。

二、强酸（碱）滴定弱碱（酸）的滴定曲线

1. 滴定过程中溶液pH的变化

强碱（酸）滴定一元弱酸（碱）的滴定反应相当于

$$HA + OH^- \longrightarrow H_2O + A^- \qquad K_t = \frac{[A^-]}{[HA][OH^-]} = \frac{K_a}{K_w}$$

或

$$BOH + H^+ \longrightarrow H_2O + B^+ \qquad K_t = \frac{[B^+]}{[BOH][H^+]} = \frac{K_b}{K_w}$$

可见，这类滴定反应的完全程度较强酸强碱类差。下面以0.1000mol/L NaOH标准滴定溶液滴定20.00mL 0.1000mol/L HAc溶液为例，说明这一类滴定过程中pH变化规律与滴定曲线。

与讨论强酸强碱滴定曲线方法相似，讨论这一类滴定的滴定曲线也分为4个阶段。

（1）滴定开始前溶液的pH。此时溶液的pH由0.1000mol/L HAc溶液的酸度决定。根据弱酸pH计算的最简式

$$[H^+] = \sqrt{cK_a} = \sqrt{0.1000 \times (1.76 \times 10^{-5})}\ \text{mol/L} = 1.33 \times 10^{-3}\ \text{mol/L}$$

$$pH = 2.88$$

（2）滴定开始至化学计量点前溶液的 pH。这一阶段的溶液是由未反应的 HAc 与反应产物 NaAc 组成的，其 pH 由 HAc－NaAc 缓冲体系决定，即

$$[H^+]=K_{a(HAc)}\frac{[HAc]}{[Ac^-]}$$

例如，当滴入 NaOH 标准滴定溶液 19.98mL（剩余 HAc 溶液 0.02mL 未被 NaOH 中和）时

$$[HAc]=\frac{0.1000\times0.02}{20.00+19.98}mol/L=5.0\times10^{-5}mol/L$$

$$[Ac^-]=\frac{0.1000\times19.98}{20.00+19.98}mol/L=5.0\times10^{-2}mol/L$$

因此

$$[H^+]=1.76\times10^{-5}\times\frac{5.0\times10^{-5}}{5.0\times10^{-2}}mol/L=1.76\times10^{-8}mol/L$$

$$pH=7.75$$

（3）化学计量点时溶液的 pH。此时溶液的 pH 由体系中滴定产物的离解情况决定。化学计量点时滴定反应的产物是 NaAc 与 H_2O，Ac^- 是一种弱碱。因此

$$[OH^-]=\sqrt{cK_{b(Ac^-)}}$$

由于

$$K_{b(Ac^-)}=\frac{K_w}{K_{a(HAc)}}=\frac{1.0\times10^{-14}}{1.76\times10^{-5}}=5.68\times10^{-10}$$

$$[Ac^-]=\frac{20.00}{20.00+20.00}\times0.1000mol/L=5.0\times10^{-2}mol/L$$

所以

$$[OH^-]=\sqrt{5.0\times10^{-2}\times5.68\times10^{-10}}mol/L=5.33\times10^{-6}mol/L$$

$$pOH=5.27;\quad pH=8.73$$

（4）化学计量点后溶液的 pH。此时溶液的组成是过量 NaOH 和滴定产物 NaAc。由于过量 NaOH 的存在抑制了 Ac^- 的水解，溶液的 pH 仅由过量 NaOH 的浓度决定。例如，滴入 20.02mL NaOH 标准滴定溶液（过量的 NaOH 溶液为 0.02mL），则

$$[OH^-]=\frac{0.02\times0.1000}{20.00+20.02}mol/L=5.0\times10^{-5}mol/L$$

$$pOH=4.30;\quad pH=9.70$$

按上述方法，依次计算出滴定过程中溶液的 pH，其计算结果见表 3－16。

用同样的方法可以计算出强酸滴定弱碱时溶液 pH 的变化情况。表 3－17 列出了用 0.1000mol/L HCl 标准滴定溶液滴定 20.00mL 0.1000mol/L $NH_3\cdot H_2O$ 溶液时溶液 pH 的变化情况，同时也列出了在不同滴定阶段溶液 pH 的计算式。

表 3-16　　用 0.1000mol/L NaOH 标准滴定溶液滴定 20.00mL 0.1000mol/L HAc 溶液的 pH 变化

加入 NaOH 的体积/mL	HAc 被滴定分数/%	计算式	pH
0	0	$[H^+]=\sqrt{[HAc]K_{a(HAc)}}$	2.88
10.00	50.0		4.76
18.00	90.0		5.71
19.80	99.0	$[H^+]=K_a\dfrac{[HAc]}{[Ac^-]}$	6.76
19.96	99.8		7.46
19.98	99.9		7.76
20.00	100.0	$[OH^-]=\sqrt{\dfrac{K_w}{K_{a(HAc)}}[Ac^-]}$	8.73 } 滴定突跃
20.02	100.1		9.70
20.04	100.2		10.00
20.20	101.0	$[OH^-]=[NaON]_{过量}$	10.70
22.00	110.0		11.70

表 3-17　　用 0.1000mol/L HCl 标准滴定溶液滴定 20.00mL 0.1000mol/L $NH_3 \cdot H_2O$ 溶液的 pH 变化

加入 HCl 的体积/mL	NH_3 被滴定分数/%	计算式	pH
0	0	$[OH^-]=\sqrt{[NH_3]K_{b(NH_3)}}$	11.12
10.00	50.0		9.25
18.00	90.0	$[OH^-]=K_b\dfrac{[NH_3]}{[NH_4^+]}$	8.30
19.80	99.0		7.25
19.98	99.9		6.25
20.00	100.0	$[H^+]=\sqrt{\dfrac{K_w}{K_{b(NH_3)}}[NH_4^+]}$	5.28 } 滴定突跃
20.02	100.1		4.30
20.20	101.0	$[H^+]=[HCl]_{过量}$	3.30
22.00	110.0		2.32

2. 滴定曲线的形状和滴定突跃

根据滴定过程中各点的 pH 同样可以绘出强碱（酸）滴定一元弱酸（碱）的滴定曲线（图 3-3）。

比较强碱滴定弱酸和强碱滴定强酸的滴定曲线，可以看出，在浓度相同的前提下，强碱滴定弱酸的突跃范围比强碱滴定强酸的突跃范围要小得多，且主要集中在弱碱性区域，在化学计量点溶液也不是呈中性，而呈弱碱性（pH>7）。

由图 3-4 与表 3-17 也可以看出，在浓度相同的前提下，强酸滴定弱碱的突跃范围比强酸滴定强碱的突跃范围也要小得多，且主要集中在弱酸性区域，在化学计量点溶液呈弱酸性。

3. 指示剂的选择

在强碱（酸）滴定一元弱酸（碱）中，由于滴定突跃范围变小，指示剂的选择便受到一定的限制，但其选择原则还是与强碱（酸）滴定强酸（碱）时一样。对于用0.1000mol/L NaOH标准滴定溶液滴定0.1000mol/L HAc溶液而言，其突跃范围为7.76～9.70（化学计量点时pH＝8.73），因此，在酸性区域变色的指示剂如甲基红、甲基橙等均不能使用，而只能选择酚酞、百里酚蓝等在碱性区域变色的指示剂。在这一滴定分析中，由于酚酞指示剂的理论变色点（pH＝9.0）正好落在滴定突跃范围之内，滴定误差为＋0.01%，所以选择酚酞作为指示剂可以获得比较准确的结果。

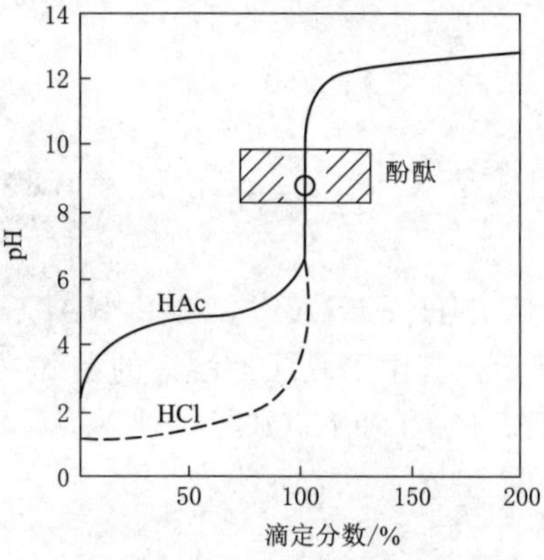

图3-3　0.1mol/L NaOH标准滴定溶液滴定0.1mol/L HAc溶液的滴定曲线

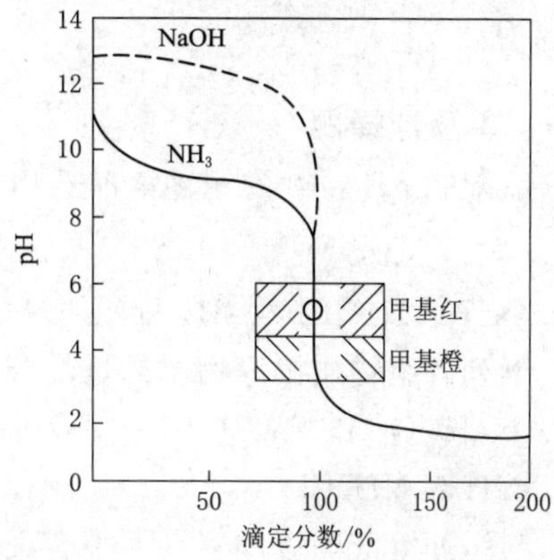

图3-4　0.1mol/L HCl标准滴定溶液滴定0.1mol/L NH_3溶液的滴定曲线

若用0.1000mol/L HCl标准滴定溶液滴定0.1000mol/L $NH_3 \cdot H_2O$溶液，由于其突跃范围在6.25～4.30（化学计量点时pH＝5.28），必须选择在酸性区域变色的指示剂，如甲基红或溴甲酚绿等。若选择甲基橙作指示剂，当滴定到溶液由黄色变至橙色（pH＝4.0）时，滴定误差达＋0.20%。

4. 滴定可行性判断

由上例的计算过程可知强碱（酸）滴定一元弱酸（碱）的突跃范围与弱酸（碱）的浓度及其离解常数有关。酸的离解常数越小（即酸的酸性越弱）、酸的浓度越低，则滴定突跃范围也就越小。考虑到借助指示剂观察终点有0.3个pH单位的不确定性，如果要求滴定误差≤±0.2%，那么滴定突跃就必须保证在0.6个pH单位以上。因此只有当酸的浓度c_0与其离解常数K_a的乘积$c_0K_a \geqslant 10^{-8}$时，该酸溶液才可被强碱直接准确滴定。例如，若弱酸HA的浓度为0.1mol/L，则其被强碱（如NaOH）准确滴定的条件是它的离解常数$K_a \geqslant (10^{-8}/0.1) = 10^{-7}$。

那么，这是不是表明只需弱酸的$c_0K_a \geqslant 10^{-8}$，就可以保证它一定能被强碱直接准确滴定呢？其实不然。通过计算发现，当酸的浓度$c_0 = 10^{-4}$mol/L，就算其离解常数$K_a = 10^{-3}$（$c_0K_a = 10^{-4} \times 10^{-3} \geqslant 10^{-8}$，满足条件），但其滴定突跃范围却为6.81～7.21，仅有0.40个pH单位，因此这种情况下也无法直接准确滴定。

综上所述，用指示剂法直接准确滴定一元弱酸的条件为

$$c_0K_a \geqslant 10^{-8} \text{ 且 } c_0 \geqslant 10^{-3}\text{mol/L}$$

在这种条件下，可保证滴定误差<±0.2%，滴定突跃约大于0.6个pH单位。

同理，能够用指示剂法直接准确滴定一元弱碱的条件为

$$c_0K_b \geqslant 10^{-8} \text{ 且 } c_0 \geqslant 10^{-3}\text{mol/L}$$

式中，c_0 为一元弱碱的浓度。在这样的条件下，同样可保证滴定误差≤±0.2%，滴定突跃约大于0.6个pH单位。

显然，如果允许的误差较大，或检测终点的方法改进了（如使用仪器法），那么上述滴定条件还可适当放宽。

巩固提升

一、单项选择题

1. 欲配制pH=10的缓冲溶液选用的物质组成是（　　）。（$K_{b(NH_3)}=1.8\times10^{-5}$，$K_{a(HAc)}=1.8\times10^{-5}$）

A. NH_3-NH_4Cl　　B. HAc-NaAc　　C. NH_3-NaAc　　D. HAc-NH_3

2. 下列各组物质按等物质的量混合配成溶液后，其中不是缓冲溶液的是（　　）。

A. $NaHCO_3$ 和 Na_2CO_3　　B. NaCl 和 NaOH

C. NH_3-NH_4Cl　　D. HAc-NaAc

3. 与缓冲溶液的缓冲容量大小有关的因素是（　　）。

A. 缓冲溶液的pH　　B. 外加的酸度

C. 外加的碱度　　D. 缓冲溶液的总浓度

二、判断题

1. （　　）某一种弱酸或弱碱的共轭酸碱对可组成缓冲溶液。

2. （　　）在50mL pH=10的NH_3-NH_4Cl缓冲溶液中，加入20mL 1mol/L的NaOH溶液，溶液的pH值基本保持不变。

三、计算题

1. 计算下列溶液的pH：

(1) 42g NaAc固体与300mL HAc溶液（物质的量浓度为17mol/L）混合，稀释至1L；

(2) 150mL 1mol/L的HCl与250mL 1.5mol/L的$NH_3\cdot H_2O$溶液混合，稀释至1L。

2. 欲配制1L pH=10.00的NH_3-NH_4Cl缓冲溶液，现有250mL 10mol/L的$NH_3\cdot H_2O$溶液，还需称取NH_4Cl固体多少克？

3. 用酸碱滴定法测定工业硫酸的含量。称取硫酸试样1.8095g，配成250mL的溶液，移取25mL该溶液，以甲基橙为指示剂，用浓度为0.1153mol/L的NaOH标准滴定溶液滴定，到终点时消耗NaOH标准滴定溶液31.42mL，试计算该工业硫酸的质量分数。

【课后拓展】食醋总酸度的测定

由学生自行选择合适的实验方法、写出实验原理、准备仪器试剂、规划实验步骤、设计数据记录表格、进行数据分析等。

【阅读材料】

阅读材料一 酸碱理论的演变

化学家对酸、碱的认识正如人们对物质的认识一样，是从直接的感觉开始。英文中的酸（acid）从拉丁文 acere 而来，原意就是有酸味的。草木灰有滑腻感，就被认为是碱。英文中的碱（alkal）来自阿拉伯文 alqaliy，就是指草木灰。

18 世纪后半叶，法国化学家拉瓦锡把氧称为“产生酸的”，认为一切酸中皆含有氧。1811 年英国化学家戴维从实验中明确盐酸组成中不含氧，于是认为氢是组成酸的基本元素。1887 年瑞典化学家阿仑尼乌斯提出电离理论，从电离理论出发，提出酸是在水溶液中电离产生氢离子（H^+）的物质，碱是在水溶液中电离产生氢氧根离子（OH^-）的物质。这种理论简单而易理解，但只是把酸和碱限制在水溶液中。

1905 年美国化学家富兰克林把酸碱的定义推广到其他溶剂，提出酸碱的溶剂理论，认为能离解产生溶剂正离子的物质是酸，能离解产生溶剂负离子的物质是碱。这种理论由于不完善，没有得到推广应用。

1923 年丹麦化学家布朗特和英国化学家劳莱分别独立提出了酸碱的质子理论。质子理论认为凡是能够释放质子的分子和离子是酸，凡是能与质子结合的分子和离子是碱。质子理论不仅适用于水溶液，也适用于非水溶液。但质子理论把许多早为人们熟知的酸性物质如 SO_3 等排除出酸的行列。

1923 年美国创立共价键理论的化学家路易斯提出酸碱的电子论，认为酸是电子对接受体，碱是电子对给予体。由于电子论所定义的酸碱包罗的物质种类很广泛，因而又称为广义的酸和广义的碱。为了划清不同理论的酸碱，又称为路易斯酸或路易斯碱。

阅读材料二 中国稳定同位素学科的奠基人张青莲

张青莲（1908—2006），出生于江苏省常熟县，早年在国内接受教育后，远赴德国柏林大学深造并取得哲学博士学位。他是中国科学院院士，中国无机化学领域的杰出代表，长期致力于无机化学领域的研究，尤其在原子量测定方面做出了杰出贡献，张青莲对中国乃至世界原子量测定科学的发展有着重要影响。张青莲教授面对困难不屈不挠，即便在实验条件有限的情况下，依然追求极致的科学精度，带领团队通过技术创新克服难关，取得了一项又一项科研成果。他所测定的多种元素的原子量被国际纯粹与应用化学联合会（IUPAC）采纳为国际标准值。他的工作提高了中国在国际科学界的地位，为化学研究领域留下了宝贵财富。他还被誉为中国稳定同位素学科的奠基人之一，对化学教育和科学研究有着不可磨灭的贡献。

项目四 混合碱组分含量测定

【项目由来】

无机化工的“三酸两碱”中的“两碱”就是指 NaOH（俗名烧碱、火碱或苛性钠）和 Na_2CO_3（俗称纯碱、苏打）。无论是在“两碱”的生产过程中，还是在“两碱”的运输和贮存过程中，“两碱”都易“变质”，影响产品纯度。

工业品烧碱，在生产和贮存过程中，氢氧化钠吸收空气中的 CO_2 而产生少量 Na_2CO_3；纯碱因吸收空气中的二氧化碳和水会混有少量碳酸氢钠。这两种工业品都称为混合碱。因此，在测定烧碱中 NaOH 的同时需要测定 Na_2CO_3 的含量，在测定纯碱中 Na_2CO_3 的同时需要测定 $NaHCO_3$ 的含量。测定混合碱含量的方法有氯化钡法和双指示剂法。

氯化钡法测混合碱比较繁琐，但准确；双指示剂法操作简单，但第一终点变色不明显，误差较大。实验室常采用双指示剂法。

本项目以“制备 HCl 标准溶液”和“测定混合碱组分含量”两个工作任务引领，进行理实一体化教学。

【学习导航】

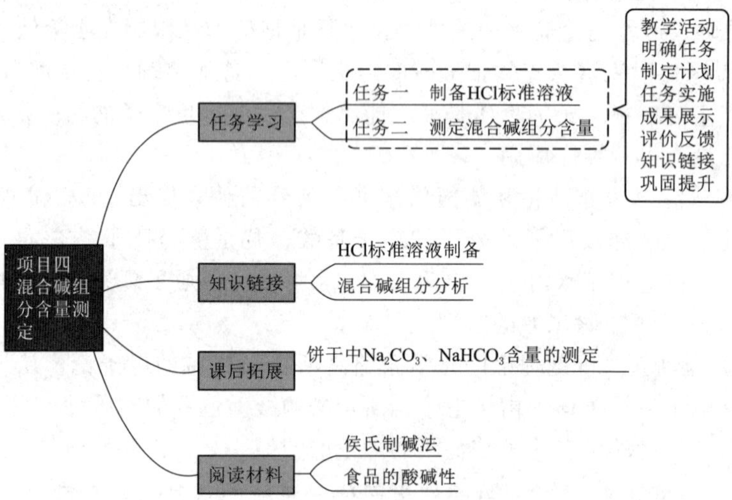

【任务学习】

任务一 制备 HCl 标准溶液

教学活动

活动一 明 确 任 务

【任务背景】

由于浓盐酸容易挥发，不能用它们来直接配制具有准确浓度的标准溶液，因此，配制 HCl 标准溶液时，只能先配制成近似浓度的溶液，然后用基准物质标定它们的准确浓度，或者用另一已知准确浓度的标准溶液滴定该溶液，再根据它们的体积比计算该溶液的准确浓度。标定后的 HCl 可以测定混合碱组分含量。

【学习目标】

专业能力：1. 能准确配制并标定 HCl 标准溶液。

2. 能阐述 HCl 标准溶液的标定原理。

3. 会准确记录数据、正确计算、分析误差、准确表达测定结果。

社会能力：1. 在学习中形成团队合作意识，提升交流、沟通的能力。

2. 工作过程遵循“6S”管理要求，关注环保安全健康。

3. 养成求真务实、科学严谨的工作态度。

方法能力：1. 能收集并处理各种资讯完成学习任务。

2. 能针对工作任务制定具体的实施方案。

3. 能解决实验过程中遇到的一些问题。

【任务书】

请你研读标准 GB/T 601—2016《化学试剂　标准滴定溶液的制备》中的 4.2 盐酸标准滴定溶液配制与标定，标定 0.1 mol/L 的 HCl 标准溶液。

GB/T 601—2016《化学试剂　标准滴定溶液的制备》4.2 盐酸标准滴定溶液

小组合作制定计划，准备仪器试剂，根据实施方案完成标定；记录原始数据，正确处理数据，分析误差，撰写实训报告。工作过程必须遵守“6S”管理要求，过程规范，数据记录完整、真实，质控监测合格。

1. 方法原理

标定 HCl 溶液的基准物质很多，常用的有无水碳酸钠和硼砂（$Na_2B_4O_7 \cdot 10H_2O$）等。GB/T 601—2016《化学试剂　标准滴定溶液的制备》采用的是无水碳酸钠。滴定反应如下：

盐酸标准溶液标定

$$Na_2CO_3 + 2HCl = 2NaCl + CO_2 + H_2O$$

通常选用溴甲酚绿-甲基红混合液作指示剂，也可用甲基橙作为指示剂。

2. 任务准备

（1）仪器。滴定装置。

（2）试剂。①浓盐酸（相对密度 1.19g/mL）；②无水碳酸钠基准物质；③溴甲酚绿-甲基红混合液指示剂［30mL 溴甲酚绿乙醇液（2g/L），加入 20mL 甲基红乙醇溶液（1g/L）］，混匀。

3. 操作步骤

（1）HCl 标准溶液的配制。

按表 4-1 的规定量，量取盐酸，注入 1000 mL 水中，摇匀。

表 4-1　HCl 标准滴定溶液的配制用量

HCl 标准滴定溶液浓度/(mol/L)	HCl 溶液体积/mL
1	90
0.5	45
0.1	9

（2）HCl 标准溶液的标定。

按表 4-2 的规定量，称取于 270～300℃高温炉中灼烧至恒重的工作基准试剂无水碳酸钠，溶于 50mL 水中，加 10 滴溴甲酚绿-甲基红指示液，用配制的盐酸溶液滴定至溶液由绿色变为暗红色，煮沸 2min，加盖具钠石灰管的橡胶塞，冷却，继续滴定至溶液再呈暗红色。

平行测定3次，同时做空白实验。

表4-2 盐酸标准滴定溶液的标定用量

HCl标准滴定溶液浓度/(mol/L)	工作基准试剂无水碳酸钠的质量/g
1	1.9
0.5	0.95
0.1	0.2

4. 盐酸标准滴定溶液浓度计算

盐酸标准滴定溶液浓度 $c(HCl)$，按下式计算：

$$c(HCl)=\frac{m\times 1000}{(V_1-V_0)M}$$

式中 m——无水碳酸钠质量，g；

V_1——盐酸溶液体积，mL；

V_0——空白试验消耗盐酸溶液体积，mL；

M——$M_{(\frac{1}{2}Na_2CO_3)}$ 的摩尔质量，g/mol。

【收集资讯】

小组分工收集以下资讯：

(1) 如何利用市售盐酸配制成0.1 mol/L的盐酸溶液？

(2) 标定HCl标准滴定溶液浓度的基准物主要有无水碳酸钠和硼砂（$Na_2B_4O_7\cdot 10H_2O$），写出硼砂标定HCl的反应方程式，结果如何计算？

(3) HCl标准溶液标定时加热煮沸的目的是什么？加盖具钠石灰管的橡胶塞的作用是什么？

(4) 在完成任务过程中将会产生哪些环保方面的问题？你将如何处理？

(5) 完成此任务需要老师提供哪些帮助？

活动二 制 定 计 划

【填写工单】

各小组根据任务书及需收集的信息，做好分工，每位同学认领自己的任务，填写工作任务单。完成任务后小组成员进行分享交流。工作任务单见表4-3。

表4-3 工 作 任 务 单

步骤	工 作 内 容	负责人（任务分工）
1		
2		
3		
4		
5		

【确定方案】

根据任务书，小组讨论 HCl 标准溶液配制、标定实验过程，画出流程图，各小组派代表阐述流程，师生共同讨论，确定最佳方案，绘制如下：

1. HCl 标准溶液配制：

2. HCl 标准溶液标定：

活动三 任 务 实 施

【任务准备】

1. EHS 内容

请分析本任务所涉及的健康、安全及可能会产生的环境问题，并写出相应的健康安全预防措施和相关环境保护措施。

2. 仪器准备

请列出所需仪器清单（表 4 - 4），向实验老师领用仪器，对于易混用玻璃器皿，贴上标签。

表 4 - 4　所需仪器清单

序号	名称	规格	序号	名称	规格

3. 领取试剂配制溶液

根据实验需要领取相应试剂配制相关溶液（表 4 - 5）。

表 4 - 5 实验试剂配制

序号	名称	浓度	配制方法

【任务实施】

（1）根据确定的最佳方案完成任务，合理统筹安排时间，注意台面整洁。

操作过程出现的问题：   解决办法：

（2）实验结束，整理台面，归置设备试剂，清洗玻璃仪器，清扫场地卫生，正确处理废液废纸。

活动四 成 果 展 示

【数据记录及处理】

HCl 标准滴定溶液的标定见表 4 - 6。

表 4 - 6 HCl 标准滴定溶液的标定

编 号	1	2	3	备注
倾样前称量瓶与基准物质量/g				
倾样后称量瓶与基准物质量/g				
基准物质量无水碳酸钠/g				
滴定管初读数/mL				
滴定管终读数/mL				
滴定消耗 HCl 体积/mL				
空白/mL				
$c_{(HCl)}$/(mol/L)				
$\bar{c}_{(HCl)}$/(mol/L)				
相对极差/%				

【写出计算公式及过程】

以第一组数据为例写出计算公式及过程。

【完成报告】

请按照行业规范撰写实验报告，内容包括：HSE 内容、实验目的、实验原理、试剂配制过程、样品处理及测试过程、原始数据记录、数据处理，结果评价和问题分析等。

活动五 评 价 反 馈

【学习评价】

评价学习成果、交流讨论疑难问题。HCl 标准滴定溶液标定综合评价见表 4－7。

表 4－7 **HCl 标准滴定溶液标定综合评价**

评价指标	评 分 要 素	分值	自评	组评	师评
课堂表现（15%）	按时出勤，无迟到、早退、旷课现象	5			
	积极参与教学活动，按时完成各项任务	10			
专业能力（50%）	HCl 溶液配制规范	5			
	天平称量操作规范	5			
	标定操作过程正确	5			
	滴定管操作规范	5			
	终点判断准确	5			
	规范记录数据、正确处理数据	10			
	分析结果的精密度	5			
	正确撰写报告	10			
职业素养（社会能力）（25%）	仪容仪表、实验服穿戴	5			
	团队合作意识，交流沟通能力	5			
	遵循“6S”管理要求，关注环保安全健康	10			
	工作态度求真务实、科学严谨	5			
方法能力（10%）	收集处理各种资讯的能力	3			
	制定实施方案的能力	3			
	发现问题解决问题能力	4			
综合得分＝自评（25%）＋组评（25%）＋师评（50%）					

【自我反思】

通过该任务的学习，你获得了什么？还有什么疑问需要老师帮助？

知识链接

知识点一 HCl 标准溶液制备

一般用于配制酸标准滴定溶液的主要有 HCl 和 H_2SO_4，其中最常用的是 HCl 溶液；若需要加热或在较高温度下使用，则用 H_2SO_4 溶液较适宜。

一、HCl 标准滴定溶液配制

盐酸标准滴定溶液一般用间接法配制，即先用市售的盐酸试剂（分析纯，密度 $\rho_{(HCl)}$ 为 1.19g/mL，质量分数 $w_{(HCl)}$ 为 37%，其物质的量浓度为 12mol/L）配制成接近所需浓度的溶液（其浓度值与所需配制浓度值的误差不得大于 5%），然后再用基准物质标定其准确浓度。由于浓盐酸具有挥发性，配制时所取 HCl 的量可稍多一些。

二、HCl 标准滴定溶液标定

用于标定 HCl 标准溶液的基准物质有无水碳酸钠和硼砂等。

1. 无水碳酸钠（Na_2CO_3）

Na_2CO_3 容易吸收空气中的水分，使用前必须在 270～300℃ 高温炉中灼热至恒重（见 GB/T 601—2016《化学试剂 标准滴定溶液的制备》），然后密封于称量瓶内，保存在干燥器中备用。称量时要求动作迅速，以免吸收空气中的水分而带入误差。

用 Na_2CO_3 标定 HCl 溶液的标定反应为

$$2HCl + Na_2CO_3 \longrightarrow H_2CO_3 + 2NaCl$$
$$\qquad\qquad\qquad\qquad\qquad \llcorner\!\!\rightarrow CO_2\uparrow + H_2O$$

滴定时用溴甲酚绿-甲基红混合指示剂指示终点（详细步骤见 GB/T 601—2016《化学试剂 标准滴定溶液的制备》）。近终点时要煮沸溶液赶除 CO_2，冷却后继续滴定至暗红色，以避免由于溶液中 CO_2 过饱和而造成假终点。

2. 硼砂（$Na_2B_4O_7 \cdot 10H_2O$）

硼砂容易提纯，且不易吸水，由于其摩尔质量大（M＝381.4g/mol），因此直接称取单份基准物作标定时称量误差相当小。但硼砂在空气中相对湿度小于 39% 时容易风化失去部分结晶水，因此应保存在相对湿度为 60% 的恒湿器中（装有食盐和蔗糖饱和溶液的干燥器中，其上部空气的相对湿度即为 60%）。

用硼砂标定 HCl 溶液的标定反应为

$$Na_2B_4O_7 + 2HCl + 5H_2O \longrightarrow 4H_3BO_3 + 2NaCl$$

滴定时选用甲基红作指示剂，终点时溶液颜色由黄变红，变色较为明显。

巩固提升

计算题

1. 称取工业硼砂 $Na_2B_4O_7 \cdot 10H_2O$ 试样 0.9533g，用 0.2000mol/L HCl 标准滴定溶液 24.50mL 滴定至甲基橙变色，计算试样中硼砂 $Na_2B_4O_7 \cdot 10H_2O$ 及硼（B）的质量分数。

2. 用基准试剂 Na_2CO_3 标定 0.1mol/L HCl 溶液的浓度，试计算 Na_2CO_3 的称量范围。已知 $M_{(Na_2CO_3)}=106.0$g/mol。（为保证标定的准确度，HCl 溶液的消耗体积一般为 30～40mL）。

任务二　测定混合碱组分含量

教学活动

活动一　明　确　任　务

【任务背景】

混合碱的组分主要有 NaOH、Na_2CO_3、$NaHCO_3$，由于 NaOH 与 $NaHCO_3$ 不能共存，因此混合碱的组成或者为 3 种组分中任一种，或者为 NaOH 与 Na_2CO_3 的混合物，或者为 Na_2CO_3 与 $NaHCO_3$ 的混合物。若是单一组分的化合物，用 HCl 标准滴定溶液直接滴定即可；若是两种组分的混合物，本任务用双指示剂法进行测定。

【学习目标】

专业能力：1. 能根据相关标准制定混合碱组分含量测定的方案。
2. 能讲述双指示剂法测定混合碱组分含量的原理及计算方法。
3. 能运用双指示剂法测定混合碱各组分含量。
4. 能规范使用容量分析仪器。
5. 能准确判断终点颜色。
6. 会准确记录数据、正确计算、分析误差、准确表达测定结果。

社会能力：1. 在学习中形成团队合作意识，提升交流、沟通的能力。
2. 工作过程遵循“6S”管理要求，关注环保安全健康。
3. 养成求真务实、科学严谨的工作态度。

方法能力：1. 能收集并处理各种资讯完成学习任务。
2. 能针对工作任务制定具体的实施方案。
3. 能解决实验过程中遇到的一些问题。

【任务书】

假如你是某分析测试中心的一名分析检测员，请用双指示剂法对某化工企业送检的烧碱固体试样中各组分含量进行测定，要求提供原始数据，出具检测报告。

混合碱含量测定

请你研读双指示剂法测定混合碱相关内容，小组合作制定测定计划，准备仪器试剂，根据实施方案完成测定；记录原始数据，正确处理数据，分析误差，撰写实训报告。工作过程必须遵守6S管理要求，过程规范，数据记录完整、真实，质控监测合格。

1. 方法原理

双指示剂法是利用两种指示剂进行连续测定，根据两个终点所消耗酸标准溶液的体积，计算各组分的含量。

在烧碱试液中，先以酚酞为指示剂，用HCl标准滴定溶液滴定至近于无色，这是第一化学计量点（pH=8.3），消耗HCl标准滴定溶液V_1。此时，溶液中NaOH全部被中和，Na_2CO_3被中和至$NaHCO_3$。

$$NaOH + HCl \longrightarrow NaCl + H_2O$$

$$Na_2CO_3 + HCl \longrightarrow NaHCO_3 + NaCl$$

再以甲基橙为指示剂，继续用HCl标准溶液滴定至溶液由黄色变为橙色，这是第二化学计量点（pH=3.89），消耗HCl标准滴定溶液V_2，此时，溶液中$NaHCO_3$被中和。

$$NaHCO_3 + HCl \longrightarrow NaCl + CO_2 + H_2O$$

可见，中和NaOH所消耗HCl溶液的体积为（$V_1 - V_2$），中和Na_2CO_3所消耗HCl溶液的体积为$2V_2$。

2. 任务准备

（1）仪器。滴定装置。

（2）试剂。①烧碱试样；②盐酸标准溶液（0.1mol/L）；③酚酞指示剂；④甲基橙指示剂。

3. 操作步骤

（1）在分析天平上准确称取烧碱试样1.5～2.0g于250mL烧杯中，加水使之溶解后，定量转入250mL容量瓶中，用水稀释至刻度，充分摇。

（2）移取试液25.00mL（3份）于250mL锥形瓶中，各加入2滴酚酞指示液，用盐酸标准滴定溶液滴定，边滴加边充分摇动（避免局部Na_2CO_3直接被滴至H_2CO_3），滴定至溶液由红色恰好褪至无色为止，此时即为第一终点，记下所消耗HCl标准滴定溶液体积V_1。

（3）然后再加2滴甲基橙指示液，继续用上述盐酸标准滴定溶液滴定至溶液由黄色恰好变为橙色，即为第二终点，记下所消耗HCl标准滴定溶液的体积V_2。

4. 计算试样中各组分的含量

$$w_{(NaOH)} = \frac{c_{(HCl)}(V_1 - V_2) \times 10^{-3} M_{(NaOH)}}{m \times \frac{25}{250}} \times 100\%$$

$$w_{(Na_2CO_3)} = \frac{c_{(HCl)} 2V_2 \times 10^{-3} M_{\left(\frac{1}{2}Na_2CO_3\right)}}{m \times \frac{25}{250}} \times 100\%$$

式中 $w_{(NaOH)}$ ——NaOH的质量分数；

$w_{(Na_2CO_3)}$——Na_2CO_3 的质量分数；

m——烧碱试样质量，g；

$c_{(HCl)}$——HCl 标准滴定溶液浓度，mol/L；

V_1——第一终点消耗 HCl 标准滴定溶液体积，mL；

V_2——第二终点消耗 HCl 标准滴定溶液体积，mL；

$M_{(\frac{1}{2}NaOH)}$——NaOH 的摩尔质量，g/mol；

$M_{(\frac{1}{2}Na_2CO_3)}$——$NaCO_3$ 的摩尔质量，g/mol。

【收集资讯】

小组分工收集以下资讯：

(1) 什么叫混合碱？一般会由哪些组分组成？

(2) 什么是双指示剂法？双指示剂是否等同于混合指示剂？

(3) 用双指示剂法测定的原理是什么？如何操作？

(4) 用双指示剂法测定 Na_2CO_3 和 $NaHCO_3$ 的混合物，组分含量如何计算？

(5) 在完成任务过程中将会产生哪些环保方面的问题？你将如何处理？

(6) 完成此任务需要老师提供哪些帮助？

活动二　制　定　计　划

【填写工单】

各小组根据任务书及需收集的信息，做好分工，每位同学认领自己的任务，填写工作任务单。完成任务后小组成员进行分享交流。工作任务单见表 4-8。

表 4-8　　工 作 任 务 单

步骤	工 作 内 容	负责人（任务分工）
1		
2		
3		
4		
5		

【确定方案】

根据任务书，小组讨论工业烧碱试样准备、工业烧碱试样各组分含量测定的实验过程，画出流程图，各小组派代表阐述流程，师生共同讨论，确定最佳方案，绘制如下：

1. 烧碱试样准备：   2. 组分含量测定：

活动三 任 务 实 施

【任务准备】

1. EHS内容

请分析本任务所涉及的健康、安全及可能会产生的环境问题，并写出相应的健康安全预防措施和相关环境保护措施。

2. 仪器准备

请列出所需仪器清单（表4－9），向实验老师领用仪器，对于易混用玻璃器皿，贴上标签。

表4－9　所需仪器清单

序号	名称	规格	序号	名称	规格

3. 领取试剂配制溶液

根据实验需要领取相应试剂配制相关溶液（表4－10）。

表 4－10 实验试剂配制

序号	名称	浓度	配制方法

【任务实施】

（1）根据确定的最佳方案完成任务，合理统筹安排时间，注意台面整洁。

操作过程出现的问题： 解决办法：

（2）实验结束，整理台面，归置设备试剂，清洗玻璃仪器，清扫场地卫生，正确处理废液废纸。

活动四 成果展示

【数据记录及处理】

烧碱各组分含量测定见表 4－11。

表 4－11 烧碱各组分含量测定

编号	1	2	3	备注
倾出前称量瓶与烧碱质量/g				
倾出后称量瓶与烧碱质量/g				
烧碱质量/g				
滴定管初读数/mL				
第一终点读数/mL				
第一终点消耗 HCl 体积/mL				
第二终点读数/mL				
第二终点消耗 HCl 体积/mL				
$w_{(NaOH)}$/%				
$w_{(NaOH)}$平均值/%				
相对极差/%				
$w_{(Na_2CO_3)}$/%				
$\overline{w}_{(Na_2CO_3)}$/%				
相对极差/%				

【写出计算公式及过程】

以第一组数据为例写出计算公式及过程。

【完成报告】

请按照行业规范撰写实验报告，内容包括：HSE内容、实验目的、实验原理、试剂配制过程、样品处理及测试过程、原始数据记录、数据处理，结果评价和问题分析等。

活动五 评 价 反 馈

【学习评价】

评价学习成果、交流讨论疑难问题。混合碱组分含量测定综合评价见表4－12。

表4－12 混合碱组分含量测定综合评价

评价指标	评 分 要 素	分值	自评	组评	师评
课堂表现（15%）	按时出勤，无迟到、早退、旷课现象	5			
	积极参与教学活动，按时完成各项任务	10			
专业能力（50%）	天平称量操作规范	5			
	容量瓶使用规范	5			
	移液管使用规范	5			
	滴定管操作规范	5			
	终点判断准确	5			
	规范记录数据、正确处理数据	10			
	分析结果的精密度	5			
	正确撰写报告	10			
职业素养（社会能力）（25%）	仪容仪表、实验服穿戴	5			
	团队合作意识，交流沟通能力	5			
	遵循“6S”管理要求，关注环保安全健康	10			
	工作态度求真务实、科学严谨	5			
方法能力（10%）	收集处理各种资讯的能力	3			
	制定实施方案的能力	3			
	发现问题解决问题能力	4			
综合得分＝自评（25%）＋组评（25%）＋师评（50%）					

【自我反思】

通过该任务的学习，你获得了什么？还有什么疑问需要老师帮助？

知识链接

知识点一　混合碱组分分析

混合碱的组分主要有 NaOH、Na_2CO_3、$NaHCO_3$，由于 NaOH 与 $NaHCO_3$ 不可能共存，因此混合碱的组成或者为 3 种组分中任一种，或者为 NaOH 与 Na_2CO_3 的混合物，或者为 Na_2CO_3 与 $NaHCO_3$ 的混合物。若是单一组分的化合物，用 HCl 标准滴定溶液直接滴定即可；若是两种组分的混合物，则一般可用双指示剂法进行测定。

双指示剂法是采用两种指示剂得到两个终点的方法。具体操作如下：准确称取一定量试样，用蒸馏水溶解后，先以酚酞为指示剂，用 HCl 标准滴定溶液滴定至溶液粉红色消失，记下 HCl 标准滴定溶液所消耗的体积 V_1（mL）；然后在溶液中加入甲基橙指示剂，继续用 HCl 标准滴定溶液滴定至溶液由黄色变为橙色，记下又用去的 HCl 标准滴定溶液的体积 V_2（mL）。根据 V_1 和 V_2 计算混合碱中各组分的含量。

一、烧碱中 NaOH 与 Na_2CO_3 含量的测定

根据双指示剂法的操作步骤，测定过程见图 4－1。

由图 4－1 可知，$V_1>V_2$，滴定 NaOH 用去 HCl 溶液的体积为 V_1-V_2，滴定 Na_2CO_3 用去的体积为 $2V_2$。若混合碱试样质量为 m_s，则

混合碱组成及含量分析

$$w_{(Na_2CO_3)}=\frac{c_{(HCl)}V_2M_{(Na_2CO_3)}}{m_s\times1000}\times100\%$$

$$w_{(NaOH)}=\frac{c_{(HCl)}(V_1-V_2)M_{(NaOH)}}{m_s\times1000}\times100\%$$

二、纯碱中 Na_2CO_3 与 $NaHCO_3$ 含量的测定

双指示剂法测定过程见图 4－2。

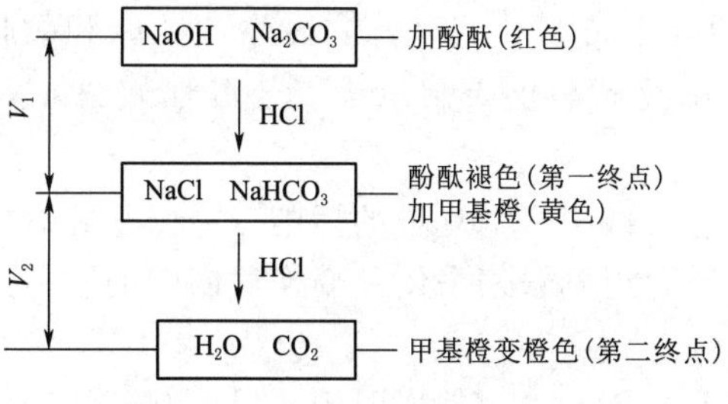

图 4－1　双指示剂法测定烧碱

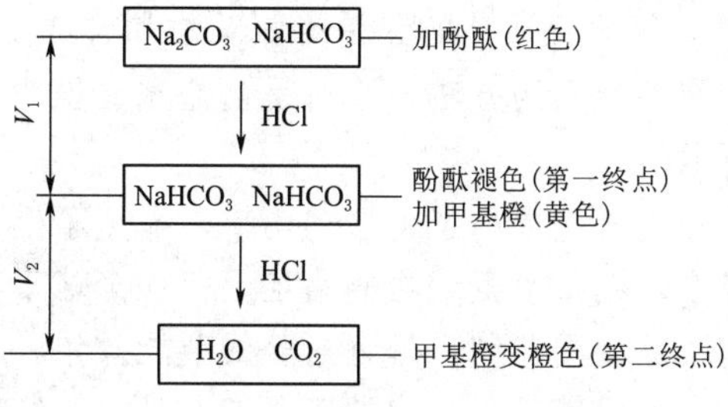

图 4－2　双指示剂法测定纯碱

由图 4－2 可知，$V_1<V_2$，滴定 Na_2CO_3 用去 HCl 溶液的体积为 V_1，滴定 $NaHCO_3$

用去的体积为 V_2-V_1。若混合碱试样质量为 m_s，则

$$w_{(Na_2CO_3)}=\frac{c_{(HCl)}V_1M_{(Na_2CO_3)}}{m_s\times1000}\times100\%$$

$$w_{(NaHCO_3)}=\frac{c_{(HCl)}(V_2-V_1)M_{(NaHCO_3)}}{m_s\times1000}\times100\%$$

双指示剂法虽然操作简便，但由于第一终点酚酞变红不明显，误差在 1 %左右。

巩固提升

1. 采用双指示剂法测定混合碱，开始用酚酞作指示剂，消耗 HCl 体积为 V_1，再用甲基橙作指示剂，又消耗 HCl 体积为 V_2，V_1 与 V_2 关系如下，试判断混合碱的组成。

(1) $V_2>0$，$V_1=0$　(2) $V_1=V_2>0$　(3) $V_1>0$，$V_2=0$

(4) $V_1>V_2$　(5) $V_2>V_1$

2. 某混合碱试样可能含有 NaOH、Na_2CO_3、$NaHCO_3$ 中的一种或两种。称取该试样 0.3019g，用酚酞为指示剂，滴定用去 0.1035mol/L 的 HCl 标准滴定溶液 20.10mL；再加入甲基橙指示液，继续以同一 HCl 标准滴定溶液滴定，一共用去 HCl 溶液 47.70mL。试判断试样的组成及各组分的含量。

3. 称取 Na_2CO_3 和 $NaHCO_3$ 的混合试样 0.7650g，加适量的水溶解，以甲基橙为指示剂，用 0.2000mol/L 的 HCl 标准滴定溶液滴定至终点时，消耗 HCl 标准滴定溶液 50.00mL。如改用酚酞为指示剂，用上述 HCl 标准滴定溶液滴定至终点，还需消耗多少毫升 HCl 标准滴定溶液？

【课后拓展】饼干中 Na_2CO_3、$NaHCO_3$ 含量的测定

由学生自行选择合适的实验方法、写出实验原理、准备仪器试剂、规划实验步骤、设计数据记录表格、进行数据分析等。

【阅读材料】

阅读材料一 侯氏制碱法

侯氏制碱法又称联合制碱法，是我国化学工程专家侯德榜经过上千次试验，于 1943 年研究成功的。是将氨碱法和合成氨法两种工艺联合起来，同时生产纯碱和氯化铵两种产品的方法。原料是食盐水、氨气和二氧化碳。侯氏制碱法工艺流程如图 4-3 所示。

此方法提高了食盐利用率，缩短了生产流程，减少了对环境的污染，降低了纯碱的成本，克服了氨碱法的不足，曾在全球享有盛誉，得到普遍采用。变换气制碱的联碱工艺，是我国独创，具有显著的节能效果。

侯德榜是我国化学工业的奠基人，纯碱工业的创始人。他发明的“侯氏制碱法”使合成氨和制碱两大生产体系有机地结合起来，在人类化学工业史上写下了光辉的一页，在学术界也获得了相当高的评价。

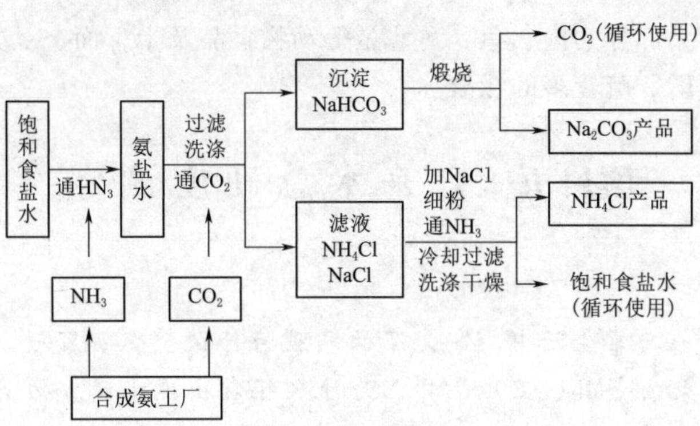

图 4-3 侯氏制碱法工艺流程

阅读材料二 食品的酸碱性

近年来由于生活水平的提高，食品越来越精细，各类富贵病，如糖尿病、结石症、高血脂、肥胖症等屡见不鲜。如何吃得合理、吃得科学成了人们关心的热点，因此，绿色食品、疗效食品等应运而生。所谓绿色食品，即纯天然的，在其生长、加工、贮藏过程中不加任何人工药剂的食品。为了健康，应了解有关食品的酸碱性、酸性食品和碱性食品有关的知识。

一、食品的酸碱性

食品进入体内消化系统，不论原来属酸性、中性或碱性，均被消化、吸收、进入血液，送往各组织器官。矿物质元素在生理上有酸性和碱性之别，属于金属的钾、钠、钙、镁、铁等为碱性元素，属于非金属的氯、磷、硫等为酸性元素。

食品中所含碱性元素总量所呈碱性高于酸性元素总量所呈酸性时，经体内代谢后的产物仍为碱性，则该食品属于碱性食品。反之，如果食品所含酸性元素总量所呈酸性高于碱性元素总量所呈碱性时，则属于酸性食品。

酸性食品和碱性食品可以影响机体的酸碱平衡及尿液的酸碱性。食品代谢后产生的碱性成分与二氧化碳反应而形成碳酸盐由尿中排泄，酸性成分在肾脏中与氨反应生成铵盐而排泄。人体血液因其自身的缓冲作用，在正常情况下保持弱碱性（pH 在 7.3～7.4)，若多吃酸性食品则会导致血液呈偏酸性，会增加钙镁等碱性元素的消耗，还会引起各种酸中毒症。儿童容易患皮肤病、疲劳倦怠、龋齿、软骨病等；中老年容易患神经病、血压增高、动脉硬化、脑溢血等病。所以必须注意酸碱性食品的合理搭配。一般情况下酸性食品容易过量，所以应控制酸性食品的比例，保持人体的酸碱平衡，以利于健康。

二、酸性食品和碱性食品的特点

食品在生理上是酸性还是碱性，可以通过食品灰化（通过灼烧的手段分解食品中有机物的过程）后，用酸或碱溶液进行中和滴定。食品的酸度和碱度，是指 100g 食品的灰分溶于水中，用 0.1mol/L 的标准酸液或标准碱液中和时，所消耗酸液或碱液的体积。以“+”表示碱度，以“-”表示酸度。

碱性食品包括大部分蔬菜、水果、海草、乳制品等。水果在味觉上呈酸性是由于含有各种有机酸所致，这些有机酸在体内经氧化生成二氧化碳和水排出体外，而还有较多的钾、钙等碱性元素在体内最终代谢产物均呈碱性，故水果是碱性食品。

酸性食品包括大部分的肉、鱼、禽、蛋等动物食品及米、面、豆类及其制品。这是由于这些食品中含磷、硫较多的缘故。

项目五 自来水总硬度测定

【项目由来】

GB/T 7477—1987《水质 钙和镁总量的测定》

认识配位滴定法

在日常生活中，穿久了的衣服为什么会变黄发硬，烧水壶为什么会结水垢？餐具、卫生洁具上为什么经常出现水渍、污点？其实这都是硬水惹的祸。硬水（hard water），是指含有较多可溶性钙、镁化合物的水。硬水常常给人们带来许多危害，因此测定水的硬度很有实际意义。

自来水总硬度的测定执行标准为 GB/T 7477—1987《水质 钙和镁总量的测定 EDTA 滴定法》，EDTA 是一种最常用的配位剂，所以 EDTA 滴定法即为配位滴定法。配位滴定法是以生成稳定的配合物反应为基础的滴定分析方法，也称络合滴定法。

本项目以两个工作任务引领，进行理实一体化教学。

【学习导航】

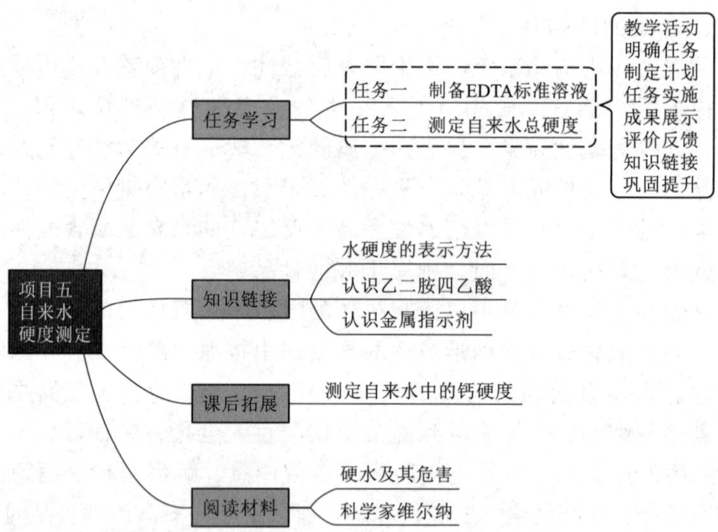

【任务学习】

任务一 制备 EDTA 标准溶液

教学活动

活动一 明确任务

【任务背景】

EDTA 是配位滴定法中应用最广、最重要的配位剂，它的化学名为乙二胺四乙酸。

EDTA 难溶于水，通常采用其二钠盐（$Na_2H_2Y \cdot 2H_2O$）配制标准滴定溶液。该标准溶液常用间接方法配制。即先把 EDTA 配成接近所需浓度的溶液，然后用基准物质标定。标定好的标准溶液可以用来测定多种金属离子。

配制好的 EDTA 溶液应贮存在聚乙烯塑料瓶或硬质玻璃瓶中。若贮存在软质玻璃瓶中，EDTA 会不断地溶解玻璃中的 Ca^{2+}、Mg^{2+} 等离子形成配合物，使溶液浓度不断降低。

【学习目标】

专业能力：1. 能准确配制并标定 EDTA 标准溶液。
2. 能阐述 EDTA 标准溶液的标定原理。
3. 会准确记录数据、正确计算、分析误差、准确表达测定结果。

社会能力：1. 在学习中形成团队合作意识，提升交流、沟通的能力。
2. 工作过程遵循“6S”管理要求，关注环保安全健康。
3. 养成求真务实、科学严谨的工作态度。

方法能力：1. 能收集并处理各种资讯完成学习任务。
2. 能针对工作任务制定具体的实施方案。
3. 能解决实验过程中遇到的一些问题。

【任务书】

请你研读标准 GB/T 601—2016《化学试剂　标准滴定溶液的制备》中的 4.15 乙二胺四乙酸二钠（$Na_2H_2Y \cdot 2H_2O$）标准滴定溶液配制与标定，标定 0.02mol/L EDTA 标准溶液。

GB/T 601—2016《化学试剂　标准滴定溶液的制备》4.15 乙二胺四乙酸二钠标准滴定溶液

小组合作制定计划，准备仪器试剂，根据实施方案完成标定；记录原始数据，正确处理数据，分析误差，撰写实训报告。工作过程必须遵守“6S”管理要求，过程规范，数据记录完整、真实，质控监测合格。

1. 方法原理

用于标定 EDTA 标准溶液的基准试剂很多，常用的有氧化锌、氧化镁、碳酸钙、铜片、铅，标准中采用氧化锌为基准物质来标定 EDTA。

在 pH=10 时，铬黑 T 以 HIn^{2-}（蓝色）与 Zn^{2+} 的配合物是 $ZnIn^-$，呈现酒红色，其反应为

$$Zn^{2+} + \underset{\text{(蓝色)}}{HIn^{2-}} = \underset{\text{(酒红色)}}{ZnIn^-} + H^+$$

用 EDTA 溶液滴定 Zn^{2+} 标准溶液时，溶液中游离的 Zn^{2+} 首先与 EDTA 阴离子配合，此时溶液仍为酒红色：

$$Zn^{2+} + H_2Y^{2-} = ZnY^{2-} + 2H^+$$

滴定达到化学计量点附近时，EDTA 开始与 $ZnIn^-$ 中的 Zn^{2+} 配合而使铬黑 T 指示剂游离出来，当溶液由酒红色变为蓝色，即为终点：

$$\underset{\text{(酒红色)}}{ZnIn^-} + H_2Y^{2-} = ZnY^{2-} + \underset{\text{(蓝色)}}{HIn^{2-}} + H^+$$

EDTA 标定

2. 任务准备

（1）仪器。50mL 酸式滴定管、250mL 容量瓶、250mL 锥形瓶、25mL 移液管、称量瓶、电子天平、烧杯、量筒、滴定装置等。

（2）试剂。① EDTA 二钠盐（$Na_2H_2Y \cdot 2H_2O$）；② HCl：20%；③氨水：10%；④$NH_3 \sim NH_4Cl$ 缓冲溶液：pH=10；⑤铬黑 T：5g/L；⑥基准试剂氧化锌：于 800℃±50℃的高温炉中灼烧至恒重。

3. 操作步骤

（1）0.02mol/L EDTA 溶液的配制。

称取乙二胺四乙酸二钠盐（$Na_2H_2Y \cdot 2H_2O$）4g，加入 1000mL 水，加热使之溶解，冷却后摇匀。置于试剂瓶中，贴上标签，待标定。

（2）EDTA 标准溶液的标定。

称取 0.4g（精确至 0.0002g）于 850±50℃高温炉中灼烧至恒重的工作基准试剂 ZnO 于 100mL 小烧杯中，用少量水润湿，加入 20mL HCl（20%）溶解后，定量转移至 250mL 容量瓶中，用水稀释至刻度，摇匀。

移取 25.00mL 上述溶液于 250mL 的锥形瓶中（不得从容量瓶中直接移取溶液），加 75mL 水，用氨水溶液（10%）调至溶液 pH 至 7～8，加 10mL$NH_3 \sim NH_4Cl$ 缓冲溶液（pH≈10）及 5 滴铬黑 T（5g/L），用待标定的 EDTA 溶液滴定至溶液由紫色变为纯蓝色即为终点，记录 EDTA 所消耗的体积。

平行测定 3 次，同时做空白。

（3）计算 EDTA 标准滴定溶液的浓度 $c_{(EDTA)}$

EDTA 标准滴定溶液的浓度 $c_{(EDTA)}$，按下式计算：

$$c_{(EDTA)} = \frac{m_{(ZnO)} \times 100}{M_{(ZnO)}[V_{(EDTA)} - V_0]} (mol/L)$$

式中 $m_{(ZnO)}$——氧化锌质量，g；

$V_{(EDTA)}$——EDTA 溶液消耗体积，mL；

V_0——空白试验消耗 EDTA 溶液体积，mL；

$M_{(ZnO)}$——氧化锌的摩尔质量，g/moL，$M_{(ZnO)}$=81.39g/mol。

【收集资讯】

小组分工收集以下资讯。

（1）EDTA 标准滴定溶液有几种制备方法？直接法配制 EDTA 标准滴定溶液的过程是什么？

（2）EDTA 标准滴定溶液通常使用乙二胺四乙酸二钠配制，而不使用乙二胺四乙酸，为什么？

（3）配制好的 EDTA 标准滴定溶液应如何保存？

（4）在完成任务过程中将会产生哪些环保方面的问题？你将如何处理？

（5）完成此任务需要老师提供哪些帮助？

活动二 制 定 计 划

【填写工单】

各小组根据任务书及需收集的信息，做好分工，每位同学认领自己的任务，填写工作任务单。完成任务后小组成员进行分享交流。工作任务单见表 5-1。

表 5-1 工作任务单

步骤	工 作 内 容	负责人（任务分工）
1		
2		
3		
4		
5		

【确定方案】

根据任务书，小组讨论 EDTA 标准溶液配制、标定实验过程，画出流程图，各小组派代表阐述流程，师生共同讨论，确定最佳方案，绘制如下：

1. EDTA 标准溶液配制：

2. EDTA 标准溶液标定：

活动三 任 务 实 施

【任务准备】

1. EHS 内容

请分析本任务所涉及的健康、安全及可能会产生的环境问题，并写出相应的健康安全预防措施和相关环境保护措施。

2. 仪器准备

请列出所需仪器清单（表 5-2），向实验老师领用仪器，对于易混用玻璃器皿，贴上标签。

表 5-2　　所需仪器清单

序号	名称	规格	序号	名称	规格

3. 领取试剂配制溶液

根据实验需要领取相应试剂配制相关溶液（表 5-3）。

表 5-3　　实验试剂配制

序号	名称	浓度	配制方法

【任务实施】

（1）根据确定的最佳方案完成任务，合理统筹安排时间，注意台面整洁。

操作过程出现的问题：   解决办法：

（2）实验结束，整理台面，归置设备试剂，清洗玻璃仪器，清扫场地卫生，正确处理废液废纸。

活动四　成　果　展　示

【数据记录及处理】

EDTA 标准滴定溶液标定数据记录表见表 5-4。

表 5-4　　EDTA 标准滴定溶液标定数据记录表

编　号	1	2	3	备注
m(倾样前)/g				
m(倾样后)/g				
m(氧化锌)/g				
滴定管初读数/mL				
滴定管终读数/mL				
滴定消耗 EDTA 体积/mL				
空白/mL				
c/(mol/L)				
$c_{平}$/(mol/L)				
相对极差/%				

【写出计算公式及过程】

以第一组数据为例写出计算公式及过程。

【完成报告】

请按照行业规范撰写实验报告，内容包括：HSE 内容、实验目的、实验原理、试剂配制过程、样品处理及测试过程、原始数据记录、数据处理，结果评价和问题分析等。

活动五　评　价　反　馈

【学习评价】

评价学习成果、交流讨论疑难问题。EDTA 标定综合评价见表 5-5。

表 5-5　　EDTA 标定综合评价

评价指标	评 分 要 素	分值	自评	组评	师评
课堂表现（15%）	按时出勤，无迟到、早退、旷课现象	5			
	积极参与教学活动，按时完成各项任务	10			
专业能力（50%）	天平称量操作规范	5			
	容量瓶操作规范	5			
	移液管操作规范	5			
	滴定管操作规范	5			
	规范记录数据 、正确处理数据	10			
	分析结果的精密度	10			
	正确撰写报告	10			
职业素养（社会能力）（25%）	仪容仪表、实验服穿戴	5			
	团队合作意识，交流沟通能力	5			
	遵循“6S”管理要求，关注环保安全健康	10			
	工作态度求真务实、科学严谨	5			
方法能力（10%）	收集处理各种资讯的能力	3			
	制定实施方案的能力	3			
	发现问题解决问题能力	4			
综合得分＝自评(25%)＋组评(25%)＋师评(50%)					

【自我反思】

通过该任务的学习，你获得了什么？还有什么疑问需要老师帮助？

任务二　测定自来水总硬度

教学活动

活动一　明　确　任　务

【任务背景】

水的总硬度是指水中除碱金属外的全部金属离子浓度的总和，常以 Ca^{2+} 、Mg^{2+} 的含量表示。硬度高的水可使肥皂沉淀，使洗涤剂的效用大大降低，纺织工业上硬度过大的水使纺织物粗糙且难以染色；使用硬度高的水烧锅炉易堵塞管道，引起锅炉爆炸事故，在我国运转的工业锅炉中，由于水质问题造成锅炉故障率达 25%。

水硬度是水质的一个重要监测指标，我国生活饮用水总硬度标准 GB 5749—2022《生活饮用水卫生标准》限值为 450mg/L（以 $CaCO_3$ 计）。高硬度的水，难喝、有苦涩味饮用后甚至影响胃肠功能等。

【学习目标】

专业能力：1. 能根据相关标准制定自来水总硬度测定的方案。
2. 能阐述自来水总硬度测定的原理。
3. 会用 EDTA 配位滴定法测定自来水总硬度。
4. 会准确记录数据和处理实验结果。
5. 会判断水质硬度类型。

社会能力：1. 在学习中形成团队合作意识，提升交流、沟通的能力。
2. 工作过程遵循“6S”管理要求，关注环保安全健康。
3. 养成求真务实、科学严谨的工作态度。

方法能力：1. 能收集并处理各种资讯完成学习任务。
2. 能针对工作任务制定具体的实施方案。
3. 能解决实验过程中遇到的一些问题。

【任务书】

假如你是某自来水厂检测中心的一员，请你对日常自来水总硬度进行测定，并出具检验报告单。

请你研读标准 GB/T 7477—1987《水质　钙和镁总量的测定　EDTA 滴定法》，团队合作制定计划，准备仪器试剂，根据方案完成自来水总硬度测定；记录原始数据，正确处理数据，分析误差，撰写检测报告。工作过程必须遵守“6S”管理要求，过程规范，数据记录完整、真实，质控监测合格。

1. 方法原理

水的总硬度测定，用 NH_3-NH_4Cl 缓冲溶液控制水样 pH＝10，以铬黑 T 为指示剂，用三乙醇胺掩蔽 Fe^{3+}、Al^{3+} 等共存离子，用 Na_2S 消除 Cu^{2+}、Pb^{2+} 等离子的影响，用 EDTA 标准溶液直接滴定 Ca^{2+} 和 Mg^{2+}，终点时溶液由红色变为纯蓝色。

自来水总硬度测定

2. 任务准备

（1）仪器。滴定装置。

（2）试剂。①水试样（自来水）；②EDTA 标准滴定溶液 $c_{(EDTA)}=0.02$mol/L；③铬黑 T：5g/L；④刚果红试纸；⑤NH_3-NH_4Cl 缓冲溶液：pH＝10；⑥盐酸溶液：1＋1；⑦三乙醇胺（200g/L）；⑧Na_2S 溶液（20g/L）。

3. 操作步骤

用 50mL 移液管移取水试样 50.00mL，置于 250mL 锥形瓶中，加 1～2 滴 HCl 酸化（用刚果红试纸检验变蓝紫色），煮沸数分钟赶除 CO_2。冷却后，加入 3mL 三乙醇胺溶液，5mL NH_3-NH_4Cl 缓冲溶液、1mL Na_2S 溶液、3 滴铬黑 T 指示剂溶液，立即用 $c_{(EDTA)}=0.02$mol/L 的 EDTA 标准滴定溶液滴定至溶液由红色变为纯蓝色即为终点，记下 EDTA 标准滴定溶液的体积 V。平行测定 3 次。

4. 水的总硬度计算

$$\rho_{总(CaCO_3)}=\frac{c_{(EDTA)}V_{(EDTA)}M_{(CaCO_3)}}{V}$$

式中 $\rho_{总(CaCO_3)}$——水样的总硬度，mg/L；

$c_{(EDTA)}$——EDTA 标准溶液的浓度，mol/L；

$V_{(EDTA)}$——EDTA 溶液消耗体积，mL；

V——水样体积，mL；

$M_{(CaCO_3)}$——碳酸钙的摩尔质量，g/mol；

【收集资讯】

（1）什么是水的总硬度？我国常用的硬度表示方法有哪些？

（2）水的硬度过大有什么危害？

（3）测定水的硬度有哪些方法？

（4）若用配位滴定法测定水的总硬度，其原理是什么？

（5）用配位滴定法测定水的总硬度具体该如何操作？

（6）在完成任务过程中将会产生哪些环保方面的问题？你将如何处理？

（7）完成此任务需要老师提供哪些帮助？

活动二 制 定 计 划

【填写工单】

各小组根据任务书及需收集的信息，做好分工，每位同学认领自己的任务，填写工作任务单。完成任务后小组成员进行分享交流。工作任务单见表 5-6。

表 5-6 工 作 任 务 单

步骤	工 作 内 容	负责人（任务分工）
1		
2		
3		
4		
5		

【确定方案】

根据任务书，小组讨论自来水总硬度测定方案，画出流程图，各小组派代表阐述流程，师生共同讨论，确定最佳方案，绘制如下：

活动三 任务实施

【任务准备】

1. EHS 内容

请分析本任务所涉及的健康、安全及可能会产生的环境问题，并写出相应的健康安全预防措施和相关环境保护措施。

2. 准备仪器

请列出所需仪器清单（表 5-7），向实验老师领用仪器，对于易混用玻璃器皿，贴上标签。

表 5-7 所需仪器清单

序号	名称	规格	序号	名称	规格

3. 领取试剂配制溶液

根据实验需要领取相应试剂配制相关溶液（表 5-8）。

表 5-8　　实验试剂配制

序号	名称	浓度	配制方法

【任务实施】

(1) 根据确定的最佳方案完成任务。

操作过程出现的问题：

解决办法：

(2) 实验结束，整理台面，归置设备试剂，清洗玻璃仪器，清扫场地卫生，正确处理废液废纸。

活动四　成　果　展　示

【数据记录及处理】

自来水总硬度测定数据记录见表 5-9。

表 5-9　　自来水总硬度测定数据记录

编　号	1	2	3	备注
$c_{(EDTA)}$/(mol/L)				
水样体积/mL				
滴定管初读数/mL				
滴定管终读数/mL				
滴定消耗 EDTA 体积/mL				
$\rho_{(CaCO_3)}$/(mg/L)				
$\bar{\rho}_{(CaCO_3)}$/(mg/L)				
相对极差/%				

【写出计算公式及过程】

以第一组数据为例写出计算公式及过程。

【完成报告】

请按照行业规范撰写实验报告，内容包括：HSE内容、实验目的、实验原理、试剂配制过程、样品处理及测试过程、原始数据记录、数据处理，结果评价和问题分析等。

活动五 评 价 反 馈

【学习评价】

评价学习成果、交流讨论疑难问题。自来水总硬度测定综合评价见表5-10。

表5-10 自来水总硬度测定综合评价

评价指标	评分要素	分值	自评	组评	师评
课堂表现（15%）	按时出勤，无迟到、早退、旷课现象	5			
	积极参与教学活动，按时完成各项任务	10			
专业能力（50%）	天平称量操作规范	5			
	容量瓶操作规范	5			
	移液管操作规范	5			
	滴定管操作规范	5			
	规范记录数据 、正确处理数据	10			
	分析结果的精密度	10			
	正确撰写报告	10			
职业素养（社会能力）（25%）	仪容仪表、实验服穿戴	5			
	团队合作意识，交流沟通能力	5			
	遵循“6S”管理要求，关注环保安全健康	10			
	工作态度求真务实、科学严谨	5			
方法能力（10%）	收集处理各种资讯的能力	3			
	制定实施方案的能力	3			
	发现问题解决问题能力	4			
综合得分＝自评(25%)＋组评(25%)＋师评(50%)					

【自我反思】

通过该任务的学习，你获得了什么？还有什么疑问需要老师帮助？

知识链接

知识点一 水硬度的表示方法

各国采用的硬度单位有所不同，我国使用较多的表示方法有 3 种：一种是将所测得的钙、镁折算成 $CaCO_3$ 的质量，即每升水中含有 $CaCO_3$ 的毫克数表示，单位为 mg/L；另一种以度计：1 硬度单位表示 10 万份水中含 1 份 CaO（即每升水中含 10mg CaO），1°=10ppm CaO 。这种硬度的表示方法称作德国度。有时也以每升水中含有 CaO 的毫克数表示。对于生活用水，根据中国 GB 5749—2022《生活饮用水卫生标准》规定，水体总硬度不得超过 450mg/L（$CaCO_3$ 计），世界卫生组织推荐最佳饮用水硬度 170mg/L，长时间饮用过高硬度的水会直接影响人类生活，并间接地影响饮用者的健康。我国水硬度标准对照见表 5-11。

表 5-11　　水硬度标准对照

总硬度	0°～4°	4°～8°	8°～16°	16°～25°	25°～40°	40°～60°	60°以上
水质	很软水	软水	中硬水	硬水	高硬水	超硬水	特硬水

知识点二 认识乙二胺四乙酸

一、乙二胺四乙酸的性质

乙二胺四乙酸（简称 EDTA）是一种四元酸。习惯上用 H_4Y 表示，其结构式如下：

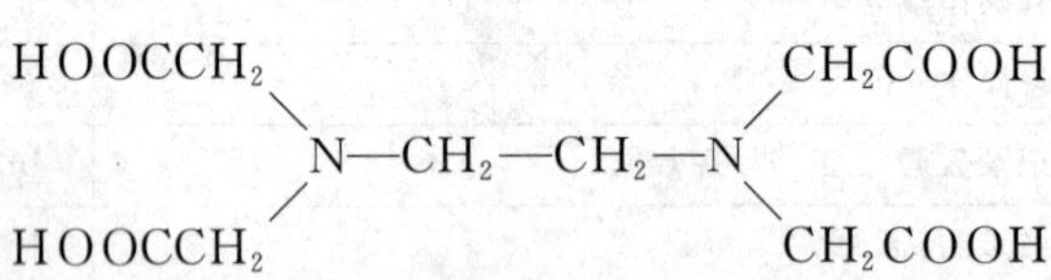

乙二胺四乙酸为白色无水结晶粉末，室温时溶解度较小（22℃时，每 100mL 水中仅能溶解 0.02g），难溶于酸和有机溶剂，易溶于碱或氨水中形成相应的盐。由于乙二胺四乙酸溶解度小，因而不宜用作滴定剂。

EDTA 二钠盐（$Na_2H_2Y \cdot 2H_2O$，也简称为 EDTA，相对分子质量为 372.26）为白色结晶粉末，室温下可吸附水分 0.3%，80℃时可烘干除去。在 100～140℃时将失去结晶水而成为无水的 EDTA 二钠盐（相对分子质量为 336.24）。EDTA 二钠盐易溶于水（22℃时，每 100mL 水中能溶解 11.1g，饱和溶液浓度约 0.3mol/L，pH≈4.4），因此通常使用 EDTA 二钠盐作滴定剂。

乙二胺四乙酸在水溶液中，具有双偶极离子结构：

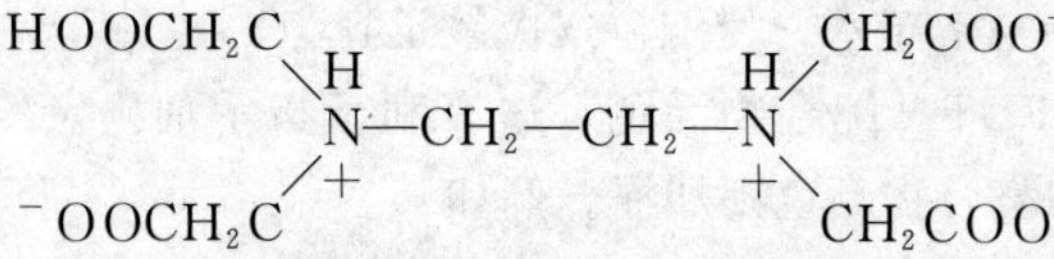

因此，当 EDTA 溶解于酸度很高的溶液中时，它的两个羧酸根可再接受两个 H^+ 形成 H_6Y^{2+}，这样，它就相当于一个六元酸，有六级离解常数（表 5 - 12），即

$$H_6Y^{2+} \rightleftharpoons H_5Y^+ \rightleftharpoons H_4Y \rightleftharpoons H_3Y^- \rightleftharpoons H_2Y^{2-} \rightleftharpoons HY^{3-} \rightleftharpoons Y^{4-}$$

表 5 - 12　　EDTA 离解常数

K_{a1}	K_{a2}	K_{a3}	K_{a4}	K_{a5}	K_{a6}
$10^{-0.9}$	$10^{-1.6}$	$10^{-2.0}$	$10^{-2.67}$	$10^{-6.16}$	$10^{-10.26}$

EDTA 在水溶液中总是以 H_6Y^{2+}、H_5Y^+、H_4Y、H_3Y^-、H_2Y^{2-}、HY^{3-} 和 Y^{4-} 等 7 种型体存在。它们的分布系数 δ 与溶液 pH 的关系如图 5 - 1 所示。

在不同 pH 时，EDTA 的主要存在型体列于表 5 - 13 中。

表 5 - 13　　在不同 pH 时，EDTA 的主要存在型体

pH	<1	1～1.6	1.6～2	2～2.7	2.7～6.2	6.2～10.3	>10.3
主要存在型体	H_6Y^{2+}	H_5Y^+	H_4Y	H_3Y^-	H_2Y^{2-}	HY^{3-}	Y^{4-}

值得注意的是，在 7 种型体中只有 Y^{4-}（为了方便，以下均用符号 Y 来表示 Y^{4-}）能与金属离子直接配位。Y 分布系数越大，即 EDTA 的配位能力越强。

二、乙二胺四乙酸的配合物

EDTA 分子具有 2 个氨氮原子和 4 个羧氧原子，都有孤对电子，即有 6 个配位原子。因此，绝大多数的金属离子均能与 EDTA 形成多个五元环，例如 EDTA 与 Ca^{2+} 配合物结构如图 5 - 2 所示。

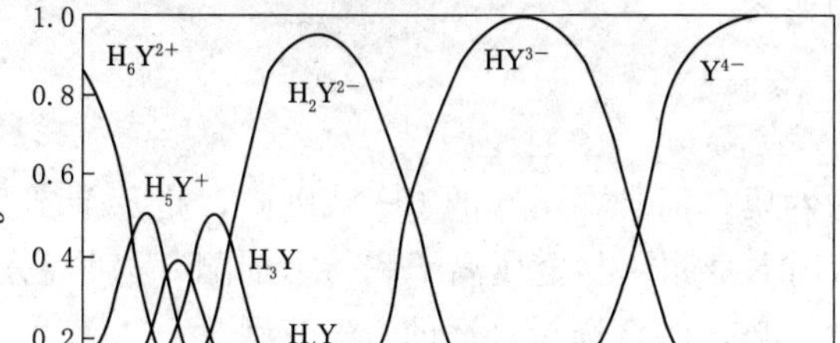

图 5 - 1　EDTA 溶液中各种存在形式的分布图

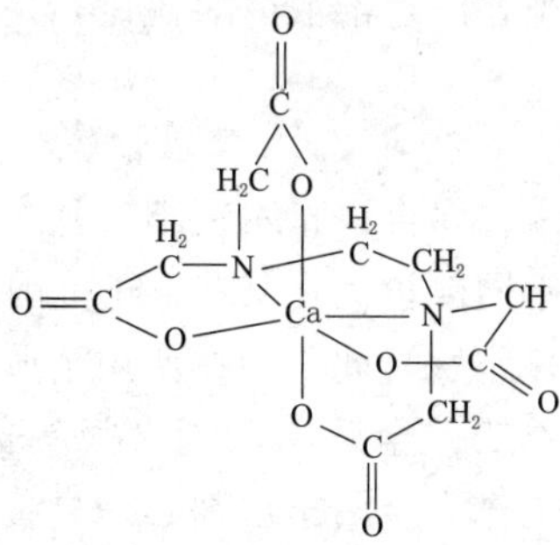

图 5 - 2　EDTA 与 Ca^{2+} 形成的螯合物

EDTA 与绝大多数金属离子形成的螯合物具有下列特点。

（1）EDTA 具有广泛的配位性能，几乎能与所有金属离子形成配合物。

（2）EDTA 配合物的配位比简单，多数情况下都形成 1∶1 配合物。个别离子如 Mo(Ⅴ) 与 EDTA 配合物 $[(MoO_2)_2Y^{2-}]$ 的配位比为 2∶1。

（3）EDTA 配合物的稳定性高，能与金属离子形成具有多个五元环结构的螯合物。

(4) EDTA 配合物易溶于水，使配位反应较迅速。

(5) 大多数金属-EDTA 配合物无色，这有利于指示剂确定终点。但 EDTA 与有色金属离子配位生成的螯合物颜色则加深。例如：

CuY^{2-}	NiY^{2-}	CoY^{2-}	MnY^{2-}	CrY^{-}	FeY^{-}
深蓝	蓝色	紫红	紫红	深紫	黄

因此，滴定这些离子时，要控制其浓度不要过大，否则，使用指示剂确定终点将发生困难。

知识点三 认识金属指示剂

酸碱指示剂是以指示溶液中 H^{+} 浓度的变化确定终点，而金属指示剂则是以指示溶液中金属离子浓度的变化确定终点。

一、金属指示剂的作用原理

金属指示剂是一些有机配位剂，能同金属离子 M 形成有色配合物，其颜色和游离指示剂本身的颜色不同，从而指示滴定的终点。现以铬黑 T（以 In）表示为例，说明金属指示剂的作用原理。

认识金属指示剂

铬黑 T 能与金属离子（Ca^{2+}，Mg^{2+}，Zn^{2+} 等）形成比较稳定的红色配合物，当 pH＝8～11 时，铬黑 T 本身呈蓝色。

滴定前，在含上述金属离子（用 M 表示）的溶液中加入少量铬黑 T（用 In 表示），这时有少量 MIn 生成，溶液呈现红色：

$$\underset{}{M}+\underset{\text{(蓝色)}}{In}\rightleftharpoons\underset{\text{红色}}{MIn}$$

随着 EDTA 的加入，游离金属离子逐渐被配位，形成 MY。

$$M+Y\rightleftharpoons MY$$

当达到反应的化学计量点时，EDTA 从 MIn 中夺取金属离子 M，使指示剂 In 游离出来，红色溶液变为蓝色，指示终点到达：

$$\underset{\text{红色}}{MIn}+Y\rightleftharpoons MY+\underset{\text{蓝色}}{In}$$

许多金属指示剂不仅具有配位体的性质，而且在不同的 pH 范围内，指示剂本身呈现不同颜色。在某些 pH 范围内，指示剂本身颜色与金属离子和指示剂配合物颜色没有明显差别，此时，在使用金属指示剂时，必须注意选择合适的 pH 范围。

二、金属指示剂必须具备的条件

作为金属指示剂必须具备以下条件。

(1) 显色配合物（MIn）与指示剂（In）的颜色应显著不同，这样才能借助颜色的明显变化来判断终点的到达。

(2) 金属指示剂与金属离子形成的配合物 MIn 要有适当的稳定性。如果 MIn 稳定性过高（K_{MIn} 太大），则在化学计量点附近，Y 不易与 MIn 中的 M 结合，终点推迟，甚至不变色，得不到终点。通常要求 $K_{MY}/K_{MIn}\geqslant10^{2}$。如果稳定性过低，则未到达化学计量点时 MIn 就会分解，变色不敏锐，影响滴定的准确度。一般要求 $K_{MIn}\geqslant10^{4}$。

(3) 显色反应灵敏、迅速，有良好的变色可逆性，这样才便于滴定。

(4) 金属离子指示剂应比较稳定，便于贮藏和使用。

(5) 指示剂与金属离子形成的配合物应易溶于水。

三、使用金属指示剂时可能出现的问题

(1) 指示剂的封闭现象。

有时某些指示剂能与某些金属离子生成极为稳定的配合物，这些配合物较 MY 配合物更稳定，到达计量点时滴入过量 EDTA 也不能夺取指示剂配合物（MIn）中的金属离子，指示剂不能释放出来，看不到颜色的变化，这种现象叫指示剂的封闭现象。例如，用铬黑 T 作指示剂，在 pH＝10 的条件下，用 EDTA 滴定 Ca^{2+}、Mg^{2+}、时，Fe^{3+}、Al^{3+}、Ni^{2+}、Co^{2+} 对铬黑 T 有封闭作用，这时，可加入少量三乙醇胺（掩蔽 Fe^{3+}、Al^{3+}）和 KCN（掩蔽 Ni^{2+}、Co^{2+}）以消除干扰。

(2) 指示剂的僵化现象。

有些金属指示剂本身与金属离子形成的配合物的溶解度很小，使 EDTA 与指示剂金属离子配和物 MIn 的置换缓慢，终点的颜色变化不明显；还有些金属指示剂与金属离子所形成的配合物的稳定性只稍差于对应 EDTA 配合物，因而使 EDTA 与 MIn 之间的反应缓慢，使终点拖长，这种现象叫做指示剂的僵化。这时，可加入适当的有机溶剂或加热，以增大其溶解度。例如，用 PAN（吡啶偶氮萘酚）作指示剂时，可加入少量甲醇或乙醇，也可以将溶液适当加热，以加快置换速度，使指示剂的变色较明显。

(3) 指示剂的氧化变质现象。

金属指示剂大多数是具有许多双键的有色化合物，易被日光氧化，空气所分解。有些指示剂在水溶液中不稳定，日久会变质。如铬黑 T、钙指示剂的水溶液均易氧化变质，所以常配成固体混合物或在配制时加入盐酸羟胺等还原剂。

巩固提升

一、单项选择题

1. EDTA 与金属离子配位时，一分子的 EDTA 可提供的配位原子数是（　　）。

A. 2　　B. 4　　C. 6　　D. 8

2. 以 EDTA 作为滴定剂时，下列叙述中错误的是（　　）。

A. 在酸度高的溶液中，可能形成酸式配合物 MHY

B. 在碱度高的溶液中，可能形成碱式配合物 MOHY

C. 不论形成酸式配合物或碱式配合物均有利于配位滴定反应

D. 不论溶液 pH 的大小，在任何情况下只形成 MY 一种形式的配合物

3. 下列叙述中结论错误的是（　　）。

A. EDTA 的酸效应使配合物的稳定性降低

B. 金属离子的水解效应使配合物的稳定性降低

C. 辅助配位效应使配合物的稳定性降低

D. 各种副反应均使配合物的稳定性降低

4. EDTA 的酸效应曲线正确的是（　　）。

A. Y(H)- pH 曲线　　B. $\lg\alpha_{Y(H)}$- pH 曲线

C. $\lg K'_{MY}$-pH 曲线　　　　D. pM-pH 曲线

5. 在 pH 为 10.0 的氨性溶液中，已知 $\lg K_{ZnY}=16.5$，$\alpha_{Zn(NH_3)}=10^{4.7}$，$\lg\alpha_{Zn(OH)_2}=2.4$，$\lg\alpha_{Y(H)}=0.5$。则在此条件下 $\lg K'_{ZnY}$ 为（　　）。

A. 8.9　　B. 11.3　　C. 11.8　　D. 14.3

6. 金属指示剂的僵化现象可以通过（　　）方法消除。

A. 加入掩蔽剂　　B. 将溶液稀释

C. 加入有机溶剂或加热　　D. 冷却

7. EDTA 滴定金属离子时，若仅浓度均增大 10 倍，pM 突跃改变（　　）。

A. 1 个单位　　B. 2 个单位　　C. 10 个单位　　D. 不变化

8. 提高配位滴定的选择性可采用的方法是（　　）。

A. 控制溶液的酸度　　B. 控制溶液温度

C. 增大滴定剂的浓度　　D. 减小滴定剂的浓度

9. 用 EDTA 直接滴定有色金属离子，终点所呈现的颜色是（　　）。

A. EDTA-金属离子配合物的颜色　　B. 指示剂-金属离子配合物的颜色

C. 游离指示剂的颜色　　D. 上述 A 与 C 的混合颜色

10. 下列表述正确的是（　　）。

A. 铬黑 T 指示剂只适用于酸性溶液

B. 铬黑 T 指示剂适用于弱碱性溶液

C. 二甲酚橙指示剂只适于 pH>6 时使用

D. 二甲酚橙既可适用于酸性也适用于弱碱性溶液

11. 用 EDTA 滴定 Mg^{2+} 时，采用铬黑 T 为指示剂，溶液中少量 Fe^{3+} 存在将导致（　　）。

A. 在化学计量点前指示剂即开始游离出来，使终点提前

B. 使 EDTA 与指示剂作用缓慢，终点延长

C. 终点颜色变化不明显，无法确定终点

D. 与指示剂形成沉淀，使其失去作用

12. EDTA 配位滴定中 Fe^{3+}、Al^{3+} 对铬黑 T 有（　　）。

A. 封闭作用　　B. 僵化作用　　C. 沉淀作用　　D. 氧化作用

二、多选题

1. 关于 EDTA，下列说法正确的是（　　）。

A. EDTA 是乙二胺四乙酸的简称

B. 分析工作中一般用乙二胺四乙酸二钠盐

C. EDTA 与钙离子以 1∶2 的关系配合

D. EDTA 与金属离子配合形成螯合物

2. 在 EDTA 配位滴定中，下列有关酸效应系数的叙述中，错误的是（　　）。

A. 酸效应系数越大，配合物的稳定性越大

B. 酸效应系数越小，配合物的稳定性越大

C. pH 越大，酸效应系数越大

D. pH 越大，酸效应系数越小

3. 下列说法中正确的是（　　）。

A. 酸效应使配合物的稳定性降低　　B. 共存离子使配合物的稳定性降低

C. 配位效应使配合物的稳定性降低　　D. 各种副反应均使配合物稳定性降低

4. 在 EDTA 滴定中，下列（　　）能降低配合物 MY 的稳定性。

A. M 的水解效应　　B. EDTA 的酸效应

C. M 的其他配位效应　　D. pH 的缓冲效应

5. 配位滴定中，金属指示剂封闭现象消除方法是（　　）。

A. 返滴定法　　B. 加有机溶剂　　C. 加强电解质　　D. 加掩蔽剂

三、判断题

1.（　　）金属指示剂是指示金属离子浓度变化的指示剂。

2.（　　）只要金属离子能与 EDTA 形成配合物，都能用 EDTA 直接滴定。

3.（　　）指示剂封闭现象消除的方法是掩蔽干扰离子。

4.（　　）酸效应曲线的作用就是查找各种金属离子所需的滴定最低酸度。

5.（　　）滴定某金属离子有一允许的最高酸度，溶液的 pH 再增大就不能准确滴定该金属离子。

6.（　　）用 EDTA 进行配位滴定时，被滴定的金属离子（M）浓度增大，$\lg K_{MY}$ 也增大，滴定突跃将变大。

7.（　　）直接配位测定自来水的硬度，定量依据是 $n(M)=n(EDTA)$。M 为 Ca^{2+}、Mg^{2+}。

8.（　　）配位滴定过程中为防止金属离子水解，溶液 pH 越低越好。

9.（　　）EDTA 的酸效应系数随溶液的 pH 变化而变化。pH 越小，酸效应越大，对配位滴定有利。

10.（　　）用 EDTA 测定 Ca^{2+}、Mg^{2+} 总量时，以铬黑 T 作为指示剂应控制 pH＝12。

四、计算题

1. 用 EDTA 标准溶液滴定试样中的 Ca^{2+}、Mg^{2+}、Zn^{2+} 时的最小 pH 值是多少？实际分析中应控制 pH 在多大？

2. 为什么以 EDTA 滴定 Mg^{2+} 时，通常在 pH＝10 而不是在 pH＝5 的溶液中进行；但滴定 Zn^{2+} 时，则可以在 pH＝5 的溶液中进行？

3. 准确称取 $ZnCl_2$ 样品 0.2400g，溶于水后，在 pH＝6 时，以二甲酚橙为指示剂，用 0.01000mol/L 的 EDTA 标准溶液滴，用去 20.48mL，求试样中 $ZnCl_2$ 的质量分数。（$ZnCl_2$ 相对分子质量 136.3）

4. 取水样 100.0mL，以铬黑 T 为指示剂，在 pH＝10 时，用 0.01016mol/L EDTA 溶液滴定，消耗 15.28mL。另取 100.0mL 水样，加 NaOH 调溶液 pH＝12，使 Mg^{2+} 生成 $Mg(OH)_2$ 沉淀，滴定至钙指示剂变色为终点，消耗 EDTA 标准溶液 10.43mL。分别求出水样中 Ca^{2+} 和 Mg^{2+} 的含量（以 mg/L 表示）。（镁相对原子质量 24.30，钙相对原子质量 40.08）

【课后拓展】测定自来水中的钙硬度

由学生自行选择合适的实验方法、写出实验原理、准备仪器试剂、规划实验步骤、设计数据记录表格、进行数据分析等。

【阅读材料】

阅读材料一 硬水及其危害

所谓“硬水”是指水中所溶的矿物质成分多，尤其是钙和镁含量较大的水。中国《生活用水卫生标准》中规定，水的总硬度不能过大，如果硬度过大，饮用后增加了肾胆结石发病的概率，硬水对人体健康与日常生活都有一定的影响。

(1) 如果没有经常饮硬水的人偶尔饮硬水，则会造成肠胃功能紊乱，即所谓“水土不服”，就是这个意思。

(2) 用硬水烹调鱼肉、蔬菜，会因不易煮熟而破坏或降低食物的营养价值。

(3) 用硬水泡茶会改变茶的色香味而降低其饮用价值。

(4) 用硬水做豆腐不仅会使产量降低，而且会影响豆腐的营养成分。

(5) 硬水使热水器、增湿器等设备管路阻塞、流量减小、寿命缩短；洁白的浴缸或坐便器等设备泛黄；龙头、淋浴喷头结满水垢、滋生细菌、镀铬的表面水渍斑斑。

(6) 硬水洗澡会使皮肤干燥、粗糙、发痒；头发干枯、打结、无光泽、不易梳理。

(7) 使用硬度大的水洗衣服既浪费肥皂，又不易洗净，洗出来的衣服发黄变硬。

(8) 工业上用硬水会使锅炉、换热器中结垢而影响热效应，甚至有可能引起锅炉爆炸。由于硬水问题，工业上每年因设备、管线的维修和更换要耗资数千万元。

阅读材料二 科学家维尔纳

19 世纪 50 年代，化合价理论提出后，化学家们纷纷用各种原子联结的图解式表示各种化合物。这在有机化合物中是成功的，但是在无机化合物中却遭遇到困难，特别是一些稳定的、复杂的化合物。例如 $CoCl_3 \cdot 6NH_3$ 中 Co、Cl、N 和 H 的化合价都已经满足了，怎样解释 $CoCl_3$ 和 NH_3 又能结合成稳定的化合物呢？化学家们纷纷提出不同的论说，但都因与事实有矛盾而不能成立，瑞士化学家维尔纳（Alfred Werner，1866—1919）也在苦苦思索。一天清晨两点，维尔纳突然想到用来表示配合物结构的全新方法，于是立即起床，把他的构思用文字记录下来，唯恐遗忘，一直写到当天下午 5 时才结束，这就是他一生最重要的论文《论无机化合物的组成》的初稿。文中用新的结构理论对配合物组成进行了解释，即提出了维尔纳的配位理论。该论文发表在 1893 年德国的《无机化学学报》上。然而由于他的理论当时还缺乏实验依据，再加上他年仅 26 岁，因此遭到某些人的非议。为此，他在以后近 20 年时间内主要为他的理论寻找实验数据，通过配合物水溶液电导率的测定和结构方面的研究，理论终于得到了普遍承认，并因此于 1913 获得诺贝尔化学奖。

他对自己从事研究工作的体会是："真正的雄心壮志几乎全是智慧、辛勤、学习、经验的积累，差一分一毫也达不到目的。至于那一鸣惊人的专家学者，只是人们觉得他一鸣惊人，其实他下的功夫和潜在的智能别人事前未能领会到！"

项目六　双氧水中过氧化氢含量测定

【项目由来】

过氧化氢（H_2O_2）俗称双氧水，为无色黏稠的液体。

双氧水可作氧化剂、消毒剂、脱氯剂，也可作为火箭燃料，及生产过氧化物的原料。医疗上广泛使用稀双氧水（过氧化氢的质量分数为3%或更小）作为消毒杀菌剂。工业上用10%的双氧水漂白毛、丝以及羽毛等。双氧水中过氧化氢含量的测定常用高锰酸钾法，高锰酸钾法是利用 $KMnO_4$ 标准滴定溶液来进行滴定的氧化还原滴定法。

本项目以"制备 $KMnO_4$ 标准溶液"和"测定双氧水中 H_2O_2 含量"两个工作任务引领，进行理实一体化教学。

【学习导航】

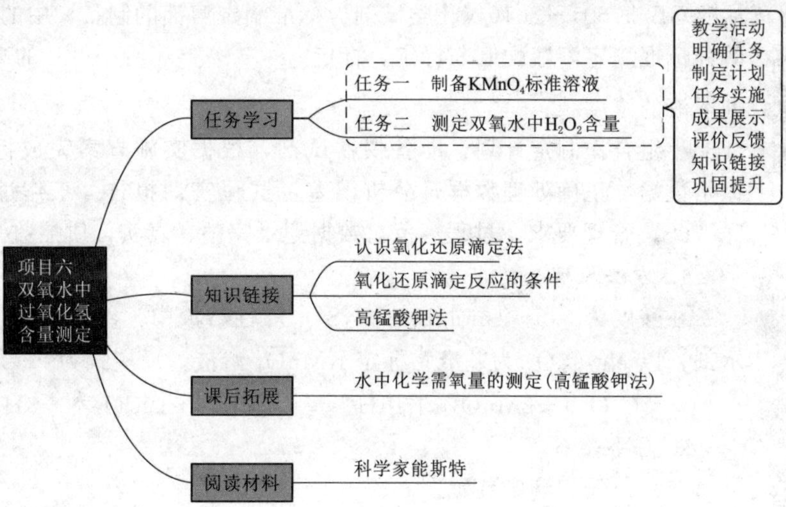

【任务学习】

任务一　制备 $KMnO_4$ 标准溶液

教学活动

活动一　明　确　任　务

【任务背景】

市售高锰酸钾试剂常含有少量的 MnO_2 及其他杂质，使用的蒸馏水中也含有少量如尘埃、有机物等还原性物质，这些物质都能使 $KMnO_4$ 还原，因此 $KMnO_4$ 标准滴定溶液不能直接配制，必须先配成近似浓度的溶液，放置1～2周后滤去沉淀，然后再用基准物质标定。

标定 $KMnO_4$ 溶液的基准物质很多，如 $Na_2C_2O_4$、$H_2C_2O_4 \cdot 2H_2O$、$(NH_4)_2Fe(SO_4)_2 \cdot 6H_2O$ 和纯铁丝等。其中常用的是 $Na_2C_2O_4$，这是因为它易提纯，且性质稳定，不含结晶水，在 105～110 ℃烘至恒重，即可使用。

【学习目标】

专业能力：1. 能准确配制并标定 $KMnO_4$ 标准溶液。
2. 能阐述 $KMnO_4$ 标准溶液的标定原理。
3. 会准确记录数据、正确计算、分析误差、准确表达测定结果。

社会能力：1. 在学习中形成团队合作意识，提升交流、沟通的能力。
2. 工作过程遵循“6S”管理要求，关注环保安全健康。
3. 养成求真务实、科学严谨的工作态度。

方法能力：1. 能收集并处理各种资讯完成学习任务。
2. 能针对工作任务制定具体的实施方案。
3. 能解决实验过程中遇到的一些问题。

【任务书】

请你研读标准 GB/T 601—2016《化学试剂 标准滴定溶液的制备》中的 4.12 高锰酸钾标准滴定溶液配制与标定，标定 $c_{(\frac{1}{5}KMnO_4)}=0.1mol/L$ 的高锰酸钾标准溶液的浓度。

GB/T 601—2016《化学试剂 标准滴定溶液的制备》4.12 高锰酸钾标准滴定溶液

小组合作制定计划，准备仪器试剂，根据实施方案完成标定；记录原始数据，正确处理数据，分析误差，撰写实训报告。工作过程必须遵守“6S”管理要求，过程规范，数据记录完整、真实，质控监测合格。

1. 方法原理

在酸度为 0.5～1mol/L 的 H_2SO_4 酸性溶液中，以 $KMnO_4$ 自身为指示剂，以 $Na_2C_2O_4$ 为基准物标定 $KMnO_4$ 溶液，反应式为

$$5C_2O_4^{2-}+2MnO_4^{2-}+16H^+ = 2Mn^{2+}+10CO_2\uparrow+8H_2O$$

2. 任务准备

（1）仪器。滴定装置。

（2）试剂。①$KMnO_4$ 固体；②硫酸溶液：（8＋92）；③基准试剂草酸钠：在 105～110℃烘至恒重。

高锰酸钾标准溶液标定

3. 操作步骤

（1）$KMnO_4$ 标准溶液的配制（$c_{(\frac{1}{5}KMnO_4)}=0.1mol/L$）。

称取 3.3g 高锰酸钾，溶于 1050mL 水中，缓缓煮沸 15min，冷却，于暗处放置 2 周，用已处理过的 4 号玻璃滤埚（在同样浓度的高锰酸钾溶液中缓缓煮沸 5min）过滤。贮存于棕色瓶中。

（2）$KMnO_4$ 标准溶液标定。

称取 0.25g 已于 105～110℃电烘箱中干燥至恒量的基准试剂草酸钠，溶于 100mL 硫酸溶液（8＋92）中，用配制的高锰酸钾溶液滴定，近终点时加热至约 65℃，继续滴

定至溶液呈粉红色，并保持30s。

平行测定3次，同时做空白试验。

4. 高锰酸钾标准滴定溶液浓度 $c_{(\frac{1}{5}KMnO_4)}$

$$c_{(\frac{1}{5}KMnO_4)}=\frac{m\times1000}{(V_1-V_0)M}$$

式中 m——草酸钠质量，g；

V_1——消耗高锰酸钾溶液体积，mL；

V_0——空白试验消耗高锰酸钾溶液体积，mL；

M——$\frac{1}{2}Na_2C_2O_4$ 的摩尔质量，g/mol；$M_{(\frac{1}{2}Na_2C_2O_4)}=66.999$g/mol。

【收集资讯】

小组分工收集以下资讯。

(1) $KMnO_4$ 法使用的指示剂是什么？

(2) 用 $Na_2C_2O_4$ 基准物质标定 $KMnO_4$ 溶液的浓度，为什么用 H_2SO_4 调节酸度？可否用 HCl 或 HNO_3？

(3) 在酸性条件下，以 $KMnO_4$ 溶液滴定 $Na_2C_2O_4$ 时，开始紫色褪去较慢，后来褪去较快，为什么？

(4) 用 $(NH_4)_2Fe(SO_4)_2\cdot6H_2O$ 为基准物质标定 $KMnO_4$ 溶液，试写出反应式和 $KMnO_4$ 溶液浓度的计算公式。

(5) $KMnO_4$ 溶液应装于哪种滴定管中，为什么？说明读取滴定管中 $KMnO_4$ 溶液体积的正确方法。

(6) 装 $KMnO_4$ 溶液的锥形瓶、烧杯或滴定管，放置久后壁上常有棕色沉淀物，它是什么？应怎样清洗？

(7) 在完成任务过程中将会产生哪些环保方面的问题？你将如何处理？

(8) 完成此任务需要老师提供哪些帮助？

活动二 制 定 计 划

【填写工单】

各小组根据任务书及需收集的信息，做好分工，每位同学认领自己的任务，填写工作任务单。完成任务后小组成员进行分享交流。工作任务单见表6-1。

表 6-1 工作任务单

步骤	工作内容	负责人（任务分工）
1		
2		
3		
4		
5		

【确定方案】

根据任务书，小组讨论 $KMnO_4$ 标准溶液配制、标定实验过程，画出流程图，各小组派代表阐述流程，师生共同讨论，确定最佳方案，绘制如下：

1. $KMnO_4$ 标准溶液配制：

2. $KMnO_4$ 标准溶液标定：

活动三 任务实施

【任务准备】

1. EHS 内容

请分析本任务所涉及的健康、安全及可能会产生的环境问题，并写出相应的健康安全预防措施和相关环境保护措施。

2. 仪器准备

请列出所需仪器清单（表 6-2），向实验老师领用仪器，对于易混用玻璃器皿，贴上标签。

表 6-2 所需仪器清单

序号	名称	规格	序号	名称	规格

3. 领取试剂配制溶液

根据实验需要领取相应试剂配制相关溶液（表 6-3）。

表 6-3 实验试剂配制

序号	名称	浓度	配制方法

【任务实施】

（1）根据确定的最佳方案完成任务，合理统筹安排时间，注意台面整洁。

操作过程出现的问题：   解决办法：

（2）实验结束，整理台面，归置设备试剂，清洗玻璃仪器，清扫场地卫生，正确处理废液废纸。

活动四 成 果 展 示

【数据记录及处理】

$KMnO_4$ 标准滴定溶液的标定见表 6-4。

表 6-4 $KMnO_4$ 标准滴定溶液的标定

编 号	1	2	3	备注
倾样前称量瓶与基准物质量/g				
倾样后称量瓶与基准物质量/g				
基准物草酸钠质量/g				
滴定管初读数/mL				
滴定管终读数/mL				
滴定消耗 $KMnO_4$ 体积/mL				
空白/mL				
$c\left(\frac{1}{5}KMnO_4\right)$/(mol/L)				
$\bar{c}\left(\frac{1}{5}KMnO_4\right)$/(mol/L)				
相对极差/%				

【写出计算公式及过程】

以第一组数据为例写出计算公式及过程。

【完成报告】

请按照行业规范撰写实验报告，内容包括：HSE 内容、实验目的、实验原理、试剂配制过程、样品处理及测试过程、原始数据记录、数据处理，结果评价和问题分析等。

活动五 评 价 反 馈

【学习评价】

评价学习成果、交流讨论疑难问题。$KMnO_4$ 标准滴定溶液标定综合评价见表 6-5。

表 6－5　　**$KMnO_4$ 标准滴定溶液标定综合评价**

评价指标	评分要素	分值	自评	组评	师评
课堂表现（15%）	按时出勤，无迟到、早退、旷课现象	5			
	积极参与教学活动，按时完成各项任务	10			
专业能力（50%）	$KMnO_4$ 溶液配制规范	5			
	天平称量操作规范	5			
	标定操作过程正确	5			
	滴定管操作规范	5			
	终点判断准确	5			
	规范记录数据、正确处理数据	10			
	分析结果的精密度	5			
	正确撰写报告	10			
职业素养（社会能力）（25%）	仪容仪表、实验服穿戴	5			
	团队合作意识，交流沟通能力	5			
	遵循“6S”管理要求，关注环保安全健康	10			
	工作态度求真务实、科学严谨	5			
方法能力（10%）	收集处理各种资讯的能力	3			
	制定实施方案的能力	3			
	发现问题解决问题能力	4			
综合得分＝自评(25%)＋组评(25%)＋师评(50%)					

【自我反思】

通过该任务的学习，你获得了什么？还有什么疑问需要老师帮助？

知识链接

知识点一　认识氧化还原滴定法

认识氧化还原滴定法

氧化还原滴定法是以氧化还原反应为基础的滴定分析方法。可以测定各种还原性和氧化性物质的含量，以及一些能与氧化剂或还原剂发生定量反应的物质含量。氧化还原滴定法用氧化剂或还原剂作为标准溶液，习惯上根据所用标准溶液的不同，可分为高锰酸钾法、重铬酸钾法和碘量法等。

一、氧化还原反应实质

氧化还原反应的实质是电子得失或电子对偏移。在氧化还原反应过程中，还原剂失去电子，或电子对偏离，化合价升高；氧化剂得到电子，或电子对偏向，化合价降低。

二、氧化还原反应的特点

氧化还原反应机理复杂，速率缓慢，常伴有各种副反应，反应物之间没有确定的计量关系。

三、氧化还原反应速率的影响因素

氧化还原反应速率的大小，是由参加反应的氧化还原电对本身的性质决定的，还与反应物浓度、温度、催化剂等因素有关。

1. 反应物浓度

在氧化还原反应中，由于反应机理比较复杂，所以不能从总的氧化还原反应方程式来判断反应物浓度对反应速率的影响程度。但一般来说，反应物的浓度越大，反应的速率越快。例如，在酸性溶液中，一定量的 $K_2Cr_2O_7$ 和 KI 反应：

$$Cr_2O_7^{2-}+6I^-+14H^+ = 2Cr^{3+}+3I_2+7H_2O$$

增大 KI 的浓度或提高溶液的酸度，都可以使反应速率加快。采用 KI 的用量是理论量的 3～5 倍，提高酸度至约 0.4mol/L，反应约 5min 即进行完全。

2. 温度

对于多数反应，升高温度可提高反应速率，通常温度每升高 10 ℃，反应速率可提高 2～3 倍，如用草酸标定高锰酸钾溶液

$$2MnO_4^-+5C_2O_4^{2-}+16H^+ = 2Mn^{2+}+10CO_2\uparrow+8H_2O$$

在室温下，反应速率缓慢。如果将溶液加热，反应速率便大大加快。所以用 $KMnO_4$ 滴定 $H_2C_2O_4$ 时，通常将溶液加热至 75～85℃。

应该注意，不是在所有的情况下都允许用升高溶液温度的办法来加快反应速率。有些物质（如 I_2）具有挥发性，如将溶液加热，则会引起挥发损失；有些物质（如 Sn^{2+}，Fe^{2+} 等）很容易被空气中的氧所氧化，如将溶液加热，就会促进它们的氧化，从而引起误差。

3. 催化剂

催化剂对反应速率影响很大，是提高反应速率行之有效的方法，如高锰酸钾与草酸的反应，反应即使在强酸溶液中加热至 80℃，但在滴定的开始阶段，反应仍相当慢，滴入 1 滴高锰酸钾溶液很难褪色，若在滴定前加入少许 Mn^{2+} 作催化剂，反应即加速。当然，此反应中，Mn^{2+} 是反应的产物，即使不加入，一旦反应发生，生成的 Mn^{2+} 就会起催化作用，使反应速率变快，这种由反应产物起催化作用的现象叫做自动催化作用。

4. 诱导作用

在氧化还原反应中，有些反应在一般情况下进行得非常缓慢或实际上并不发生，可是当存在另一反应的情况下，此反应就会加速进行。这种因某一氧化还原反应的发生而促进另一种氧化还原反应进行的现象称为诱导作用，反应称为诱导反应。例如，$KMnO_4$ 氧化 Cl^- 的速率很慢，但是，当溶液中同时存在 Fe^{2+} 时，$KMnO_4$ 与 Fe^{2+} 的反应可以加速 $KMnO_4$ 与 Cl^- 的反应，使测定的结果偏高。这种现象就是诱导作用，MnO_4^- 与 Fe^{2+} 的反应就是诱导反应。

四、氧化还原滴定指示剂

在氧化还原滴定中，通常根据其标准溶液的不同而选用不同的指示剂来确定滴定的终点，常见氧化还原滴定指示剂有以下几种类型。

1. 自身指示剂

在氧化还原滴定中，有些标准溶液或被测物质本身有颜色，利用自身颜色的变化而不必另加指示剂来指示终点，称为自身指示剂。例如，用 $KMnO_4$ 作标准溶液滴定双氧水，在化学计量点前，紫红色高锰酸钾滴入锥形瓶中与过氧化氢反应生成无色物质，到化学计量点时，过氧化氢消耗完了，稍过量的 $KMnO_4$ 就可使溶液呈粉红色，由此可确定滴定终点。$KMnO_4$就是自身指示剂。

2. 专属指示剂

有的物质本身不具有氧化性或还原性，但它能与氧化剂或还原剂作用产生特殊的颜色，从而可以指示滴定终点。例如碘量法用淀粉作指示剂。可溶性淀粉与碘溶液反应可生成蓝色化合物。当碘分子被还原为碘离子时，蓝色消失；当碘离子被氧化为碘分子时，蓝色出现。反应极为灵敏，颜色变化也非常鲜明。可根据蓝色的出现或消失来确定滴定终点。淀粉就是碘量法的专属指示剂。

3. 氧化还原指示剂

氧化还原指示剂是本身具有氧化性或还原性的有机化合物，这类指示剂的氧化态和还原态具有不同的颜色。在化学计量点附近，指示剂的氧化态和还原态会随之发生转变，从而引起溶液颜色变化，根据溶液颜色的突变来指示滴定终点。

例如，用重铬酸钾滴定亚铁离子时，常用二苯胺磺酸钠为指示制。二苯胺磺酸钠的还原态为无色，氧化态为紫红色。滴定前，二苯胺磺酸钠为还原态，溶液颜色为无色；滴定过程中，达到化学计量点前，二苯胺磺酸钠仍为还原态，但溶液中由于重铬酸钾被亚铁离子还原成绿色三价铬离子，溶液呈绿色。当滴定到化学计量点时，稍过量的重铬酸钾使二苯胺磺酸钠由还原态转变为氧化态，溶液显紫红色，指示滴定终点的到达。

知识点二　氧化还原滴定反应的条件

由于氧化还原反应机理复杂，速率缓慢，常伴有各种副反应，反应物之间没有确定的计量关系。因此对氧化还原滴定法除了要考虑反应速率，还要判断反应的可行性及反应程度。

一、氧化还原反应进行的方向

1. 标准电极电位

对一个可逆的氧化还原反应来说，若以 Ox 表示某一电对的氧化态，Red 表示其还原态，n 为电子转移数，该电对的氧化还原半反应为

$$Ox + ne \rightleftharpoons Red$$

其能斯特（Nernst）方程式为

$$\varphi_{Ox/Red}=\varphi^{\ominus}_{Ox/Red}+\frac{RT}{nF}\ln\frac{a_{Ox}}{a_{Red}}$$

式中 $\varphi^{\ominus}_{Ox/Red}$——电对的标准电极电位，V；

R——气体常数，8.314J/(K·mol)；

T——绝对温度，K；

n——反应中电子转移数；

F——法拉第常数，96487C/mol；

a_{Ox}，a_{Red}——氧化型和还原型物质的活度。

当温度为298K（25℃），将各常数代入上式，并将自然对数换成常用对数，得

$$\varphi_{Ox/Red}=\varphi^{\ominus}_{Ox/Red}+\frac{0.0592}{n}\lg\frac{a_{Ox}}{a_{Red}}$$

从上式可知，电对的电极电位与存在于溶液中的氧化态和还原态的活度有关。在一定温度下（通常为25℃），参与电极反应的物质处于标准状态即参加反应的离子或分子的活度都等于1mol/L，如有气体参加反应，则其分压为1.01×10^{5} Pa时的电极电位为标准电极电位。$\varphi^{\ominus}_{Ox/Red}$仅随温度变化。

在氧化还原反应中，氧化剂和还原剂的强弱，可以用有关电对的电极电位（简称电位）来衡量。电对的电位越高，其氧化态的氧化能力越强；电位越低，其还原态的还原能力越强。氧化剂可以氧化电位比它低的还原剂；还原剂可以还原电位比它高的氧化剂。

2. 条件电极电位

在实际工作中，通常知道的是氧化剂或还原剂的浓度，计算氧化还原电对电位时常用浓度代替活度，实际上忽略了溶液中离子强度和其他副反应的影响。而在定量分析工作中这种影响往往是不可忽略的，结果计算的电位值与实际电位值也有较大的误差。因此，必须考虑溶液中离子强度的影响，从而引入条件电极电位$\varphi^{\ominus'}_{Ox/Red}$的概念。

条件电极电位是在特定条件下，氧化态与还原态的分析浓度均为1mol/L时，校正了各种外界因素影响后的实际电极电位，条件一定时为一常教。

$$\varphi_{Ox/Red}=\varphi^{\ominus'}_{Ox/Red}+\frac{0.0592}{n}\lg\frac{c_{Ox}}{c_{Red}}$$

$$\varphi^{\ominus'}_{Ox/Red}=\varphi^{\ominus}_{Ox/Red}+\frac{0.0592}{n}\lg\frac{\gamma_{Ox}\alpha_{Red}}{\gamma_{Red}\alpha_{Ox}}$$

从条件电极电位的定义式可以看出，条件电极电位的大小不仅与标准电极电位有关，还与活度系数和副反应系教有关，因而条件电极电位除受温度的影响外，还要受到溶液中离子强度、酸度和配位剂浓度等其他因素的影响，只有在条件一定时才是常数。显然，在引入条件电极电位后，处理实际问题就比较简单，也比较符合实际情况。

3. 氧化还原反应进行的方向

氧化还原反应的方向是两电对中电位较高电对中的氧化态与电位较低电对中的还原态相互反应，向其对应的方向进行。

影响反应方向的主要因素有氧化剂和还原剂的浓度、溶液的酸度、生成配合物或沉淀等，在所有可能发生的氧化还原反应中，电极电位相差最大的电对间首先发生反应，据此可确定氧化还原反应的次序。

二、氧化还原反应的完全程度

发生氧化还原反应的物质很多，不是所有的氧化还原反应都能用于滴定分析。滴定分析要求氧化还原反应能定量完成，完成得越彻底越好。氧化还原反应的完全程度可以用它的平衡常数 K 来衡量。

对于氧化还原反应： $n_2Ox_1 + n_1Red_2 \xlongequal{} n_2Red_1 + n_1Ox_2$

两电对的电极电位分别为

$$\varphi_1 = \varphi_1^{\ominus\prime} + \frac{0.0592}{n_1}\lg\frac{[Ox_1]}{[Red_1]} \qquad \varphi_2 = \varphi_2^{\ominus\prime} + \frac{0.0592}{n_2}\lg\frac{[Ox_2]}{[Red_2]}$$

反应达平衡时：$\varphi_1 = \varphi_2$

$$\varphi_1^{\ominus\prime} + \frac{0.0592}{n_1}\lg\frac{[Ox_1]}{[Red_1]} = \varphi_2^{\ominus\prime} + \frac{0.0592}{n_2}\lg\frac{[Ox_2]}{[Red_2]}$$

整理，得

$$\varphi_1^{\ominus\prime} - \varphi_2^{\ominus\prime} = \frac{0.0592}{n_1n_2}\lg\frac{[Ox_2]^{n_1}[Red_1]^{n_2}}{[Red_2]^{n_1}[Ox_1]^{n_2}} = \frac{0.0592}{n_1n_2}\lg K'$$

式中 K'为反应的条件平衡常数。设 $n_1n_2 = n$（n 是两个半反应电子得失数的最小公倍数），则

$$\lg K' = \frac{n(\varphi_1^{\ominus\prime} - \varphi_2^{\ominus\prime})}{0.0592}$$

可见，两电对的条件电极电位相差越大，K'值越大，反应进行越完全。

对于滴定反应，反应完全程度应达到 99.9%以上，则对于对称电对参与的氧化还原反应：

$$n_2Ox_1 + n_1Red_2 = n_2Red_1 + n_1Ox_2 \qquad (n_1、n_2\ 互质)$$

$$\lg K' = \lg\frac{[Red_1]^{n_2}[Ox_2]^{n_1}}{[Ox_1]^{n_2}[Red_2]^{n_1}} \geqslant \lg(10^{3n_1} \times 10^{3n_2})$$

即：$\lg K' \geqslant 3(n_1 + n_2)$，反应才能进行完全。

反应要进行完全，两电对的条件电位差需满足：

$$\Delta\varphi^{\ominus\prime} = \frac{0.0592}{n_1n_2}\lg K' \geqslant 3(n_1 + n_2)\frac{0.0592}{n_1n_2}$$

例如：当 $n_1 = 1$，$n_2 = 1$ 时，$Ox_1 + Red_2 = Red_1 + Ox_2$，两电对的条件电极电位之差需满足：$\Delta\varphi^{\ominus\prime} = \frac{0.0592}{1} \times 6 = 0.35V$，反应才能进行完全。

可见，氧化还原反应的电子转移数不同时，反应进行完全时反应平衡常数的要求不同，两电对的条件电极电位之差的要求也不同。一般只要两电对的条件电极电位之差 $\Delta\varphi^{\ominus\prime} \geqslant 0.4V$，该氧化还原反应都能进行完全。

任务二　测定双氧水中 H_2O_2 含量

教学活动

活动一　明　确　任　务

【任务背景】

双氧水的化学性质极不稳定，遇光、热、重金属和其他杂质时易发生分解。双氧水中过氧化氢含量指标为出厂的保证值，在符合执行标准贮存和运输的条件下，6 个月内过氧化氢含量降低率：优等品不大于 4%；合格品不大于 8%。所以双氧水中过氧化氢含量的测定是判断产品质量的重要依据。

【学习目标】

专业能力：1. 能根据相关标准制定双氧水中过氧化氢含量测定的方案。

2. 能讲述高锰酸钾测定过氧化氢含量的原理及计算方法。

3. 能规范使用容量分析仪器。

4. 会准确记录数据、正确计算、分析误差、准确表达测定结果。

社会能力：1. 在学习中形成团队合作意识，提升交流、沟通的能力。

2. 工作过程遵循“6S”管理要求，关注环保安全健康。

3. 养成求真务实、科学严谨的工作态度。

方法能力：1. 能收集并处理各种资讯完成学习任务。

2. 能针对工作任务制定具体的实施方案。

3. 能解决实验过程中遇到的一些问题。

4. 形成对工作结果进行评价与反思的习惯。

【任务书】

假如你是某分析测试中心的一名分析检测员，请用高锰酸钾法对某实验室放置了 3 个月的 30% 双氧水进行含量检测，要求提供原始数据，出具检测报告。

GB/T 1616—2014《工业过氧化氢》

请你研读 GB/T 1616—2014《工业过氧化氢》中 5.3 过氧化氢含量测定，小组合作制订测试计划，准备仪器试剂，根据实施方案完成测定；记录原始数据，正确处理数据，分析误差，撰写实训报告。工作过程必须遵守“6S”管理要求，过程规范，数据记录完整、真实，质控监测合格。

过氧化氢含量的测定

1. 方法原理

在酸性溶液中用 $KMnO_4$ 标准滴定溶液直接滴定测得 H_2O_2 的含量。反应式为

$$5H_2O_2 + 2MnO_4^- + 6H^+ \longrightarrow 2Mn^{2+} + 5O_2\uparrow + 8H_2O$$

以 $KMnO_4$ 自身为指示剂，用高锰酸钾标准滴定溶液滴定至溶液呈粉红色并在 30s

内不消失即为终点。

2. 任务准备

（1）仪器。滴定装置。

（2）试剂。①$KMnO_4$ 标准滴定溶液：$c_{(\frac{1}{5}KMnO_4)}=0.1mol/L$；②过氧化氢试样；③$H_2SO_4$ 溶液：1+15。

3. 操作步骤

不同含量试样的过氧化氢试样分析步骤见表 6－6。

表 6－6　　不同含量试样的过氧化氢试样分析步骤

不同含量试样	27.5%～35%的过氧化氢试样	50%～70%的过氧化氢试样
试样称量	用 10～25mL 的滴瓶以减量法称取约 0.16g 试样，精确至 0.0002g，置于已加有 100mL 硫酸溶液的 250mL 锥形瓶中	称取 0.8～0.9g，精确至 0.0002g，置于 250mL（V_0）容量瓶中用水稀释至刻度，摇匀。用移液管移取 25mL（V_1）稀释后的溶液置于已加有 100mL 硫酸溶液的 250mL 锥形瓶中
测定	用高锰酸钾标准滴定溶液滴定至溶液呈粉红色，并在 30s 内不消失即为终点	
计算公式	$w_1=\frac{VcM\times10^{-3}}{m}\times100\%$	$w_1=\frac{VcM\times10^{-3}}{m(V_1/V_0)}\times100\%$
公式中字母含义	V——滴定中消耗的高锰酸钾标准滴定溶液的体积，mL； c——高锰酸钾$\left(\frac{1}{5}KMnO_4\right)$标准滴定溶液浓度，mol/L； M——过氧化氢$\left(\frac{1}{2}H_2O_2\right)$的摩尔质量，g/mol； m——试样的质量，g； V_1——移取 50 %～70 %的过氧化氢试样稀释后的试样溶液的体积，mL； V_0——50%～70%的过氧化氢试样稀释后的溶液体积，mL。 注：取平行测定结果的算术平均值为测定结果，两次平行测定结果的绝对差值不大于 0.10%	

【收集资讯】

小组分工收集以下资讯。

（1）用 $KMnO_4$ 法测定双氧水中过氧化氢的含量，其原理是什么？写出 $KMnO_4$ 与 H_2O_2 的反应式。

（2）H_2O_2 与 $KMnO_4$ 反应较慢，能否通过加热溶液的方法来加快反应速度？为什么？

（3）在完成任务过程中将会产生哪些环保方面的问题？你将如何处理？

（4）完成此任务需要老师提供哪些帮助？

活动二 制 定 计 划

【填写工单】

各小组根据任务书及需收集的信息，做好分工，每位同学认领自己的任务，填写工作任务单。完成任务后小组成员进行分享交流。工作任务单见表 6－7。

表 6－7　　　工 作 任 务 单

步骤	工　作　内　容	负责人（任务分工）
1		
2		
3		
4		
5		

【确定方案】

根据任务书，小组讨论双氧水试样准备、双氧水试样中过氧化氢含量测定的实验过程，画出流程图，各小组派代表阐述流程，师生共同讨论，确定最佳方案，绘制如下：

1. 双氧水试样准备：

2. 过氧化氢含量测定：

活动三 任 务 实 施

【任务准备】

1. EHS 内容

请分析本任务所涉及的健康、安全及可能会产生的环境问题，并写出相应的健康安全预防措施和相关环境保护措施。

2. 仪器准备

请列出所需仪器清单（表 6-8），向实验老师领用仪器，对于易混用玻璃器皿，贴上标签。

表 6-8　所需仪器清单

序号	名称	规格	序号	名称	规格

3. 领取试剂配制溶液

根据实验需要领取相应试剂配制相关溶液（表 6-9）。

表 6-9　实验试剂配制

序号	名称	浓度	配制方法

【任务实施】

（1）根据确定的最佳方案完成任务，合理统筹安排时间，注意台面整洁。

操作过程出现的问题：   解决办法：

（2）实验结束，整理台面，归置设备试剂，清洗玻璃仪器，清扫场地卫生，正确处理废液废纸。

活动四 成 果 展 示

【数据记录及处理】

过氧化氢（约 30 %）含量测定见表 6 - 10。

表 6 - 10　　过氧化氢（约 30 %）含量测定

编　号	1	2	3	备注
$c_{\left(\frac{1}{5}KMnO_4\right)}$/(mol/L)				–
试样滴出前滴瓶＋试样质量/g				
试样滴出后滴瓶＋试样质量/g				
双氧水试样质量/g				
滴定管初读数/mL				
滴定管终读数/mL				
消耗 $KMnO_4$ 体积/mL				
$w_{(H_2O_2)}$/%				
$\overline{w}_{(H_2O_2)}$/%				
相对极差/%				

【写出计算公式及过程】

以第一组数据为例写出计算公式及过程。

【完成报告】

请按照行业规范撰写实验报告，内容包括：HSE 内容、实验目的、实验原理、试剂配制过程、样品处理及测试过程、原始数据记录、数据处理，结果评价和问题分析等。

活动五 评 价 反 馈

【学习评价】

评价学习成果、交流讨论疑难问题。双氧水中 H_2O_2 质量分数测定综合评价见表 6-11。

表 6-11 双氧水中 H_2O_2 质量分数测定综合评价

评价指标	评 分 要 素	分值	自评	组评	师评
课堂表现（15%）	按时出勤，无迟到、早退、旷课现象	5			
	积极参与教学活动，按时完成各项任务	10			
专业能力（50%）	天平称量操作规范	5			
	容量瓶使用规范	5			
	移液管使用规范	5			
	滴定管操作规范	5			
	终点判断准确	5			
	规范记录数据、正确处理数据	10			
	分析结果的精密度	5			
	正确撰写报告	10			
职业素养（社会能力）（25%）	仪容仪表、实验服穿戴	5			
	团队合作意识，交流沟通能力	5			
	遵循“6S”管理要求，关注环保安全健康	10			
	工作态度求真务实、科学严谨	5			
方法能力（10%）	收集处理各种资讯的能力	3			
	制定实施方案的能力	3			
	发现问题解决问题能力	4			
综合得分＝自评（25%）＋组评（25%）＋师评（50%）					

【自我反思】

通过该任务的学习，你获得了什么？还有什么疑问需要老师帮助？

知识链接

知识点一 高锰酸钾法

一、方法原理

高锰酸钾是一种强氧化剂，它的氧化能力及其还原产物与溶液的酸度有关。

在强酸性溶液中，$KMnO_4$ 被还原为 Mn^{2+}：

$$MnO_4^- + 8H^+ + 5e = Mn^{2+} + 4H_2O \qquad \varphi^\ominus = 1.51V$$

在弱酸性、中性或弱碱性溶液中，$KMnO_4$ 被还原为 MnO_2：

$$MnO_4^- + 2H_2O + 3e = MnO_2\downarrow + 4OH^- \qquad \varphi^\ominus = 0.59V$$

在强碱性溶液中，$KMnO_4$ 被还原为 MnO_4^{2-}：

$$MnO_4^- + e = MnO_4^{2-} \qquad \varphi^\ominus = 0.56V$$

在强酸性溶液中高锰酸钾的氧化能力强，所以高锰酸钾法通常在较强的酸性溶液中进行。滴定时使用 H_2SO_4 控制酸度，酸度约在 0.5～1mol/L（硫酸介质），避免使用 HNO_3（具有氧化性）和 HCl（具有还原性）。但高锰酸钾氧化有机物时在碱性条件下的反应速率比在酸性条件下更快，所以用高锰酸钾测定有机物一般在大于 2mol/L 的氢氧化钠溶液中进行。

高锰酸钾法的优点是氧化能力强，可以采用直接、间接、返滴定等多种方式，对多种有机物和无机物进行测定，应用非常广泛。另外，$KMnO_4$ 本身呈紫红色，在滴定无色或浅色溶液时可作自身指示剂。其缺点是试剂常含少量杂质，因而标准溶液不够稳定，此外，又由于高锰酸钾的氧化能力强，能和许多还原性物质作用，所以滴定的选择性较差。

二、高锰酸钾标准溶液

1. 高锰酸钾标准滴定溶液的配制

市售高锰酸钾常含有 MnO_2 及其他杂质。蒸馏水中也常含有微量的还原性物质，高锰酸钾会与之逐渐作用被还原。因此，高锰酸钾标准溶液采用间接法配制。

称取稍多于理论量的 $KMnO_4$ 固体，用少量蒸馏水溶解后稀释至一定体积，并加热煮沸，保持微沸约 1h，于暗处放置 1 周后，用微孔玻璃漏斗过滤，滤去沉淀，将过滤后的 $KMnO_4$ 溶液贮存于棕色瓶中，放置在暗处，以待标定。

2. 高锰酸钾标准溶液的标定

标定高锰酸钾标准溶液的基准物质有很多，$H_2C_2O_4\cdot 2H_2O$、As_2O_3、$Na_2C_2O_4$ 等，其中草酸钠最常用，因其易提纯，不含结晶水，性质稳定，在 105～110℃下烘干约 2h，冷却后就可以使用。

草酸钠标定高锰酸钾反应如下：

$$2MnO_4^- + 5C_2O_4^{2-} + 16H^+ = 2Mn^{2+} + 10CO_2\uparrow + 8H_2O$$

为了使滴定反应定量且迅速，应注意以下反应条件。

(1) 温度。

室温下此反应速度极慢，常将溶液加热至 75～85℃进行滴定，但不能超过 90℃，否则部分草酸会分解，使标定结果偏高。滴定结束时，不应低于60℃。

$$H_2C_2O_4 = H_2O + CO_2\uparrow + CO\uparrow$$

(2) 酸度。

开始滴定时，一般控制酸度为0.5～1mol/L（硫酸介质）。酸度不够，易生成MnO_2沉淀；酸度过高，促使$H_2C_2O_4$分解。滴定终点时溶液的酸度为0.2～0.5mol/L。

(3) 滴定速度。

开始反应速度慢，滴定速度也要慢，在前一滴$KMnO_4$红色没有褪去之前，不要滴入第二滴，否则加入的$KMnO_4$来不及与$C_2O_4^{2-}$反应，即在热的酸性溶液中发生分解，使标定结果偏低。

$$4MnO_4^- + 12H^+ = 4Mn^{2+} + 5O_2\uparrow + 6H_2O$$

只有滴入的$KMnO_4$反应生成Mn^{2+}作为催化剂时，滴定才可逐渐加快，滴定至淡粉红色且在30s不褪就是终点。

这种由于反应生成物本身引起的催化作用称为自动催化作用。若在滴定前加入几滴$MnSO_4$作为催化剂，滴定一开始反应速率就快。

(4) 指示剂。

$KMnO_4$可作自身指示剂，当滴定至溶液呈淡粉红色30s不褪色为终点，放置时间稍长空气中的还原性气体和灰尘能使微过量的$KMnO_4$还原而褪色。但使用浓度低至0.002mol/L $KMnO_4$溶液作为滴定剂时，应加入二苯胺磺酸钠或邻二氮菲-亚铁等指示剂来确定终点。

三、应用实例

1. 直接滴定法

用直接滴定法可测定还原性物质，如Fe^{2+}、As(Ⅲ)、Sb(Ⅲ)、H_2O_2、$C_2O_4^{2-}$、NO_2^-等。

双氧水中H_2O_2含量的测定。双氧水（过氧化氢）是一种常用的消毒剂，具有杀菌和漂白作用。在H_2SO_4酸性条件下，可用$KMnO_4$标准滴定溶液直接测定H_2O_2。

测定时，移取一定体积H_2O_2的稀释液，用$KMnO_4$标准溶液滴定至终点，根据$KMnO_4$溶液的浓度和所消耗的体积，计算H_2O_2的含量。

2. 返滴定法

返滴定法可以测定氧化性物质。例如，软锰矿中MnO_2含量的测定。在含MnO_2的溶液中，加入一定量过量的$Na_2C_2O_4$，于H_2SO_4介质中加热。

$$MnO_2 + C_2O_4^{2-} + 4H^+ \longrightarrow Mn^{2+} + 2CO_2\uparrow + 2H_2O$$

反应完全后，用$KMnO_4$标准溶液趁热返滴定剩余的$Na_2C_2O_4$，即可求得MnO_2的含量。

$$2MnO_4^- + 5C_2O_4^{2-} + 16H^+ \longrightarrow 2Mn^{2+} + 10CO_2\uparrow + 8H_2O$$

用返滴定法还可以测定化学需氧量COD_{Mn}。

3. 间接滴定法

有些非氧化性或非还原性的物质，不能用KMnO标准溶液直接滴定或返滴定，就只好采用间接滴定法进行滴定。例如，钙盐的测定。在一定条件下，首先将样品处理成 Ca^{2+} 溶液，再将 Ca^{2+} 与 $C_2O_4^{2-}$ 反应生成 CaC_2O_4 沉淀，并将其过滤洗涤，于热的稀 H_2SO_4 中，加热至75～85℃时，用 $KMnO_4$ 标准溶液滴定至终点。根据滴定终点时所消耗 $KMnO_4$ 标准溶液的体积，间接求算出样品中的钙含量。

4. 置换滴定法

置换滴定法测定 $SnCl_2$。Sn^{2+} 在盐酸溶液中，将 Fe^{3+} 还原为 Fe^{2+}，以 $KMnO_4$ 标准溶液滴定所生成的 Fe^{2+}，根据高锰酸钾消耗量，换算成氯化亚锡。

巩固提升

一、单项选择题

1. 一般认为，当两电对的条件电极电位之差大于（　　）时，氧化还原反应就能定量完成。

A. 0.1V　B. 0.2V　C. 0.4V　D. 0.5V

2. $KMnO_4$ 在强酸性溶液中与还原剂作用生成（　　）。

A. 无色的 Mn^{2+}　B. 深绿色的 MnO_4^{2-}

C. 褐色的 MnO_2　D. 紫红色的 MnO_4^-

3. 用 $Na_2C_2O_4$ 标定高锰酸钾，刚开始时褪色较慢，但之后褪色变快的原因是（　　）。

A. 温度过低　B. 反应进行后，温度升高

C. Mn^{2+} 催化作用　D. 高锰酸钾浓度变小

4. 电极电位对判断氧化还原反应的性质很有用，但它不能判断（　　）。

A. 氧化还原反应的完全程度　B. 氧化还原反应速率

C. 氧化还原反应的方向　D. 氧化还原能力的大小

二、多项选择题

1. 在酸性介质中，以 $KMnO_4$ 溶液滴定草酸盐时，对滴定速度的要求错误的是（　　）。

A. 滴定开始时速度快　B. 开始慢中间逐渐加快最后慢

C. 开始时快，以后逐渐缓慢　D. 始终缓慢进行

2. 关于影响氧化还原反应速率的因素，下列说法正确的是（　　）。

A. 不同性质的氧化剂反应速率可能相差很大

B. 一般情况下，增加反应物的浓度能加快反应速度

C. 所有的氧化还原反应都可通过加热的方法来加快反应速率

D. 催化剂的使用是提高反应速率的有效方法

3. $KMnO_4$ 法中不宜使用的酸是（　　）。

A. HCl　B. HNO_3　C. HAc　D. $H_2C_2O_4$

三、判断题

1.（　　）在配制高锰酸钾溶液的过程中，有过滤操作这是为了除去沉淀物。

2.（　　）用 $Na_2C_2O_4$ 标定 $KMnO_4$ 时，使用的指示剂是自身指示剂。

3. （ ）$KMnO_4$ 溶液不稳定的原因是还原性杂质和自身分解的作用。

4. （ ）溶液酸度越高，$KMnO_4$ 氧化能力越强，与 $Na_2C_2O_4$ 反应越完全，所以用 $Na_2C_2O_4$ 标定 $KMnO_4$ 时，溶液酸度越高越好。

四、计算题

1. 称取基准物 $Na_2C_2O_4$ 0.2000g，溶解后用 $KMnO_4$ 溶液滴定到终点用去 29.50mL，求 $KMnO_4$ 的物质的量浓度 $c_{(\frac{1}{5}KMnO_4)}$。

2. 称取含 MnO_2 的试样 1.000g，在酸性溶液中加入 $Na_2C_2O_4$ 0.4020g，其反应为

$$MnO_2 + C_2O_4^{2-} + 4H^+ \longrightarrow Mn^{2+} + 2CO_2\uparrow + 2H_2O$$

过量的 $Na_2C_2O_4$ 用 0.02000mol/L $KMnO_4$ 标准溶液进行滴定，到达终点时消耗 20.00mL，计算试样中 MnO_2 的质量分数。

【课后拓展】水中化学需氧量的测定（高锰酸钾法）

由学生自行选择合适的实验方法、写出实验原理、准备仪器试剂、规划实验步骤、设计数据记录表格、进行数据分析等。

【阅读材料】

阅读材料一 科学家能斯特

瓦尔特·赫尔曼·能斯特（Walther Hermann Nernst，1864—1941）是德国著名物理学家、物理化学家和化学史家。能斯特出生于西普鲁士的布里森，年轻时对文学、诗歌和古典作品特别是拉丁作品很感兴趣，而且表现出了非凡的能力。他的化学老师使他对自然科学产生了兴趣，他经常在一个小的家庭实验室做实验。他先后在苏黎世大学、匹兹堡大学和格拉茨大学学习过。

1894 年，能斯特收到慕尼黑、柏林、哥廷根 3 所大学的讲席教授职位邀约，他选择去了哥廷根。在哥廷根创立了物理化学与电化学研究所。1905 年，他被任命为柏林大学教授。能斯特把一生心血倾注在科学研究和培养学生身上。他一生出版的著作共有 14 部，有关热力学、电化学、光化学等方面论文有 157 篇，其中代表作是《物理化学》，一生获得十多种奖项。1906 年，根据低温现象的研究，得出了热力学第三定律，人们称之为“能斯特热定律”。这个定律有效地解决了计算平衡常数问题和许多工业生产难题，能斯特本人因此获得了 1920 年的诺贝尔化学奖。

项目七 水中溶解氧含量测定

【项目由来】

溶解于水中的分子态氧称为溶解氧，常用 DO 表示。水中溶解氧的含量与大气压、水温和水质有密切的关系。

溶解氧的含量用 1 L 水中溶解的氧气量（O_2：mg/L）表示。在 20℃、100kPa 下，纯水里大约溶解氧 9mg/L。清洁的地表水在正常情况下所含溶解氧接近饱和状态。如

果水中含有藻类，由于光合作用而放出氧，就可能使水中含过饱和的溶解氧。但当水体受到污染时，由于氧化污染物质需要消耗氧，水中所含的溶解氧就会减少。当水中的溶解氧值降到 5mg/L 时，一些鱼类就发生呼吸困难、甚至死亡。

水中溶解氧含量的多少反映出水体受到污染的程度，也是研究水体自净能力的一种依据。水生动植物的生存离不开溶解氧，养殖业早已把监测溶解氧含量作为一项重要的指标加以控制。另外，溶解氧对名类管道如自来水管道、暖气管道有腐蚀作用。因此，测定和控制水中溶解氧含量，对工农业生产都是非常重要的。

本项目以“制备 $Na_2S_2O_3$ 标准溶液”和“测定水中溶解氧含量”两个工作任务引领，进行理实一体化教学。

【学习导航】

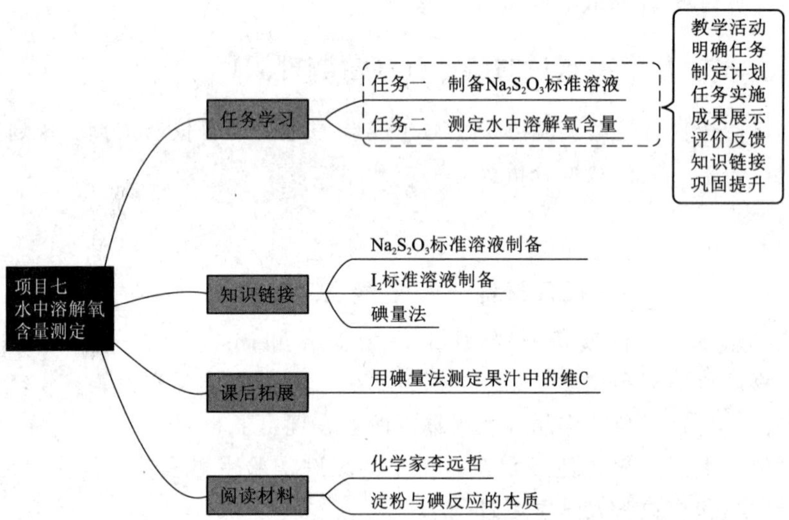

【任务学习】

任务一 制备 $Na_2S_2O_3$ 标准溶液

教学活动

活动一 明 确 任 务

【任务背景】

市售 $Na_2S_2O_3 \cdot 5H_2O$（俗称海波），含有少量如 S、S^{2-}、SO_3^{2-}、SO_4^{2-}、CO_3^{2-}、Cl^- 等杂质，且 $Na_2S_2O_3$ 溶液不稳定，易与水中的 H_2CO_3 和空气中的 O_2 作用，水中微量的 Cu^{2+} 或 Fe^{3+} 可以促进 $Na_2S_2O_3$ 溶液的分解，其也能被细菌所分解，使其浓度发生变化。因此配制 $Na_2S_2O_3$ 标准滴定溶液不能用直接法，只能用间接法。

标定 $Na_2S_2O_3$ 溶液的基准物质有 $KBrO_3$、$K_2Cr_2O_7$、KIO_3、I_2、纯铜等，常用 $K_2Cr_2O_7$。

【学习目标】

专业能力：1. 能准确配制并标定 $Na_2S_2O_3$ 标准溶液。

2. 能阐述 $Na_2S_2O_3$ 标准溶液的标定原理。

3. 会准确记录数据、正确计算、分析误差、准确表达测定结果。

社会能力：1. 在学习中形成团队合作意识，提升交流、沟通的能力。

2. 工作过程遵循“6S”管理要求，关注环保安全健康。

3. 养成求真务实、科学严谨的工作态度。

方法能力：1. 能收集并处理各种资讯完成学习任务。

2. 能针对工作任务制定具体的实施方案。

3. 能解决实验过程中遇到的一些问题。

【任务书】

请你研读标准 GB/T 601—2016《化学试剂　标准滴定溶液的制备》中的 4.6 硫代硫酸钠标准滴定溶液配制与标定，标定 $c_{(Na_2S_2O_3)}=0.1mol/L$ 的硫代硫酸钠标准溶液的浓度。

GB/T 601—2016《化学试剂　标准滴定溶液的制备》4.6 硫代硫酸钠标准测定溶液

小组合作制定计划，准备仪器试剂，根据实施方案完成标定；记录原始数据，正确处理数据，分析误差，撰写实训报告。工作过程必须遵守“6S”管理要求，过程规范，数据记录完整、真实，质控监测合格。

1. 方法原理

以 $K_2Cr_2O_7$ 作为基准物质，在酸性条件下，$K_2Cr_2O_7$ 与过量 KI 作用生成定量的碘单质：

$$Cr_2O_7^{2-}+14H^++6I^- \rightleftharpoons 3I_2+2Cr^{3+}+7H_2O$$

碘单质再用待标定的 $Na_2S_2O_3$ 标准溶液滴定：

$$2S_2O_3^{2-}+I_2 \rightleftharpoons S_4O_6^{2-}+2I^-$$

硫代硫酸钠标准溶液标定

滴定时以淀粉作指示剂。化学计量点前淀粉溶液能与 I_2 分子形成蓝色可溶性吸附化合物，使溶液呈蓝色。达到终点时，溶液中的 I_2 全部与 $Na_2S_2O_3$ 还原，溶液颜色由蓝色变为亮绿色。

2. 任务准备

(1) 仪器。滴定装置。

(2) 试剂。①硫代硫酸钠固体；②$K_2Cr_2O_7$ 基准试剂；③KI 固体；④硫酸溶液：20%；⑤无水碳酸钠固体；⑥淀粉指示液：10g/L，称取 1.0g 可溶性淀粉放入小烧杯中，加水 10mL，呈糊状，在搅拌下倒入 90mL 沸水中，微沸 2min，冷却后转移至 100mL 试剂瓶中。

3. 操作步骤

(1) $Na_2S_2O_3$ 标准溶液的配制（$c_{(Na_2S_2O_3)}=0.1$ mol/L）。

称取 26g 五水合硫代硫酸钠（或 16g 无水硫代硫酸钠），加 0.2g 无水碳酸钠，溶于 1000mL 水中，缓缓煮沸 10min，冷却。放置 2 周后用 4 号玻璃滤锅过滤。

(2) $Na_2S_2O_3$ 标准溶液标定。

称取 0.18g 已于 120℃±2℃干燥至恒重的工作基准试剂重铬酸钾，置于碘量瓶中，溶于 25mL 水，加 2g 碘化钾及 20mL 硫酸溶液（20%），摇匀，于暗处放置 10min。加 150mL 水（15～20℃），用配制的硫代硫酸钠溶液滴定，近终点时加 2mL 淀粉指示液

(10g/L)，继续滴定至溶液由蓝色变为亮绿色。

平行测定3次，同时做空白试验。

4. 计算 $c_{(Na_2S_2O_3)}$

硫代硫酸钠标准滴定溶液的浓度 $c_{(Na_2S_2O_3)}$ 按下式计算：

$$c_{(Na_2S_2O_3)}=\frac{m\times 1000}{(V_1-V_2)M}$$

式中 m——重铬酸钾质量，g；

V_1——硫代硫酸钠溶液消耗体积，mL；

V_0——空白试验消耗硫代硫酸钠溶液体积，mL；

M——$\frac{1}{6}K_2Cr_2O_7$ 的摩尔质量，g/mol；$M_{(\frac{1}{6}K_2Cr_2O_7)}=49.031g/mol$。

【收集资讯】

小组分工收集以下资讯。

(1) 配制 $c_{(Na_2S_2O_3)}=0.1mol/L$ 溶液 500mL，应称取多少克 $Na_2S_2O_3\cdot 5H_2O$ 或 $Na_2S_2O_3$？

(2) 配制 $Na_2S_2O_3$ 溶液时，为什么需用新煮沸的蒸馏水？为什么将溶液煮沸10min？为什么常加入少量 Na_2CO_3？为什么放置两周后再标定？

(3) 标定 $Na_2S_2O_3$ 溶液，滴定到终点时，溶液放置一会儿又重新变蓝，为什么？

(4) 标定 $Na_2S_2O_3$ 溶液时，为什么淀粉指示剂要在临近终点时才加入？指示剂加入过早对标定结果有何影响？

(5) 在完成任务过程中将会产生哪些环保方面的问题？你将如何处理？

(6) 完成此任务需要老师提供哪些帮助？

活动二 制 定 计 划

【填写工单】

各小组根据任务书及需收集的信息，做好分工，每位同学认领自己的任务，填写工作任务单。完成任务后小组成员进行分享交流。工作任务单见表7-1。

表7-1 工作任务单

步骤	工作内容	负责人（任务分工）
1		
2		
3		
4		
5		

【确定方案】

根据任务书，小组讨论 $Na_2S_2O_3$ 标准溶液配制、标定实验过程，画出流程图，各小组派代表阐述流程，师生共同讨论，确定最佳方案，绘制如下：

1. $Na_2S_2O_3$ 标准溶液配制：   2. $Na_2S_2O_3$ 标准溶液标定：

活动三　任　务　实　施

【任务准备】

1. EHS 内容

请分析本任务所涉及的健康、安全及可能会产生的环境问题，并写出相应的健康安全预防措施和相关环境保护措施。

2. 仪器准备

请列出所需仪器清单（表 7-2），向实验老师领用仪器，对于易混用玻璃器皿，贴上标签。

表 7-2　　所需仪器清单

序号	名称	规格	序号	名称	规格

3. 领取试剂配制溶液

根据实验需要领取相应试剂配制相关溶液（表 7-3）。

表 7-3　　实验试剂配制

序号	名称	浓度	配制方法

【任务实施】

（1）根据确定的最佳方案完成任务，合理统筹安排时间，注意台面整洁。

操作过程出现的问题：   解决办法：

（2）实验结束，整理台面，归置设备试剂，清洗玻璃仪器，清扫场地卫生，正确处理废液废纸。

活动四　成　果　展　示

【数据记录及处理】

$Na_2S_2O_3$ 标准滴定溶液的标定见表 7-4。

表 7-4　　$Na_2S_2O_3$ 标准滴定溶液的标定

编　号	1	2	3	备注
倾样前称量瓶与基准物质量/g				
倾样后称量瓶与基准物质量/g				
基准物重铬酸钾质量/g				
滴定管初读数/mL				
滴定管终读数/mL				
滴定消耗 $Na_2S_2O_3$ 体积/mL				
空白/mL				
$c_{(Na_2S_2O_3)}$/(mol/L)				
$\overline{c}_{(Na_2S_2O_3)}$/(mol/L)				
相对极差/%				

【写出计算公式及过程】

以第一组数据为例写出计算公式及过程。

【完成报告】

请按照行业规范撰写实验报告，内容包括：HSE 内容、实验目的、实验原理、试剂配制过程、样品处理及测试过程、原始数据记录、数据处理，结果评价和问题分析等。

活动五 评 价 反 馈

【学习评价】

评价学习成果、交流讨论疑难问题。$Na_2S_2O_3$ 标准滴定溶液标定综合评价见表 7-5。

表 7-5 $Na_2S_2O_3$ 标准滴定溶液标定综合评价

评价指标	评 分 要 素	分值	自评	组评	师评
课堂表现（15%）	按时出勤，无迟到、早退、旷课现象	5			
	积极参与教学活动，按时完成各项任务	10			
专业能力（50%）	$Na_2S_2O_3$ 溶液配制规范	5			
	天平称量操作规范	5			
	标定操作过程正确	5			
	滴定管操作规范	5			
	终点判断准确	5			
	规范记录数据、正确处理数据	10			
	分析结果的精密度	5			
	正确撰写报告	10			
职业素养（社会能力）（25%）	仪容仪表、实验服穿戴	5			
	团队合作意识，交流沟通能力	5			
	遵循“6S”管理要求，关注环保安全健康	10			
	工作态度求真务实、科学严谨	5			
方法能力（10%）	收集处理各种资讯的能力	3			
	制定实施方案的能力	3			
	发现问题解决问题能力	4			
综合得分＝自评(25%)＋组评(25%)＋师评(50%)					

【自我反思】

通过该任务的学习，你获得了什么？还有什么疑问需要老师帮助？

知识链接

知识点一 $Na_2S_2O_3$ 标准溶液制备

$Na_2S_2O_3$ 标准溶液制备按 GB/T 601 执行。市售硫代硫酸钠（$Na_2S_2O_3 \cdot 5H_2O$）一般含有少量杂质，因此配制 $Na_2S_2O_3$ 标准滴定溶液不能用直接法，只能用间接法。

配制好的 $Na_2S_2O_3$ 溶液在空气中不稳定，容易分解，主要发生下列反应：

（1）水中溶解的 CO_2 易使 $Na_2S_2O_3$ 分解：$S_2O_3^{2-} + CO_2 + H_2O \longrightarrow HSO_3^- + HCO_3^- + S\downarrow$

（2）空气氧化：$2S_2O_3^{2-} + O_2 \longrightarrow 2SO_4^{2-} + 2S\downarrow$

（3）水中微生物作用：$S_2O_3^{2-} \longrightarrow SO_3^{2-} + S\downarrow$

此外，水中微量的 Cu^{2+} 或 Fe^{3+} 等也能促进 $Na_2S_2O_3$ 溶液分解，因此配制硫代硫酸钠溶液时应当用新煮沸并冷却的蒸馏水，并加入少量 Na_2CO_3，使溶液呈弱碱性，以抑制细菌生长。配制好的 $Na_2S_2O_3$ 溶液应贮于棕色瓶中，于暗处放置 2 周后，过滤去沉淀，然后再标定。标定后的 $Na_2S_2O_3$ 溶液在贮存过程中如发现溶液变浑浊，应重新标定，或弃去重配。

标定 $Na_2S_2O_3$ 溶液的基准物质有 $K_2Cr_2O_7$、KIO_3、$KBrO_3$ 及升华 I_2 等。除 I_2 外，其他物质都需在酸性溶液中与 KI 作用析出后，再用配制的 $Na_2S_2O_3$ 溶液滴定。

知识点二 I_2 标准溶液制备

I_2 标准溶液制备按 GB/T 601 执行。

1. I_2 标准滴定溶液的配制

用升华法制得的纯碘可直接配制成标准滴定溶液。但通常是用市售的碘先配成近似浓度的碘溶液，然后用基准试剂或已知准确浓度的 $Na_2S_2O_3$ 标准滴定溶液标定碘溶液的准确浓度。由于 I_2 难溶于水，易溶于 KI 溶液，故配制时应将 I_2、KI 与少量水一起研磨后再用水稀释，并保存在棕色试剂瓶中待标定。

2. I_2 标准滴定溶液的标定

I_2 溶液可用 As_2O_3 基准物质标定。As_2O_3 难溶于水，多用 NaOH 溶液溶解，使之生成亚砷酸钠，再用 I_2 溶液滴定 AsO_3^{3-}。

$$As_2O_3 + 6OH^- \longrightarrow 2AsO_3^{3-} + 3H_2O$$

$$AsO_3^{3-} + I_2 + H_2O \longrightarrow AsO_4^{3-} + 2I^- + 2H^+$$

此反应为可逆反应，为使反应快速定量地向右进行，可加 $NaHCO_3$，以保持液 pH≈8。

碘标准溶液标定

由于 As_2O_3 为剧毒物，一般常用已知浓度的 $Na_2S_2O_3$ 标准滴定溶液标定 I_2 溶液。

任务二　测定水中溶解氧含量

教学活动

活动一　明　确　任　务

【任务背景】

水是生命的源泉，它滋润了万物，哺育了生命。我们赖以生存的地球有70%被水覆盖，而其中97%为海水，与我们生活关系最为密切的淡水只有3%，而淡水中又有77%为冰川淡水，目前很难利用。因此，我们能利用的淡水资源是十分有限的，并且受到污染的威胁。水质的评价指标有很多，其中溶解氧的测定是衡量水污染的一个重要指标。

【学习目标】

专业能力：1. 能根据相关标准制定水中溶解氧含量测定的方案。
2. 能讲述碘量法测定溶解氧含量的原理及计算方法。
3. 能规范使用容量分析仪器。
4. 能准确判断终点颜色。
5. 会准确记录数据、正确计算、分析误差、准确表达测定结果。

社会能力：1. 在学习中形成团队合作意识，提升交流、沟通的能力。
2. 工作过程遵循"6S"管理要求，关注环保安全健康。
3. 养成求真务实、科学严谨的工作态度。

方法能力：1. 能收集并处理各种资讯完成学习任务。
2. 能针对工作任务制定具体的实施方案。
3. 能解决实验过程中遇到的一些问题。
4. 形成对工作结果进行评价与反思的习惯。

【任务书】

学校附近某水域出现鱼儿浮头现象，该河道河长王某委托分析检测实验室检测水中溶解氧含量，要求提供原始数据，出具检测报告。

请你研读GB 7489—87《水质　溶解氧的测定　碘量法》，小组合作制定测定计划，准备仪器试剂，根据实施方案完成测定；记录原始数据，正确处理数据，分析误差，撰写实训报告。工作过程必须遵守"6S"管理要求，过程规范，数据记录完整、真实，质控监测合格。

GB 7489—87《水质　溶解氧的测定　碘量法》

水中溶解氧的测定

1. *方法原理*

(1) 在水样中加入硫酸锰和碱性碘化钾溶液，反应生成白色的氢氧化亚锰（+2价）沉淀。

$$MnSO_4 + 2NaOH \xlongequal{} \underset{(白色沉淀)}{Mn(OH)_2 \downarrow} + Na_2SO_4$$

(2) 氢氧化亚锰的性质极不稳定，迅速与水中的溶解氧反应，生成棕色的锰酸锰沉淀。

$$2Mn(OH)_2+O_2 = 2H_2MnO_3$$

$$Mn(OH)_2+H_2MnO_3 = MnMnO_3\downarrow+2H_2O$$

（棕色沉淀）

（3）再加入硫酸酸化，使已经化合的溶解氧与溶液中所加入的 I^- 起氧化还原反应，析出与溶解氧相当量的 I_2。溶解氧越多，析出的碘越多，溶液的颜色就越深。

$$MnMnO_3+3H_2SO_4+2KI = 2MnSO_4+K_2SO_4+I_2+3H_2O$$

（4）取出一定体积的水样，以淀粉为指示剂，用 $Na_2S_2O_3$ 标准滴定溶液滴定至蓝色刚好褪去为终点。

$$I_2+2Na_2S_2O_3 = 2NaI+Na_2S_4O_6$$

2. 任务准备

（1）仪器：滴定装置。

（2）试剂：①硫酸锰溶液：称取 480g 分析纯硫酸锰（$MnSO_4\cdot 4H_2O$）溶于蒸馏水中，过滤后稀释成 1L 溶液。②碱性碘化钾：称取 500g 分析纯氢氧化钠溶解于 300～400mL 无 CO_2 蒸馏水中，另称取 150g 碘化钾溶解于 200mL 蒸馏水中，将上述两种溶液合并，加蒸馏水稀释至 1L。③浓硫酸，$\rho=1.84$g/mL。④硫代硫酸钠标准溶液，$c_{(Na_2S_2O_3)}=0.1$mol/L。⑤淀粉指示液，10g/L。

3. 操作步骤

（1）溶解氧的固定：（采集水样于溶解氧瓶中）用吸量管插入溶解氧瓶的液面下，分别加入 1mL 硫酸锰溶液，2mL 碱性碘化钾溶液，盖好瓶塞，颠倒混合数次，静置。

（2）酸化：打开瓶塞，立即用移液管插入液面下加入 2mL 浓硫酸。盖好瓶塞，颠倒混合摇匀，至沉淀物全部溶解，放于暗处静置 5min。

（3）滴定：用移液管吸取 100.00mL 上述溶液于 250mL 锥形瓶中，用硫代硫酸钠标准溶液滴定至溶液呈淡黄色，加入 1mL 淀粉溶液，继续滴定至蓝色刚好褪去，记录硫代硫酸钠溶液用量。

平行测定 3 次，同时做空白。

4. 溶解氧含量计算

$$DO=\frac{c(V_1-V_0)\times 8\times 1000}{V_{水}}$$

式中 DO——水中溶解氧的含量，mg/L；

V_1——滴定水样时消耗硫代硫酸钠标准滴定溶液的体积，mL；

V_0——滴定空白时消耗硫代硫酸钠标准溶液的体积，mL；

$V_{水}$——水样的体积，mL；

c——硫代硫酸钠标准滴定溶液的浓度，mol/L；

8——$\frac{1}{2}$O 的摩尔质量，g/mol。

【收集资讯】

小组分工收集以下资讯。

（1）碘量法有哪两种方式？溶解氧测定用的是哪种方式？请阐述测定原理。

(2) 在完成任务过程中将会产生哪些环保方面的问题？你将如何处理？

(3) 完成此任务需要老师提供哪些帮助？

活动二 制 定 计 划

【填写工单】

各小组根据任务书及需收集的信息，做好分工，每位同学认领自己的任务，填写工作任务单。完成任务后小组成员进行分享交流。工作任务单见表7-6。

表7-6 工作任务单

步骤	工作内容	负责人（任务分工）
1		
2		
3		
4		
5		

【确定方案】

根据任务书，小组讨论水样溶解氧含量测定的实验过程，画出流程图，各小组派代表阐述流程，师生共同讨论，确定最佳方案，绘制如下：

活动三 任 务 实 施

【任务准备】

1. EHS 内容

请分析本任务所涉及的健康、安全及可能会产生的环境问题，并写出相应的健康安全预防措施和相关环境保护措施。

2. 仪器准备

请列出所需仪器清单（表 7-7），向实验老师领用仪器，对于易混用玻璃器皿，贴上标签。

表 7-7 所需仪器清单

序号	名称	规格	序号	名称	规格

3. 领取试剂配制溶液

根据实验需要领取相应试剂配制相关溶液（表 7-8）。

表 7-8 实验试剂配制

序号	名称	浓度	配制方法

【任务实施】

（1）根据确定的最佳方案完成任务，合理统筹安排时间，注意台面整洁。

操作过程出现的问题：   解决办法：

（2）实验结束，整理台面，归置设备试剂，清洗玻璃仪器，清扫场地卫生，正确处理废液废纸。

活动四　成　果　展　示

【数据记录及处理】

水质溶解氧含量测定见表 7－9。

表 7－9　　水质溶解氧含量测定

编　　号	1	2	3	备注
$c_{(Na_2S_2O_3)}$/(mol/L)				
水样体积/mL				
滴定管初读数/mL				
滴定管终读数/mL				
消耗 $Na_2S_2O_3$ 体积/mL				
空白/mL				
DO/(mg/L)				
$\overline{DO}$/(mg/L)				
相对极差/%				

【写出计算公式及过程】

以第一组数据为例写出计算公式及过程。

【完成报告】

请按照行业规范撰写实验报告，内容包括：HSE 内容、实验目的、实验原理、试剂配制过程、样品处理及测试过程、原始数据记录、数据处理，结果评价和问题分析等。

活动五 评 价 反 馈

【学习评价】

评价学习成果、交流讨论疑难问题。水质溶解氧测定综合评价见表7-10。

表7-10 水质溶解氧测定综合评价

评价指标	评分要素	分值	自评	组评	师评
课堂表现（15%）	按时出勤，无迟到、早退、旷课现象	5			
	积极参与教学活动，按时完成各项任务	10			
专业能力（50%）	天平称量操作规范	5			
	容量瓶使用规范	5			
	移液管使用规范	5			
	滴定管操作规范	5			
	终点判断准确	5			
	规范记录数据、正确处理数据	10			
	分析结果的精密度	5			
	正确撰写报告	10			
职业素养（社会能力）（25%）	仪容仪表、实验服穿戴	5			
	团队合作意识，交流沟通能力	5			
	遵循“6S”管理要求，关注环保安全健康	10			
	工作态度求真务实、科学严谨	5			
方法能力（10%）	收集处理各种资讯的能力	3			
	制定实施方案的能力	3			
	发现问题解决问题能力	4			
综合得分＝自评（25%）＋组评（25%）＋师评（50%）					

【自我反思】

通过该任务的学习，你获得了什么？还有什么疑问需要老师帮助？

知识链接

知识点一 碘 量 法

一、方法原理

碘量法是利用 I_2 的氧化性和 I^- 的还原性进行滴定的方法，其基本反应为

$$I_2 + 2e \longrightarrow 2I^-$$

固体 I_2 在水中溶解度很小（298K 时为 1.18×10^{-3}mol/L），且易于挥发。通常将 I_2 溶解于 KI 溶液中，此时它以 I_3^- 配离子形式存在，其半反应为

$$I_3^- + 2e \longrightarrow 3I^- \qquad \varphi^{\ominus}(I_3^-/I^-)=0.545V$$

从 $\varphi^{\ominus}$ 值可以看出，I_2 是较弱的氧化剂，能与较强的还原剂作用；I^- 是中等强度的还原剂，能与许多氧化剂作用。因此，碘量法可以用直接或间接的两种方式进行。碘量法既可测定氧化剂，又可测定还原剂。I_3^-/I^- 电对反应可逆性好，副反应少，又有很灵敏的淀粉指示剂指示终点，因此碘量法的应用范围很广。

二、分类

1. 直接碘量法

用 I_2 配成的标准滴定溶液可以直接测定电位值比 $\varphi^{\ominus}(I_3^-/I^-)$ 小的还原性物质，如 S^{2-}、SO_3^{2-}、Sn^{2+}、$S_2O_3^{2-}$、As(Ⅲ)、维生素 C 等，这种碘量法称为直接碘量法，又叫碘滴定法。直接碘量法不能在碱性溶液中进行滴定，因为碘与碱会发生歧化反应。

2. 间接碘量法

电位值比 $\varphi^{\ominus}(I_3^-/I^-)$ 高的氧化性物质可在一定的条件下用 I^- 还原，然后用 $Na_2S_2O_3$ 标准滴定溶液滴定释放出的 I_2，这种方法称为间接碘量法，又叫滴定碘法。间接碘量法的基本反应为

$$2I^- - 2e \longrightarrow I_2$$

$$I_2 + 2S_2O_3^{2-} \longrightarrow 2I^- + S_4O_6^{2-}$$

利用这一方法可以测定很多氧化性物质，如 Cu^{2+}、$Cr_2O_7^{2-}$、IO_3^-、BrO_3^-、AsO_4^{3-}、ClO^-、NO_2^-、H_2O_2、MnO_4^- 和 Fe^{3+} 等。

间接碘量法多在中性或弱酸性溶液中进行，因为在碱性溶液中 I_2 与 $S_2O_3^{2-}$ 将发生反应。同时，I_2 在碱性溶液中还会发生歧化反应，在强酸性溶液中，$Na_2S_2O_3$ 溶液会发生分解反应，I^- 在酸性溶液中易被空气中的 O_2 氧化。

三、碘量法专属指示剂——淀粉

I_2 与淀粉呈现蓝色，其显色灵敏度除与 I_2 的浓度有关以外，还与淀粉的性质、加入的时间、温度及反应介质等条件有关。因此，在使用淀粉指示液指示终点时要注意以下几点。

(1) 所用的淀粉必须是可溶性淀粉。

(2) I_2 与淀粉的蓝色在热溶液中会消失，因此，不能在热溶液中进行滴定。

(3) 要注意反应介质的条件。淀粉在弱酸性溶液中灵敏度很高，与 I_2 作用显蓝色；当 $pH<2$ 时，淀粉会水解成糊精，与 I_2 作用显红色；当 $pH>9$ 时，I_2 转变为 IO^-，与淀粉不显色。

(4) 直接碘量法用淀粉指示液指示终点时，应在滴定开始时加入，终点时溶液由无色突变为蓝色。间接碘量法用淀粉指示液指示终点时，应等滴至 I_2 的黄色很浅时再加入淀粉指示液（若过早加入淀粉，它与 I_2 形成的蓝色配合物会吸留部分 I_2，往往易使终点提前且不明显），终点时溶液由蓝色转无色。

(5) 淀粉指示液的用量一般为 2～5mL (5g/L 淀粉指示液)。

四、碘量法的误差来源和防止措施

碘量法的误差来源于两个方面：一是 I_2 易挥发；二是在酸性溶液中 I^- 易被空气中的氧氧化。为了防止挥发和空气氧化 I^-，测定时要加入过量的 KI，使 I^- 生成 I_3^-，并使用碘瓶，滴定时不要剧烈摇动，以减少 I_2 的挥发。由于 I^- 被空气氧化的反应随光照及酸度增高而加快，因此在反应时应将碘瓶置于暗处，滴定前调节好酸度，析出 I_2 后立即进行滴定。

巩固提升

一、单项选择题

1. 不是标定硫代硫酸钠标准溶液的基准物（　　）。

A. 市售碘　　B. KIO_3　　C. $K_2Cr_2O_7$　　D. $KBrO_3$

2. 配制 I_2 标准溶液时，是将 I_2 溶解在（　　）中。

A. 水　　B. KI 溶液　　C. HCl 溶液　　D. KOH 溶液

3. 在间接碘量法测定中，下列操作正确的是（　　）。

A. 边滴定边快速摇动

B. 加入过量 KI，并在室温和避免阳光直射条件下滴定

C. 在 70～80℃恒温条件下滴定

D. 滴定一开始就加入淀粉指示剂

4. 溶解氧的测定采用（　　）。

A. 高锰酸钾法　　B. 重铬酸钾法

C. 直接碘量法　　D. 间接碘量法

5. 在碘量法中为了减少 I_2 的挥发，常采用的措施有（　　）。

A. 使用碘量瓶

B. 溶液酸度控制在 pH>9

C. 适当加热增加 I_2 的溶解度，减少挥发

D. 加入过量 KI

二、判断题

1. （　　）配制好的 $Na_2S_2O_3$ 标准溶液应立即用基准物质标定。

2. （　　）碘量法有直接碘量法和间接碘量法两种，指示剂均为淀粉溶液，指示剂加入的时间均为滴定到溶液呈淡黄色时加入。

3. （　　）标定 I_2 溶液时，既可以用 $Na_2S_2O_3$ 滴定 I_2 溶液，也可以用 I_2 滴定 $Na_2S_2O_3$ 溶液，且都采用淀粉指示剂。这两种情况下加入淀粉指示剂的时间是相同的。

4. （　　）$Na_2S_2O_3$ 标准滴定溶液可以用 $K_2Cr_2O_7$ 直接标定。

三、计算题

为了检查试剂 $FeCl_3 \cdot 6H_2O$ 的质量，称取该试样 0.5000g 溶于水，加 HCl 溶液

3mL 和 KI 2g，析出的 I_2 用 0.1000mol/L $Na_2S_2O_3$ 标准溶液滴定，至终点时消耗 $Na_2S_2O_3$ 标准溶液 18.17mL。问该试剂属于哪一级（国家规定二级品含量不小于 99.0%，三级品含不小于 98.0%）。

【课后拓展】用碘量法测定果汁中的维 C

由学生自行选择合适的实验方法、写出实验原理、准备仪器试剂、规划实验步骤、设计数据记录表格、进行数据分析等。

【阅读材料】

阅读材料一 化学家李远哲

李远哲，中国台湾化学家，因为发明了交叉分子束方法，使详细了解化学反应的过程成为可能，为反应动力学作出了贡献，和赫希巴赫、波拉尼共同获得 1986 年诺贝尔化学奖。

李远哲，1936 年出生于中国台湾新竹市，1965 年在美国加州大学伯克利分校获博士学位后，先后在劳伦斯伯克利实验室和哈佛大学任博士后，1968—1974 年在芝加哥大学任教，升为教授。1974 年又回到加州大学伯克利分校任化学教授。后来他又得到了与著名物理化学家赫希巴赫合作的机会，他发展了赫希巴赫用交叉分子束研究分子反应动力学的思想，创造了新一代交叉分子束装置。所谓“交叉分子束实验”，就是让两道分子束彼此交叉碰撞，科学家借着观察分子碰撞前后的轨迹与所产生的新化合物的验证，了解化学反应的详细过程。1967 年，李远哲在哈佛大学赫希巴赫实验室所负责建造的仪器“希望”（Hope）是第一个能够研究碱金属以外的化学反应的“交叉分子束实验装置”，这是个通用性的仪器设备，任何化学反应都可以侦测，李远哲后来又对这个仪器作了许多改进。通过李远哲、赫希巴赫、波拉尼等所提供的研究技术，科学家对化学反应的过程有了比之前更深入的了解，许多重大的化学问题，都因此得到突破。

阅读材料二 淀粉与碘反应的本质

淀粉是一种高分子化合物。淀粉与碘反应的本质是生成了一种包合物（碘分子被包在了淀粉分子的螺旋结构中），这种新的物质对光的吸收不同导致颜色变化。天然淀粉的成分可以分为两类：直链淀粉和支链淀粉。直链淀粉占 10%～30%，相对分子质量较小，在 50000 左右，可溶于热水（70～80℃）形成胶体溶液。直链淀粉与碘酒作用显蓝色，但较短的直链则呈现红色、棕色或黄色等不同的颜色。支链淀粉 70%～90%，相对分子质量比直链淀粉大得多，在 60000 左右，不溶于水，支链淀粉与碘酒作用显紫色或紫红色。所以，淀粉遇碘酒究竟显什么颜色，取决于该淀粉中直链淀粉与支链淀粉的比例。有的豆类几乎全是直链淀粉，遇碘酒显蓝色：糯米中几乎全是支链淀粉，遇碘酒显紫色；玉米、马铃薯分别含有 27%、20%的直链淀粉，所以马铃薯遇碘酒所显的颜色比玉米遇碘酒所显的颜色要略深。

项目八　硫酸亚铁铵中亚铁含量的测定

【项目由来】

硫酸亚铁铵（$(NH_4)_2Fe(SO_4)_2 \cdot 6H_2O$），浅蓝绿色晶体，俗名为莫尔盐，是一种重要的化工原料，用途十分广泛。它可以作净水剂；在无机化学工业中，它是制取其他铁化合物的原料，如用于制造氧化铁系颜料、磁性材料、黄血盐和其他铁盐等；它还有许多方面的直接应用，如可用作印染工业的媒染剂，制革工业中用于鞣革，木材工业中用作防腐剂，医药中用于治疗缺铁性贫血，农业中施用于缺铁性土壤，畜牧业中用作饲料添加剂等，还可以与鞣酸、没食子酸等混合后配置蓝黑墨水。

硫酸亚铁铵中亚铁含量的测定用氧化还原滴定法中的重铬酸钾法，本项目以“制备 $K_2Cr_2O_7$ 标准溶液”和“测定亚铁含量”两个工作任务引领，进行理实一体化教学。

【学习导航】

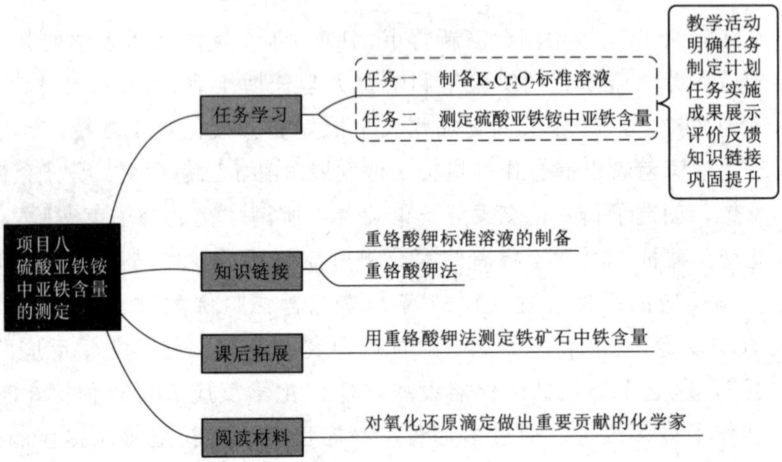

【任务学习】

任务一　制备 $K_2Cr_2O_7$ 标准溶液

教学活动

活动一　明　确　任　务

【任务背景】

$K_2Cr_2O_7$ 易提纯，可以制成基准物质，在 140～150℃干燥 2h 后，直接配制标准溶液。也可以采用分析纯 $K_2Cr_2O_7$ 间接配制。$K_2Cr_2O_7$ 标准溶液相当稳定，保存在密闭容器中，浓度可长期保持不变。配制好的标准溶液可以用来测定污染较重的水质的 COD、铁矿石中全铁量、绿矾中亚铁含量等、硫酸亚铁铵中亚铁含量等。

【学习目标】

专业能力：1. 能准确配制 $K_2Cr_2O_7$ 标准溶液。

2. 能阐述间接法配制 $K_2Cr_2O_7$ 标准溶液的原理。

3. 会准确记录数据、正确计算、分析误差、准确表达测定结果。

社会能力：1. 在学习中形成团队合作意识，提升交流、沟通的能力。

2. 工作过程遵循“6S”管理要求，关注环保安全健康。

3. 养成求真务实、科学严谨的工作态度。

方法能力：1. 能收集并处理各种资讯完成学习任务。

2. 能针对工作任务制定具体的实施方案。

3. 能解决实验过程中遇到的一些问题。

【任务书】

请你研读标准 GB/T 601—2016《化学试剂　标准滴定溶液的制备》中的 4.5 重铬酸钾标准滴定溶液配制与标定，制备 $c_{(\frac{1}{6}K_2Cr_2O_7)}=0.1mol/L$ 的重铬酸钾标准溶液。

标准 GB/T 601—2016《化学试剂 标准滴定溶液的制备》4.5 重铬酸钾标准滴定溶液

小组合作制定计划，准备仪器试剂，根据实施方案完成标定；记录原始数据，正确处理数据，分析误差，撰写实训报告。工作过程必须遵守“6S”管理要求，过程规范，数据记录完整、真实，质控监测合格。

1. 方法原理

间接法：使用分析纯 $K_2Cr_2O_7$ 试剂配制标准溶液。在一定量 $K_2Cr_2O_7$ 溶液中加入过量 KI 溶液及 H_2SO_4 溶液，生成的 I_2 用 $Na_2S_2O_3$ 标准溶液滴定。反应式为

$$Cr_2O_7^{2-}+14H^++6I^-\rightleftharpoons 3I_2+2Cr^{3+}+7H_2O$$

$$2S_2O_3^{2-}+I_2\rightleftharpoons S_4O_6^{2-}+2I^-$$

以淀粉指示剂确定终点。

直接法：用基准试剂 $K_2Cr_2O_7$ 直接配制。基准试剂 $K_2Cr_2O_7$ 在 120℃±2℃干燥 2h 预处理后，用直接法配制标准滴定溶液。

2. 任务准备

（1）仪器。滴定装置。

（2）试剂。①$K_2Cr_2O_7$ 基准试剂；②$K_2Cr_2O_7$ 固体；③KI 固体；④硫酸溶液：20%；⑤硫代硫酸钠标准滴定溶液，$c_{(Na_2S_2O_3)}=0.1mol/L$；⑥淀粉指示液：10g/L。

3. 操作步骤

配制 $c_{(\frac{1}{6}K_2Cr_2O_7)}=0.1mol/L$ 的重铬酸钾标准滴定溶液。

方法一

（1）配制：称取 5g 重铬酸钾，溶于 1000mL 水中，摇匀。

（2）标定：量取 35.00～40.00mL 配制好的重铬酸钾溶液，置于碘量瓶中，加 2g 碘化钾及 20mL 硫酸溶液（20%），摇匀，于暗处放置 10min。加 150mL 水，用硫代硫酸钠标准滴定溶液滴定，近终点时加 2mL 淀粉指示液，继续滴定至溶液由蓝色变为亮绿色。

平行测定 3 次，同时做空白试验。

(3) 重铬酸钾标准滴定溶液的浓度 $c_{\left(\frac{1}{6}K_2Cr_2O_7\right)}$，按下式计算：

$$c_{\left(\frac{1}{6}K_2Cr_2O_7\right)}=\frac{(V_1-V_0)c}{V}$$

式中 V_1——硫代硫酸钠标准滴定溶液体积，mL；

V_0——空白试验消耗硫代硫酸钠标准滴定溶液体积，mL；

c——硫代硫酸钠标准滴定溶液浓度，mol/L；

V——重铬酸钾溶液体积，mL。

方法二

称取 4.90g+0.20g 已在 120℃±2℃的电烘箱中干燥至恒重的工作基准试剂重铬酸钾，溶于水，按直接法配制方法转移入 1000mL 容量瓶中，稀释至刻度。重铬酸钾标准滴定溶液的浓度 $c_{\left(\frac{1}{6}K_2Cr_2O_7\right)}$，按下式计算：

$$c_{\left(\frac{1}{6}K_2Cr_2O_7\right)}=\frac{m\times 1000}{VM}$$

式中 m——重铬酸钾质量，g；

V——重铬酸钾溶液体积，mL；

M——$\frac{1}{6}K_2Cr_2O_7$ 的摩尔质量，g/mol；$M_{\left(\frac{1}{6}K_2Cr_2O_7\right)}=49.031$g/mol。

【收集资讯】

小组分工收集以下资讯。

(1) 直接法制备 $K_2Cr_2O_7$ 标准溶液的步骤有哪些？

(2) 间接法配制 $K_2Cr_2O_7$ 标准滴定溶液，用水封碘量瓶口的目的是什么？

(3) 用间接碘量法标定 $K_2Cr_2O_7$ 溶液的原理是什么？标定时，淀粉指示剂何时加入？

(4) 加入 KI 作用是什么？

(5) K_2CrO_4 溶液应装在何种滴定管中？为什么？

(6) 在完成任务过程中将会产生哪些环保方面的问题？你将如何处理？

(7) 完成此任务需要老师提供哪些帮助？

活动二 制 定 计 划

【填写工单】

各小组根据任务书及需收集的信息，做好分工，每位同学认领自己的任务，填写工作任务单。完成任务后小组成员进行分享交流。工作任务单见表 8-1。

表 8-1 工 作 任 务 单

步骤	工 作 内 容	负责人（任务分工）
1		
2		
3		
4		
5		

【确定方案】

根据任务书，小组讨论 $K_2Cr_2O_7$ 标准溶液配制、标定实验过程，画出流程图，各小组派代表阐述流程，师生共同讨论，确定最佳方案，绘制如下：

1. 直接法配制：

2. 间接法配制：

活动三 任 务 实 施

【任务准备】

1. EHS 内容

请分析本任务所涉及的健康、安全及可能会产生的环境问题，并写出相应的健康安全预防措施和相关环境保护措施。

2. 仪器准备

请列出所需仪器清单（表 8－2），向实验老师领用仪器，对于易混用玻璃器皿，贴上标签。

表 8－2　所需仪器清单

序号	名称	规格	序号	名称	规格

3. 领取试剂配制溶液

根据实验需要领取相应试剂配制相关溶液（表 8－3）。

表 8－3　试验试剂配制

序号	名称	浓度	配制方法

【任务实施】

（1）根据确定的最佳方案完成任务，合理统筹安排时间，注意台面整洁。

操作过程出现的问题：   解决办法：

（2）实验结束，整理台面，归置设备试剂，清洗玻璃仪器，清扫场地卫生，正确处理废液废纸。

活动四 成 果 展 示

【数据记录及处理】

$K_2Cr_2O_7$ 标准滴定溶液的标定见表 8－4。

表 8－4　$K_2Cr_2O_7$ 标准滴定溶液的标定

编　号	1	2	3	备注
量取重铬酸钾体积/mL				
滴定管初读数/mL				
滴定管终读数/mL				
滴定消耗 $Na_2S_2O_3$ 体积/mL				
空白/mL				
$c_{\left(\frac{1}{6}K_2Cr_2O_7\right)}$/(mol/L)				
$\bar{c}_{\left(\frac{1}{6}K_2Cr_2O_7\right)}$/(mol/L)				
相对极差/%				

【写出计算公式及过程】

以第一组数据为例写出计算公式及过程。

【完成报告】

请按照行业规范撰写实验报告，内容包括：HSE 内容、实验目的、实验原理、试剂配制过程、样品处理及测试过程、原始数据记录、数据处理，结果评价和问题分析等。

活动五 评 价 反 馈

【学习评价】

评价学习成果、交流讨论疑难问题。$K_2Cr_2O_7$ 标准滴定溶液制备综合评价见表 8-5。

表 8-5 $K_2Cr_2O_7$ 标准滴定溶液制备综合评价

评价指标	评 分 要 素	分值	自评	组评	师评
课堂表现（15%）	按时出勤，无迟到、早退、旷课现象	5			
	积极参与教学活动，按时完成各项任务	10			
专业能力（50%）	$K_2Cr_2O_7$ 溶液配制规范	5			
	天平称量操作规范	5			
	标定操作过程正确	5			
	滴定管操作规范	5			
	终点判断准确	5			
	规范记录数据、正确处理数据	10			
	分析结果的精密度	5			
	正确撰写报告	10			
职业素养（社会能力）（25%）	仪容仪表、实验服穿戴	5			
	团队合作意识，交流沟通能力	5			
	遵循“6S”管理要求，关注环保安全健康	10			
	工作态度求真务实、科学严谨	5			
方法能力（10%）	收集处理各种资讯的能力	3			
	制定实施方案的能力	3			
	发现问题解决问题能力	4			
综合得分=自评（25%）+组评（25%）+师评（50%）					

【自我反思】

通过该任务的学习，你获得了什么？还有什么疑问需要老师帮助？

知识链接

知识点一　重铬酸钾标准溶液的制备

一、直接配制法

重铬酸钾易于提纯，通常将重铬酸钾在水中重结品，于 140～150℃干燥 2h，即可得到基准物质。

1. 基准物质 $K_2Cr_2O_7$ 质量的计算

根据所配制标准溶液的浓度和体积计算出所需称取基准物质 $K_2Cr_2O_7$ 的质量。

2. 配制

用分析天平准确称取一定量的基准物质 $K_2Cr_2O_7$，置于 100mL 烧杯中，加入少量蒸馏水，溶解后，定量转移至容量瓶中，并稀释至刻度，充分摇匀，然后转移到试瓶中，贴上标签。

二、间接配制法

若使用分析纯的 $K_2Cr_2O_7$ 试剂配制标准溶液，则需要先配制成近似浓度，然后再标定，参考国家标准 GB/T 601—2016《化学试剂　标准滴定溶液的制备》。

1. 配制

在托盘天平上称取一定质量的分析纯 $K_2Cr_2O_7$ 试剂，置于烧杯中，加入少量蒸馏水，溶解后，加水到所需体积，倾入试剂瓶、摇匀备用。

2. 标定

（1）标定原理：准确移取一定体积的重铬酸钾溶液、加入过量的 KI 和硫酸使其生成一定量的碘，再用已知准确浓度的 $Na_2S_2O_3$ 标准溶液滴定生成的碘，以淀粉指示剂指示终点，由 $Na_2S_2O_3$ 标准溶液的浓度和所消耗的体积，计算其准确浓度。有关反应式如下：

$$Cr_2O_7^{2-}+14H^++6I^- \rightleftharpoons 3I_2+2Cr^{3+}+7H_2O$$

$$2S_2O_3^{2-}+I_2 \rightleftharpoons S_4O_6^{2-}+2I^-$$

（2）反应条件：由于 $K_2Cr_2O_7$ 与 I^- 的反应速率较慢，为了使反应进行完全，应控制以下条件。

1）提高酸度：反应在较高酸度下进行，但酸度较大时，I^- 易被空气中的氧气氧化，一般以 pH 为 3.0～4.0 为宜。

2）增大 I^- 的浓度：一般为理论量的 2～3 倍，增大的浓度，既可加快反应速率，同时由于 I^- 与生成的 I_2 作用生成 I_3^-，防止了碘的挥发。

3）避光、控制反应时间：置于暗处，放置 10min 使之完全反应。

（3）浓度的计算：

$$c_{(K_2Cr_2O_7)}=\frac{(V_1-V_0)c}{6V}$$

式中　V_1——硫代硫酸钠标准滴定溶液体积，mL；

V_0——空白试验消耗硫代硫酸钠标准滴定溶液体积，mL；

c——硫代硫酸钠标准滴定溶液浓度，mol/L；

V——重铬酸钾溶液体积，mL。

任务二 测定硫酸亚铁铵中亚铁含量

教学活动

活动一 明 确 任 务

【任务背景】

硫酸亚铁铵晶体对光敏感，在空气中会逐渐风化，Fe^{2+} 会氧化成 Fe^{3+}。为保证硫酸亚铁铵的产品质量，对 Fe^{2+} 含量测定非常重要。硫酸亚铁铵中亚铁含量测定可用重铬酸钾法。$Cr_2O_7^{2-}$ 与 Fe^{2+} 的反应可逆性强，速率快，计量关系好，无副反应发生，指示剂变色明显。

【学习目标】

专业能力：1. 能根据相关标准制定硫酸亚铁铵中亚铁含量测定的方案。

2. 能讲述重铬酸钾法测定亚铁的原理及计算方法。

3. 能规范使用容量分析仪器。

4. 能准确判断终点颜色。

5. 会准确记录数据、正确计算、分析误差、准确表达测定结果。

社会能力：1. 在学习中形成团队合作意识，提升交流、沟通的能力。

2. 工作过程遵循“6S”管理要求，关注环保安全健康。

3. 养成求真务实、科学严谨的工作态度。

方法能力：1. 能收集并处理各种资讯完成学习任务。

2. 能针对工作任务制定具体的实施方案。

3. 能解决实验过程中遇到的一些问题。

4. 形成对工作结果进行评价与反思的习惯。

【任务书】

重铬酸钾法测定亚铁

假如你是某化工企业检测中心的一员，请你对新生产的一批硫酸亚铁铵进行品质检验，用重铬酸法测定硫酸亚铁铵中亚铁的含量，要求提供原始数据，出具检测报告。

请你查阅相关资料，小组合作制定测定计划，准备仪器试剂，根据实施方案完成测定；记录原始数据，正确处理数据，分析误差，撰写实训报告。工作过程必须遵守“6S”管理要求，过程规范，数据记录完整、真实，质控监测合格。

1. 方法原理

在硫酸酸性溶液中，$K_2Cr_2O_7$ 与 Fe^{2+} 反应的反应式为

$$Cr_2O_7^{2-}+6Fe^{2+}+14H^+ = 2Cr^{3+}+6Fe^{3+}+7H_2O$$

用二苯胺磺酸钠作为指示剂，溶液由无色经绿色到蓝紫色即为终点。

2. 任务准备

(1) 仪器。滴定装置。

(2) 试剂。①重铬酸钾标准滴定溶液，$c_{\left(\frac{1}{6}K_2Cr_2O_7\right)}=0.1mol/L$；②$H_3PO_4$ 溶液（85%）；③H_2SO_4 溶液（20%）；④硫酸亚铁铵固体试样；⑤二苯胺磺酸钠指示剂，0.2%。配制：称取 0.5g 二苯胺磺酸钠，溶于 100mL 水中，加入 2 滴浓硫酸，混匀，存放于棕色试剂瓶中。

3. 操作步骤

(1) 准确称取 1～1.5g 硫酸亚铁铵样品，置于 250mL 烧杯中，加入 8mL 20% H_2SO_4 溶液防止水解，加入已去除氧的蒸馏水加热溶解，定量转入 250mL 容量瓶中，用无氧水稀释至刻度，充分摇匀。

(2) 准确移取 25.00mL 上述试液，置于锥形瓶中，加入 50mL 无氧水，10mL 20% H_2SO_4 溶液，再加入 5～6 滴二苯胺磺酸钠指示剂，摇匀后用 $c_{\left(\frac{1}{6}K_2Cr_2O_7\right)}=0.1mol/L$ 的 $K_2Cr_2O_7$ 标准滴定溶液滴定，至溶液出现深绿色时，加 5.0mL 85% H_3PO_4 溶液，继续滴至溶液呈紫色或蓝紫色。记录消耗 $K_2Cr_2O_7$ 标准滴定溶液的体积。

平行测定 3 次。

4. 硫酸亚铁铵中亚铁含量计算

$$w=\frac{cV\times10^{-3}\times M}{m\times\frac{25}{250}}\times100\%$$

式中 w——硫酸亚铁铵中亚铁的质量分数，%；

c——$K_2Cr_2O_7$ 标准滴定溶液的浓度，mol/L；

V——滴定时消耗 $K_2Cr_2O_7$ 标准滴定溶液的体积，mL；

M——Fe^{2+} 的摩尔质量，g/mol；

m——称取硫酸亚铁铵试样质量，g。

【收集资讯】

小组分工收集以下资讯。

(1) 本实验中加入 H_3PO_4 的作用是什么？

(2) 以二苯胺磺酸钠指示剂为例，说明氧化还原指示剂的变色原理。

(3) 试样为什么要用无氧水溶解及稀释？

(4) 在完成任务过程中将会产生哪些环保方面的问题？你将如何处理？

(5) 完成此任务需要老师提供哪些帮助？

活动二 制 定 计 划

【填写工单】

各小组根据任务书及需收集的信息，做好分工，每位同学认领自己的任务，填写工作任务单。完成任务后小组成员进行分享交流。工作任务单见表 8－6。

表 8－6 工 作 任 务 单

步骤	工 作 内 容	负责人（任务分王）
1		
2		
3		
4		
5		

【确定方案】

根据任务书，小组讨论硫酸亚铁铵中亚铁含量测定的实验过程，画出流程图，各小组派代表阐述流程，师生共同讨论，确定最佳方案，绘制如下：

活动三 任 务 实 施

【任务准备】

1. EHS 内容

请分析本任务所涉及的健康、安全及可能会产生的环境问题，并写出相应的健康安全预防措施和相关环境保护措施。

2. 仪器准备

请列出所需仪器清单（表 8-7），向实验老师领用仪器，对于易混用玻璃器皿，贴上标签。

表 8-7 所需仪器清单

序号	名称	规格	序号	名称	规格

3. 领取试剂配制溶液

根据实验需要领取相应试剂配制相关溶液（表 8-8）。

表 8-8 实验试剂配制

序号	名称	浓度	配制方法

【任务实施】

（1）根据确定的最佳方案完成任务，合理统筹安排时间，注意台面整洁。

操作过程出现的问题：   解决办法：

（2）实验结束，整理台面，归置设备试剂，清洗玻璃仪器，清扫场地卫生，正确处理废液废纸。

活动四 成 果 展 示

【数据记录及处理】

硫酸亚铁铵中亚铁含量测定见表 8-9。

表 8-9 硫酸亚铁铵中亚铁含量测定

编 号	1	2	3	备注
$c_{(K_2Cr_2O_7)}$/(mol/L)				
倾样前称量瓶与样品质量/g				
倾样后称量瓶与样品质量/g				
硫酸亚铁铵样品质量/g				
滴定管初读数/mL				
滴定管终读数/mL				
消耗 $K_2Cr_2O_7$ 体积/mL				
空白/mL				
$w_{(Fe^{2+})}$/%				
$\overline{w}_{(Fe^{2+})}$/%				
相对极差/%				

【写出计算公式及过程】

以第一组数据为例写出计算公式及过程。

【完成报告】

请按照行业规范撰写实验报告，内容包括：HSE 内容、实验目的、实验原理、试剂配制过程、样品处理及测试过程、原始数据记录、数据处理，结果评价和问题分析等。

活动五 评 价 反 馈

【学习评价】

评价学习成果、交流讨论疑难问题。硫酸亚铁铵中亚铁含量测定综合评价见表8-10。

表8-10 硫酸亚铁铵中亚铁含量测定综合评价

评价指标	评 分 要 素	分值	自评	组评	师评
课堂表现（15%）	按时出勤，无迟到、早退、旷课现象	5			
	积极参与教学活动，按时完成各项任务	10			
专业能力（50%）	天平称量操作规范	5			
	容量瓶使用规范	5			
	移液管使用规范	5			
	滴定管操作规范	5			
	终点判断准确	5			
	规范记录数据、正确处理数据	10			
	分析结果的精密度	5			
	正确撰写报告	10			
职业素养（社会能力）（25%）	仪容仪表、实验服穿戴	5			
	团队合作意识，交流沟通能力	5			
	遵循“6S”管理要求，关注环保安全健康	10			
	工作态度求真务实、科学严谨	5			
方法能力（10%）	收集处理各种资讯的能力	3			
	制定实施方案的能力	3			
	发现问题解决问题能力	4			
综合得分＝自评(25%)＋组评(25%)＋师评(50%)					

【自我反思】

通过该任务的学习，你获得了什么？还有什么疑问需要老师帮助？

知识链接

知识点一 重 铬 酸 钾 法

一、方法原理

重铬酸钾是一种常用的氧化剂，它具有较强的氧化性。室温下不受Cl^-还原作用的影响。在酸性介质中$Cr_2O_7^{2-}$被还原为Cr^{3+}，其电极反应如下：

$$Cr_2O_7^{2-}+6e+14H^+ \longrightarrow 2Cr^{3+}+7H_2O \qquad \varphi^{\ominus}=1.33V$$

$K_2Cr_2O_7$ 的基本单元为$\frac{1}{6}K_2Cr_2O_7$。

重铬酸钾的氧化能力不如高锰酸钾强，因此重铬酸钾可以测定的物质不如高锰酸钾广泛。但与高锰酸钾法相比，它有自己的优点，如下所述。

(1) $K_2Cr_2O_7$ 易提纯，可以制成基准物质，在 140～150℃干燥 2h 后，可直接称量配制标准溶液。$K_2Cr_2O_7$ 标准滴定溶液相当稳定，保存在密闭容器中，浓度可长期保持不变。

(2) 室温下，当 HCl 溶液浓度低于 3mol/L 时，$Cr_2O_7^{2-}$ 不会诱导氧化 Cl^-，因此 $K_2Cr_2O_7$ 法可在盐酸介质中进行滴定。$Cr_2O_7^{2-}$ 的滴定还原产物是 Cr^{3+}，呈绿色，滴定时须用指示剂指示滴定终点。常用的指示剂为二苯胺磺酸钠。

二、重铬酸钾法应用

重铬酸钾法除了测定亚铁，主要用于铁矿石的勘探、采掘以及钢铁冶炼过程中，也用于水和废水的检验，如测定化学需氧量。

1. 铁矿石中全铁量的测定

重铬酸钾法是测定铁矿石中全铁量的标准方法。滴定反应为

$$Cr_2O_7^{2-}+6Fe^{2+}+14H^+ = 2Cr^{3+}+6Fe^{3+}+7H_2O$$

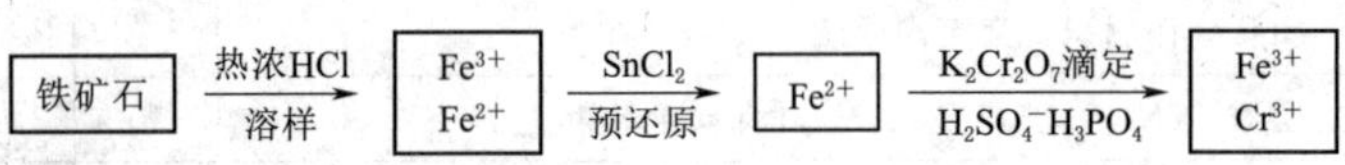

2. 水中化学需氧量 (COD_{Cr}) 测定

COD_{Mn} 只适用于较为清洁水样测定，若需要测定污染严重的生活污水和工业废水则需要用 $K_2Cr_2O_7$ 法。用 $K_2Cr_2O_7$ 法测定的化学需氧量用 COD_{Cr} (O，mg/L) 表示。COD_{Cr} 是衡量污水被污染程度的重要指标。

巩固提升

一、单项选择题

1. 关于重铬酸钾法下列说法不正确的是（　　）。

A. $K_2Cr_2O_7$ 可作为自身指示剂

B. $K_2Cr_2O_7$ 易制得纯品，可用直接法配制成标准滴定溶液

C. 反应中 $Cr_2O_7^{2-}$ 被还原为 Cr^{3+}，基本单元为$\frac{1}{6}K_2Cr_2O_7$

D. $K_2Cr_2O_7$ 有毒，使用时要注意废液的处理，以免污染环境

2. 以下关于氧化还原滴定中的指示剂的叙述正确的是（　　）。

A. 能与氧化剂或还原剂产生特殊颜色的试剂称氧化还原指示剂

B. 专属指示剂本身可以发生颜色的变化，它随溶液电位的不同而改变颜色

C. 以 $K_2Cr_2O_7$ 滴定 Fe^{2+}，采用二苯胺磺酸钠为指示剂，滴定终点是紫红色褪去

D. 在高锰酸钾法中一般无须外加指示剂

二、判断题

1.（　）$K_2Cr_2O_7$ 是比 $KMnO_4$ 更强的一种氧化剂，它可以在 HCl 介质中进行滴定。

2.（　）$K_2Cr_2O_7$ 标准溶液可以直接配制，而且配制好的 $K_2Cr_2O_7$ 标准溶液可长期保存在密闭容器中。

三、计算题

1. 称取铁矿石试样 0.2000g，溶于盐酸后处理成 Fe^{2+}，用 0.008400mol/L 的 $K_2Cr_2O_7$ 标准溶液滴定，到达终点时消耗 $K_2Cr_2O_7$ 标准溶液 26.78mL。计算铁矿石中铁的含量（以 Fe_2O_3 的质量分数表示）。

【课后拓展】用重铬酸钾法测定铁矿石中铁含量

由学生自行选择合适的实验方法、写出实验原理、准备仪器试剂、规划实验步骤、设计数据记录表格、进行数据分析等。

【阅读材料】

阅读材料一　对氧化还原滴定做出重要贡献的化学家

1. 马格里特（F. Marguerite），法国

1846 年，首次应用高锰酸钾法测定铁。此后将该方法扩展，应用于测定其他可被还原为低价化合物的金属。

2. 比拉狄厄（H. de la Bellardiere），法国

1826 年，首次制得碘化钠，并以淀粉为指示剂将它应用于次氯酸钙的滴定。开创了“碘量法”的研究与应用。

3. K.F. 莫尔，德国

莫尔对容量分析做出了卓越贡献，他设计的可盛强碱溶液的滴定管至今仍在沿用。他推荐草酸作碱量法的基准物质，硫酸亚铁铵（也称莫尔盐）作氧化还原滴定法的基准物质。

项目九　水样中氯离子含量测定

【项目由来】

天然水一般都含有氯化物，主要以钠、钙、镁的盐类形式存在。天然水用漂白粉消毒或加入凝聚剂 $AlCl_3$ 处理时也会带入一定量的氯化物，因此，饮用水中常含有一定量的氯，一般要求饮用水中的氯化物含量不超过 250mg/L。工业用水含有氯化物对锅炉、管道有腐蚀作用，灌溉用水含有氯化物也不利于农作物的生长，因此不少工业用水和灌溉用水都对氯离子含量作了一定的限制。若氯离子含量过高，说明水源可能受到污染。因此，水中离子的含量是用以评价水质的指标之一。

水中氯离子含量的测定常用沉淀滴定法中的莫尔法。莫尔法是以铬酸钾作指示剂，

用 $AgNO_3$ 标准滴定溶液来进行滴定的沉淀滴定法。

在中性或弱碱性（pH 为 6.5～10.5）条件下，

$$Ag^+ + Cl^- \longrightarrow AgCl\downarrow（白色）$$

$$2Ag^+ + CrO_4^{2-} \longrightarrow Ag_2CrO_4\downarrow（砖红色）$$

因为 AgCl 的溶解度小于 Ag_2CrO_4 的溶解度，所以在用 $AgNO_3$ 标准滴定溶液滴定 Cl^- 的过程中 AgCl 先沉淀出来，待滴定到达化学计量点时，过量半滴的硝酸银使 Ag^+ 浓度迅速增加，达到 Ag_2CrO_4 的溶度积，立即形成砖红色的铬酸银沉淀，指示滴定终点。

本项目以“制备 $AgNO_3$ 标准溶液”和“测定自来水中氯离子含量”两个工作任务引领，进行理实一体化教学。

【学习导航】

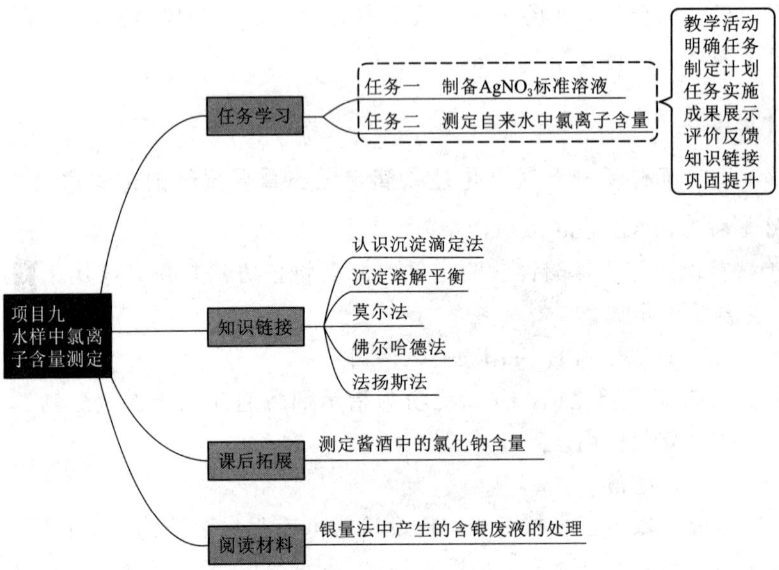

【任务学习】

任务一 制备 $AgNO_3$ 标准溶液

教学活动

活动一 明 确 任 务

【任务背景】

$AgNO_3$ 标准滴定溶液可以用经过预处理的基准试剂 $AgNO_3$ 直接配制。但非基准试剂 $AgNO_3$ 中常含有杂质，如金属银、氧化银、游离硝酸、亚硝酸盐等，需用间接法配制，即先配成近似浓度的溶液后，用基准物质 NaCl 标定。

【学习目标】

专业能力：1. 能准确配制 $AgNO_3$ 标准溶液。

2. 能阐述间接法配制 $AgNO_3$ 标准溶液的原理。

3. 会准确记录数据、正确计算、分析误差、准确表达测定结果。

社会能力：1. 在学习中形成团队合作意识，提升交流、沟通的能力。

2. 工作过程遵循“6S”管理要求，关注环保安全健康。

3. 养成求真务实、科学严谨的工作态度。

方法能力：1. 能收集并处理各种资讯完成学习任务。

2. 能针对工作任务制定具体的实施方案。

3. 能解决实验过程中遇到的一些问题。

【任务书】

请你查阅相关资料，用间接法制备 $c_{(AgNO_3)}=0.1mol/L$ 的硝酸银标准溶液。

小组合作制定计划，准备仪器试剂，根据实施方案完成标定；记录原始数据，正确处理数据，分析误差，撰写实训报告。工作过程必须遵守“6S”管理要求，过程规范，数据记录完整、真实，质控监测合格。

1. 方法原理

$AgNO_3$ 配成近似浓度的溶液后，用基准物质 NaCl 标定。

准确称量基准物质 NaCl，溶解后，在中性或弱碱性溶液中，用 $AgNO_3$ 溶液滴定 Cl^-，以 K_2CrO_4 作指示剂，反应式为

$$Ag^+ + Cl^- \longrightarrow AgCl\downarrow(白色)$$

$$2Ag^+ + CrO_4^{2-} \longrightarrow Ag_2CrO_4\downarrow(砖红色)$$

因为 AgCl 的溶解度小于 Ag_2CrO_4 的溶解度，所以在用 $AgNO_3$ 溶液滴定 Cl^- 的过程中 AgCl 先沉淀出来，待滴定到达化学计量点时，微过量的 Ag^+ 与 CrO_4^{2-} 反应析出砖红色 Ag_2CrO_4 沉淀，指示滴定终点。

2. 任务准备

(1) 仪器。滴定装置。

(2) 试剂。①固体 $AgNO_3$（分析纯）；②基准物质 NaCl（500～600℃灼烧至恒重）；③$KCrO_4$ 指示液（50g/L，即 5%）。

配制：称取 5g K_2CrO_4，溶于少量水中，滴加 $AgNO_3$ 溶液至红色不褪，混匀。放置过夜后过滤，将滤液稀释至 100mL。

3. 操作步骤

制备 $c_{(AgNO_3)}=0.1mol/L$ 的硝酸银标准溶液。

(1) 配制：称取 8.5g $AgNO_3$，溶于 500mL 不含 Cl^- 的蒸馏水中，贮存于带玻璃塞的棕色试剂瓶中，摇匀，置于暗处，待标定。

(2) 标定：准确称取基准试剂 NaCl 0.12～0.15g，放于锥形瓶中，加 50mL 不含 Cl^- 的蒸馏水溶解，加 $KCrO_4$ 指示液 1mL，在充分搅动下，用配好的 $AgNO_3$ 溶液滴定至溶液微呈红色即为终点。记录消耗 $AgNO_3$ 标准滴定溶液的体积。

平行测定 3 次，同时做空白试验。

4. $AgNO_3$ 标准滴定溶液的浓度 $c_{(AgNO_3)}$

$$c_{(AgNO_3)}=\frac{m\times1000}{M(V-V_0)}$$

式中 m——称取基准试剂 NaCl 的质量，g；

M——NaCl 的摩尔质量，58.44g/mol；

V——滴定时消耗 $AgNO_3$ 标准滴定溶液的体积，mL；

V_0——空白试验消耗 $AgNO_3$ 标准滴定溶液体积，mL。

【收集资讯】

小组分工收集以下资讯。

(1) 用氯化钠标定 $AgNO_3$ 溶液的原理是什么？

(2) 莫尔法标定 $AgNO_3$ 溶液，用 $AgNO_3$ 滴定 NaCl 时，滴定过程中为什么要充分摇动溶液？如果不充分摇动溶液，对测定结果有何影响？

(3) 莫尔法中，为什么溶液的 pH 需控制在 6.5～10.5？

(4) $KCrO_4$ 指示液的用量太大或太小对测定结果有何影响？

(5) 在完成任务过程中将会产生哪些环保方面的问题？你将如何处理？

(6) 完成此任务需要老师提供哪些帮助？

活动二 制 定 计 划

【填写工单】

各小组根据任务书及需收集的信息，做好分工，每位同学认领自己的任务，填写工作任务单。完成任务后小组成员进行分享交流。工作任务单见表 9-1。

表 9-1 工 作 任 务 单

步骤	工 作 内 容	负责人（任务分工）
1		
2		
3		
4		
5		

【确定方案】

根据任务书，小组讨论 $AgNO_3$ 标准溶液配制、标定实验过程，画出流程图，各小组派代表阐述流程，师生共同讨论，确定最佳方案，绘制如下：

1. 直接法配制：

2. 间接法配制：

活动三 任 务 实 施

【任务准备】

1. EHS 内容

请分析本任务所涉及的健康、安全及可能会产生的环境问题，并写出相应的健康安全预防措施和相关环境保护措施。

2. 仪器准备

请列出所需仪器清单（表 9－2），向实验老师领用仪器，对于易混用玻璃器皿，贴上标签。

表 9－2 **所需仪器清单**

序号	名称	规格	序号	名称	规格

3. 领取试剂配制溶液

根据实验需要领取相应试剂配制相关溶液（表 9－3）。

表 9－3 **实验试剂配制**

序号	名称	浓度	配制方法

【任务实施】

（1）根据确定的最佳方案完成任务，合理统筹安排时间，注意台面整洁。

操作过程出现的问题：   解决办法：

（2）实验结束，整理台面，归置设备试剂，清洗玻璃仪器，清扫场地卫生，正确处理废液废纸。

活动四 成 果 展 示

【数据记录及处理】

$AgNO_3$ 标准滴定溶液的标定见表 9-4。

表 9-4 $AgNO_3$ 标准滴定溶液的标定

编 号	1	2	3	备注
倾样前称量瓶+NaCl 质量/g				
倾样后称量瓶+NaCl 质量/g				
NaCl 质量/g				
滴定管初读数/mL				
滴定管终读数/mL				
滴定消耗 $AgNO_3$ 体积/mL				
空白/mL				
$c_{(AgNO_3)}$/(mol/L)				
$\overline{c}_{(AgNO_3)}$/(mol/L)				
相对极差/%				

【写出计算公式及过程】

以第一组数据为例写出计算公式及过程。

【完成报告】

请按照行业规范撰写实验报告，内容包括：HSE 内容、实验目的、实验原理、试剂配制过程、样品处理及测试过程、原始数据记录、数据处理，结果评价和问题分析等。

活动五　评　价　反　馈

【学习评价】

评价学习成果、交流讨论疑难问题。$AgNO_3$ 标准滴定溶液制备综合评价见表 9－5。

表 9－5　$AgNO_3$ 标准滴定溶液制备综合评价

评价指标	评　分　要　素	分值	自评	组评	师评
课堂表现（15%）	按时出勤，无迟到、早退、旷课现象	5			
	积极参与教学活动，按时完成各项任务	10			
专业能力（50%）	$AgNO_3$ 溶液配制规范	5			
	天平称量操作规范	5			
	标定操作过程正确	5			
	滴定管操作规范	5			
	终点判断准确	5			
	规范记录数据、正确处理数据	10			
	分析结果的精密度	5			
	正确撰写报告	10			
职业素养（社会能力）（25%）	仪容仪表、实验服穿戴	5			
	团队合作意识，交流沟通能力	5			
	遵循“6S”管理要求，关注环保安全健康	10			
	工作态度求真务实、科学严谨	5			
方法能力（10%）	收集处理各种资讯的能力	3			
	制定实施方案的能力	3			
	发现问题解决问题能力	4			
综合得分＝自评（25%）＋组评（25%）＋师评（50%）					

【自我反思】

通过该任务的学习，你获得了什么？还有什么疑问需要老师帮助？

知识链接

知识点一　认 识 沉 淀 滴 定 法

沉淀滴定法是以沉淀反应为基础的滴定分析方法。沉淀反应很多，但能用于滴定分析的反应必须具备下列条件。

（1）沉淀反应必须迅速。

认识沉淀滴定法

（2）反应按一定的化学计量关系定量进行。

（3）有适当的方法指示滴定终点。

（4）生成的沉淀溶解度要小，且沉淀的吸附现象不妨碍终点的确定。

比较有实用意义的沉淀滴定法是银量法。银量法是利用生成难溶性银盐反应进行的滴定分析方法。例如，水溶液中氯离子和硫氰根离子的分析，常用 $AgNO_3$ 标准溶液来滴定，测得其含量。

银量法按所用指示剂的不同，可分 3 种方法，即莫尔法、佛尔哈德法和法扬司法。莫尔法采用的指示剂为铬酸钾，佛尔哈德法采用的指示剂为铁铵矾；法扬司法采用的指示剂为吸附指示剂。

银量法可以测定银离子、氯离子、溴离子、碘离子、硫氰根离子等及含卤素的有机化合物。常用于化工、冶金、农业、环境监测以及“三废”处理等部门。

知识点二 沉淀溶解平衡

一、溶度积

在水中绝对不溶的物质是不存在的，物质在水中溶解能力的大小通常用溶解度来表示。对于难溶电解质来说，在一定温度下的溶解度是一定值，其溶解所形成的离子浓度也是一定值，难溶电解质溶液中离子浓度的幂次方乘积就是一个常数。这个常数称为溶度积，用 K_{sp} 表示。对于化合物 A_mB_n，在水溶液中溶解电离成 m 个 A 和 n 个 B：

$$A_mB_n \rightleftharpoons mA^{n+} + nB^{m-}$$

其溶度积等于 A 离子的 m 次方乘以 B 离子的 n 次方

$$K_{sp} = [A^{n+}]^m[B^{m-}]^n$$

氯化银的溶度积

$$K_{sp(AgCl)} = [Ag^+][Cl^-]$$

铬酸银的溶度积

$$K_{sp(Ag_2CrO4)} = [Ag^+]^2[CrO_4^{2-}]$$

溶度积与其他平衡常数一样，除与温度有关外，还与物质的溶解性有关。对于相同类型的沉淀，K_{sp} 越小，该物质越难溶，溶解度越小。

对于化合物 A_mB_n，其溶解度为 S，则其溶度积＝mS 的 m 次幂乘以 nS 的 n 次幂，

$$K_{sp} = (mS)^m(nS)^n$$

整理得到溶解度 S 与溶度积 K_{sp} 的关系式为

$$S = \left[\frac{K_{sp}}{m^m n^n}\right]^{\frac{1}{m+n}}$$

溶度积与沉淀的形成有密切关系。对于某难溶电解质溶液，其离子浓度之积用 Q_c 表示，当 $Q_c = K_{sp}$ 时，沉淀和溶解处于平衡状态；当 $Q_c > K_{sp}$ 时，溶液过饱和，有沉淀生成；当 $Q_c < K_{sp}$ 时，为不饱和溶液，无沉淀生成，原有沉淀溶解。

根据溶度积规则，生成沉淀的条件是当溶液中离子浓度的乘积大于该物质的溶度积时，就会有这种物质的沉淀生成，一般通过加入沉淀剂使沉淀析出，如向 0.1mol/L 的

氯化钠溶液中加入 0.1mol/L 的硝酸银溶液，溶液中氯离子浓度与银离子浓度的乘积为 0.01，大于氯化银的溶度积，就会生成氯化银沉淀。

二、分步沉淀

实际测定中溶液中常常同时存在几种离子，当加入同一种沉淀剂时，首先沉淀的是其离子积先达到溶度积的离子，这种先后沉淀的现象称为分步沉淀。

例如在 0.01mol/L 的氯离子和 0.01mol/L 的碘离子共存的溶液中，逐滴加入硝酸银溶液。首先沉淀的是能够先达到溶度积的碘化银沉淀，其次才生成氯化银沉淀。因为氯化银的溶度积为 1.8×10^{-10}，生成氯化银所需银离子的浓度为 1.8×10^{-8}mol/L；碘化银的溶度积为 8.3×10^{-17}，生成碘化银沉淀所需银离子的浓度为 8.3×10^{-15}mol/L。

巩固提升

1. 25℃时，AgCl 的 K_{sp} 为 1.56×10^{-10}，AgBr 的 K_{sp} 为 5.0×10^{-13}，Ag_2CrO_4 的 K_{sp} 为 9.0×10^{-12}，求 AgCl、AgBr 和 Ag_2CrO_4 的溶解度。

2. 在含有等浓度的 Cl^- 和 I^- 的溶液中，逐滴加入 $AgNO_3$ 溶液，哪一种离子先沉淀？第二种离子开始沉淀时，I^- 与 Cl^- 的浓度比为多少？

任务二　测定自来水中氯离子含量

教学活动

活动一　明　确　任　务

【任务背景】

天然水中一般都含有氯化物，用漂白粉消毒或加入凝聚剂 $AlCl_3$ 处理水时也会带入一定量的氯化物，一般要求饮用水中的氯化物含量不超过 250mg/L。当饮用水中的氯化物含量超过 250mg/L 时，人对水的咸味开始有感觉；含量大于 500mg/L 几时，对胃液分泌、水代谢有影响，可引起人体慢性中毒，且对配水系统有腐蚀作用。所以对自来水中的氯含量进行检测很有必要。

【学习目标】

专业能力：1. 能根据相关标准制定自来水中氯离子含量测定的方案。
2. 能讲述莫尔法测定氯离子含量的原理及计算方法。
3. 能规范使用容量分析仪器。
4. 能准确判断终点颜色。
5. 会准确记录数据、正确计算、分析误差、准确表达测定结果。

社会能力：1. 在学习中形成团队合作意识，提升交流、沟通的能力。
2. 工作过程遵循“6S”管理要求，关注环保安全健康。
3. 养成求真务实、科学严谨的工作态度。

方法能力：1. 能收集并处理各种资讯完成学习任务。
2. 能针对工作任务制定具体的实施方案。
3. 能解决实验过程中遇到的一些问题。
4. 形成对工作结果进行评价与反思的习惯。

【任务书】

GB/T 5750.5—2023《生活饮用水标准检验方法 第5部分：无机非金属指标》

假如你是某自来水厂检测中心的一员，请你对日常自来水中氯的含量进行分析化验，并出具检验报告单。

请你研读 GB/T 5750.5—2023《生活饮用水标准检验方法　第 5 部分：无机非金属指标》中的 5 氯化物，小组合作制定测定计划，准备仪器试剂，根据实施方案完成测定；记录原始数据，正确处理数据，分析误差，撰写实训报告。工作过程必须遵守“6S”管理要求，过程规范，数据记录完整、真实，质控监测合格。

1. 方法原理

水中氯离子的测定

在中性或弱碱性（pH 为 6.5～10.5）条件下，以 $AgNO_3$ 作为标准滴定溶液，K_2CrO_4 为指示剂测定 Cl^-。反应式为

$$Ag^+ + Cl^- \longrightarrow AgCl\downarrow（白色）$$

$$2Ag^+ + CrO_4^{2-} \longrightarrow Ag_2CrO_4\downarrow（砖红色）$$

当滴定到 Ag^+ 和 Cl^- 到达化学计量点时，过量的 Ag^+ 与 CrO_4^{2-} 立即形成砖红色的铬酸银沉淀，指示滴定终点。

2. 任务准备

（1）仪器。滴定装置。

（2）试剂。①固体 $AgNO_3$（分析纯）；②氯化钠标准溶液：$\rho_{(Cl^-)}=0.5mg/mL$，称取经 700℃烧灼 1h 的氯化钠 8.2420g，溶于纯水中并稀释至 1000mL。吸取 10.0mL，用纯水稀释至 100.0mL；③水试样：自来水或天然水；④ $KCrO_4$ 指示液（50g/L，即 5%）。

3. 操作步骤

（1）硝酸银标准溶液（$c_{(AgNO_3)}=0.014mol/L$）的制备：称取 2.4g 硝酸银溶于纯水，稀释至 1000mL，储存于棕色试剂瓶内，用氯化钠标准溶液标定。

吸取 25.00mL 氯化钠标准溶液置于锥形瓶内，加纯水 25mL，加 1mL 铬酸钾指示液，用 $AgNO_3$ 标准溶液滴定，直至产生微红色为止，计算 $AgNO_3$ 溶液的浓度。

（2）自来水中氯含量的测定：用移液管移取水样 50.00mL 放于锥形瓶中，加 K_2CrO_4 指示液 1mL，在充分摇动下，用 $AgNO_3$ 标准滴定溶液滴定至溶液由黄色变为微红色，即为终点。

平行测定 3 次，同时做空白实验。计算水中氯含量（以 mg/L 表示）。

4. 计算

(1) 硝酸银的浓度：

$$T_{Cl^-/AgNO_3}=\frac{25.00\rho_{(Cl^-)}}{V_1-V_0}$$

式中 $T_{Cl^-/AgNO_3}$——1.00mL 硝酸银标准溶液相当于氯化物的质量，mg/mL；

$\rho_{(Cl^-)}$——氯化钠标准溶液中 Cl^- 浓度，mg/mL；

V_1——滴定氯化钠标准溶液的硝酸银标准溶液用量，mL；

V_0——滴定空白的硝酸银标准溶液用量，mL。

(2) 水中氯含量计算：

$$\rho_{(Cl^-)}=\frac{(V_1'-V_0')T_{Cl^-/AgNO_3}}{V_{水样}}\times 1000$$

式中 $\rho_{(Cl^-)}$——水样中氯化物（以 Cl^- 计）的质量浓度，g/mL；

V_1'——水样消耗硝酸银标准溶液的体积，mL；

V_0'——空白试验消耗硝酸银标准溶液的体积，mL；

$T_{Cl^-/AgNO_3}$——1.00mL 硝酸银标准溶液相当于氯化物的质量，mg/mL；

$V_{水样}$——水样体积，mL。

【收集资讯】

小组分工收集以下资讯。

(1) 标定 $AgNO_3$ 标准溶液时，能否用 NaCl 标准溶液滴定 $AgNO_3$ 溶液？

(2) 总结莫尔法的测定条件。

(3) 莫尔法能测定哪些物质，分别用什么方式？

(4) $AgNO_3$ 标准溶液应装哪种滴定管中？滴定后的滴定管如何洗涤？

(5) 在完成任务过程中将会产生哪些环保方面的问题？你将如何处理？

(6) 完成此任务需要老师提供哪些帮助？

活动二 制 定 计 划

【填写工单】

各小组根据任务书及需收集的信息，做好分工，每位同学认领自己的任务，填写工作任务单。完成任务后小组成员进行分享交流。工作任务单见表 9-6。

表 9-6 工 作 任 务 单

步骤	工 作 内 容	负责人（任务分工）
1		
2		
3		
4		
5		

【确定方案】

根据任务书，小组讨论硫酸亚铁铵中亚铁含量测定的实验过程，画出流程图，各小组派代表阐述流程，师生共同讨论，确定最佳方案，绘制如下：

1. $AgNO_3$ 标准溶液标定

2. 水样中氯离子含量测定

活动三 任 务 实 施

【任务准备】

1. EHS 内容

请分析本任务所涉及的健康、安全及可能会产生的环境问题，并写出相应的健康安全预防措施和相关环境保护措施。

2. 仪器准备

请列出所需仪器清单（表 9－7），向实验老师领用仪器，对于易混用玻璃器皿，贴上标签。

表 9－7　　所需仪器清单

序号	名称	规格	序号	名称	规格

3. 领取试剂配制溶液

根据实验需要领取相应试剂配制相关溶液（表 9－8）。

表 9－8　　实验试剂配制

序号	名称	浓度	配制方法

【任务实施】

（1）根据确定的最佳方案完成任务，合理统筹安排时间，注意台面整洁。

操作过程出现的问题：   解决办法：

（2）实验结束，整理台面，归置设备试剂，清洗玻璃仪器，清扫场地卫生，正确处理废液废纸。

活动四 成 果 展 示

【数据记录及处理】

$AgNO_3$ 标准溶液标定见表 9－9，水样中氯离子含量测定见表 9－10。

表 9－9　　$AgNO_3$ 标准溶液标定

编　　号	1	2	3	备注
NaCl 标准溶液中 Cl^- 浓度 $\rho_{(Cl^-)}$/(mg/mL)				
滴定管初读数/mL				
滴定管终读数/mL				
消耗 $AgNO_3$ 体积/mL				
空白/mL				
$T_{Cl^-/AgNO_3}$/(g/mL)				
$\overline{T}_{Cl^-/AgNO_3}$/(g/mL)				
相对极差/%				

表 9－10　　水样中氯离子含量测定

编　　号	1	2	3	备注
$AgNO_3$ 标液浓度 $T_{Cl/AgNO_3}$/(g/mL)				
滴定管初读数/mL				
滴定管终读数/mL				
消耗 $AgNO_3$ 体积/mL				
空白/mL				
水样中 Cl^- 含量 $\rho_{(Cl^-)}$/(g/mL)				
水样中 $\overline{\rho}_{(Cl^-)}$/(g/mL)				
相对极差/%				

【写出计算公式及过程】

以第一组数据为例写出计算公式及过程。

【完成报告】

请按照行业规范撰写实验报告，内容包括：HSE内容、实验目的、实验原理、试剂配制过程、样品处理及测试过程、原始数据记录、数据处理、结果评价和问题分析等。

活动五 评 价 反 馈

【学习评价】

评价学习成果、交流讨论疑难问题。水样中氯离子含量测定综合评价见表9-11。

表9-11 水样中氯离子含量测定综合评价

评价指标	评 分 要 素	分值	自评	组评	师评
课堂表现（15%）	按时出勤，无迟到、早退、旷课现象	5			
	积极参与教学活动，按时完成各项任务	10			
专业能力（50%）	天平称量操作规范	5			
	容量瓶使用规范	5			
	移液管使用规范	5			
	滴定管操作规范	5			
	终点判断准确	5			
	规范记录数据、正确处理数据	10			
	分析结果的精密度	5			
	正确撰写报告	10			
职业素养（社会能力）（25%）	仪容仪表、实验服穿戴	5			
	团队合作意识，交流沟通能力	5			
	遵循“6S”管理要求，关注环保安全健康	10			
	工作态度求真务实、科学严谨	5			
方法能力（10%）	收集处理各种资讯的能力	3			
	制定实施方案的能力	3			
	发现问题解决问题能力	4			
综合得分=自评（25%）+组评（25%）+师评（50%）					

【自我反思】

通过该任务的学习，你获得了什么？还有什么疑问需要老师帮助？

知识链接

知识点一 莫 尔 法

莫尔法是以 K_2CrO_4 作指示剂，在中性或弱碱性溶液中生成砖红色的铬酸银沉淀来指示滴定终点的银量法。

一、指示剂的作用原理

以测定 Cl^- 为例，中性或弱碱性溶液中加入适量的 K_2CrO_4 作指示剂，以 $AgNO_3$ 标准溶液滴定，由于 AgCl 的溶解度较 Ag_2CrO_4 小，因此，在用 $AgNO_3$ 溶液滴定过程中，AgCl 首先沉淀，当 AgCl 定量沉淀后，稍过量的滴定剂与指示剂反应，生成砖红色的 Ag_2CrO_4 沉淀，以指示终点。

莫尔法

$$Cl^- + Ag^+ = AgCl\downarrow \text{（白色）}$$

$$CrO_4^{2-} + 2Ag^+ = Ag_2CrO_4\downarrow \text{（砖红色）}$$

罐头、蜜饯中食盐含量的测定常用此法。

二、滴定条件

1. 溶液的酸度

莫尔法应在中性或弱碱性溶液中进行（pH=6.5～10.5）。

铬酸的解离常数为 3.2×10^{-7}，酸性较弱，当溶液中 H^+ 浓度较大时，CrO_4^{2-} 结合 H^+，Ag_2CrO_4 溶解度增大，甚至不产生沉淀，引起正误差，故滴定不能在酸性溶液中进行。

$$2CrO_4^{2-} + 2H^+ \rightleftharpoons 2HCrO_4^- \rightleftharpoons Cr_2O_7^{2-} + H_2O$$

若溶液酸性太强，可用硼砂或碳酸氢钠中和。

但如果碱性太强，则有棕黑色氧化银沉淀析出，即

$$2Ag^+ + 2OH^- = Ag_2O\downarrow + H_2O$$

溶液碱性太强可用稀硝酸中和。

试液中若有铵盐存在，pH 较大时，会有 NH_3 生成，会形成银氨配离子而使 AgCl 及 Ag_2CrO_4 的溶解度增大，实验证明，当 $[NH_4^+]<0.05mol/L$ 时，控制溶液的 pH 在 6.5～7.2 范围内滴定可得到满意的结果。铵盐含量高时，则仅仅通过控制溶液酸度已不能消除其影响，此时须在滴定前将大量铵盐除去。

2. 指示剂用量

指示剂 K_2CrO_4 浓度要合适。K_2CrO_4 浓度过高，终点出现过早且溶液黄色较深，影响终点观察，过低，终点出现推迟。

实践证明，指示剂的浓度为 $[CrO_4^{2-}]=5.0\times10^{-3}mol/L$ 是确定滴定终点的适宜浓度，即在终点体积为 50～100mL 的滴定溶液中加入 1～2mL 5% K_2CrO_4 溶液。

3. 滴定时剧烈摇动溶液

及时释放被 AgCl 或 AgBr 沉淀吸附的 Cl^- 或 Br^-，防止终点提前。AgBr 沉淀吸附 Br^- 比 AgCl 沉淀吸附 Cl^- 更强烈，故滴定 Br^- 时比滴定 Cl^- 时更要注意在滴定过程中剧烈摇动锥形瓶，使被吸附的 Br^- 释放出来，否则终点过早出现，误差较大。

三、干扰情况

莫尔法的选择性比较差，凡能与 Ag^+ 生成沉淀的阴离子如 S^{2-}、CO_3^{2-}、PO_4^{3-}、SO_3^{2-}、$C_2O_4^{2-}$、AsO_4^{3-} 等，能与 CrO_4^{2-} 离子生成沉淀的阳离子如 Ba^{2+}、Pb^{2+}、Hg^{2+} 等，能与 Ag^+ 或 Cl^- 配位的物质均干扰测定；易水解离子在中性弱碱性条件下水解，也会干扰；大量的 Cu^{2+}、Co^{2+}、Ni^{2+} 等有色离子的存在，对终点颜色的观察有影响。

四、应用范围

莫尔法可直接测定 Cl^- 或 Br^- 离子，当两者共存时，滴定的是它们的总量。莫尔法不宜测定 I^- 及 SCN^-，因为生成的 AgI、AgSCN 沉淀表面会强烈吸附 I^- 和 SCN^-，使终点提前，误差较大。且莫尔法不适合于用 NaCl 标准溶液直接滴定 Ag^+，因为银试液中一旦加入 K_2CrO_4 指示剂，就会形成较多 Ag_2CrO_4 沉淀，而滴定过程中 Ag_2CrO_4 转化为 AgCl 的速率缓慢，滴定终点难以确定，如果要用此法测定银，则可以采用返滴定法进行。

知识点二 佛尔哈德法

佛尔哈德法是在酸性介质中以铁铵矾［$NH_4Fe(SO_4)_2 \cdot 12H_2O$］为指示剂的银量法。根据滴定方式的不同，佛尔哈德法分为直接滴定法和返滴定法两种。

一、直接滴定法测定 Ag^+

佛尔哈德法

在含 Ag^+ 的酸性（HNO_3）试液中，以铁铵矾作指示剂，用 NH_4SCN 或 KSCN 标准滴定溶液直接滴定 Ag^+，当 AgSCN 定量沉淀后，稍过量的 SCN^- 便与 Fe^{3+} 生成红色的配离子［$Fe(SCN)$］$^{2+}$ 指示终点。

$$Ag^+ + SCN^- = AgSCN\downarrow（白色）$$

$$Fe^{3+} + SCN^- = [Fe(SCN)]^{2+}（红色）$$

实验证明［$Fe(SCN)$］$^{2+}$ 的最低可见浓度为 6.0×10^{-6}mol/L，通常指示剂的浓度控制为终点时［Fe^{3+}］=0.015mol/L，指示剂浓度高时 Fe^{3+} 的颜色将干扰终点观察。由于指示剂 Fe^{3+} 易水解，滴定必须在酸性溶液中进行，通常在 0.3～1mol/L HNO_3 介质中进行滴定，Fe^{3+} 以 $Fe(H_2O)_6^{3+}$ 存在，颜色较浅，如果酸度较低，Fe^{3+} 发生水解，以羟基化合物或多羟基化合物的形式存在，呈棕色，影响终点观察，如果酸度更低，甚至产生 $Fe(OH)_3$ 沉淀。

在酸性溶液中进行滴定是佛尔哈德法的最大优点，一些在中性或弱碱性介质中能与 Ag^+ 产生沉淀的阴离子都不干扰滴定，选择性较高。但强氧化剂可将 SCN^- 氧化；氮的低价氧化物与 SCN^- 能形成红色化合物，可能引起终点的错误判断；铜盐，汞盐都能与 SCN^- 生成沉淀，均干扰测定，必须预先除去。

滴定过程充分摇动试液，使被 AgSCN 沉淀吸附的 Ag^+ 释放出来，避免终点提前。

二、返滴定法测卤素离子及 SCN^-

佛尔哈德法测定含卤素离子（Cl^-、Br^-、I^-）和 SCN^- 的溶液时，应采用返滴定法，在酸性（HNO_3 介质）待测溶液中，先加入一定量过量的 $AgNO_3$ 标准溶液，使生成银盐沉淀，然后以铁铵矾为指示剂，用 NH_4SCN 标准溶液返滴定剩余的 Ag^+，当出

现 $[Fe(SCN)]^{2+}$ 的红色溶液时，即为终点。

$$X^- + Ag^+(\text{过量}) = AgX\downarrow$$

$$Ag^+(\text{剩余}) + SCN^- = AgSCN\downarrow(\text{白色})$$

$$Fe^{3+} + SCN^- = [Fe(SCN)]^{2+}(\text{红色})$$

用佛尔哈德法测定 Cl^- 时，滴定达终点时，经摇动后溶液的红色会褪去，使终点难以确定。这是因为 AgCl 的溶解度大于 AgSCN 的溶解度，使得在化学计量点后，加入的 NH_4SCN 将与 AgCl 发生沉淀转化：

$$AgCl + SCN^- = AgSCN\downarrow + Cl^-$$

由于上述沉淀转化反应的发生，降低了溶液中 SCN^- 的浓度，使已生成的 $[Fe(SCN)]^{2+}$ 发生离解，溶液的红色消失。为了得到持久的红色，必然要多消耗一些 NH_4SCN 标准溶液，造成较大的误差，要避免这个误差，就要阻止 AgCl 转化为 AgSCN，通常有两种方法可避免沉淀转化反应的发生：

(1) 生成 AgCl 后将沉淀滤去。产生 AgCl 沉淀后，将溶液煮沸，使 AgCl 凝聚，以减少 AgCl 沉淀对 Ag^+ 的吸附。滤去沉淀，用稀硝酸充分洗涤沉淀，合并滤液，然后用 NH_4SCN 标准溶液滴定滤液中 Ag^+，此法操作麻烦。

(2) 产生 AgCl 沉淀后，加入某些有机试剂，如1～2 毫升硝基苯（有毒），或1,2-二氯乙烷或邻苯二甲酸二丁酯，用力摇动，使 AgCl 沉淀表面覆盖上一层有机溶剂，将沉淀与溶液隔开，这样，沉淀转化作用就不能进行了，此法较简便。

返滴定法测 Br^-、I^- 及 SCN^- 时，不会发生沉淀转化反应，滴定终点十分明显，因为 AgBr、AgI 的溶解度均比 AgSCN 小，故不需过滤沉淀或加有机溶剂，但在测定碘离子时，铁铵矾指示剂必须在加入过量的 $AgNO_3$ 标准溶液后才能加入，否则 Fe^{3+} 将氧化 I^- 成 I_2，影响分析结果的准确度：

$$2I^- + 2Fe^{3+} = I_2 + 2Fe^{2+}$$

有机卤化物经适当处理后，使有机卤素变为卤离子后，可采用佛尔哈德返滴定法测定。

知识点三 法 扬 斯 法

用吸附指示剂确定滴定终点的银量法，称为法扬司法。

一、吸附指示剂的作用原理

吸附指示剂一般是有机染料，在溶液中可离解为具有一定颜色的阴（阳）离子，此阴（阳）离子容易被带相反电荷的胶体沉淀所吸附，吸附后指示剂结构改变，从而引起颜色的改变，指示滴定终点。

例如用 $AgNO_3$ 标准溶液滴定 Cl^- 时，可用荧光黄作指示剂，荧光黄是一种有机弱酸（用 HFI 表示），在溶液中解离为黄绿色的阴离子，在化学计量点前，溶液中剩余 Cl^-，生成的 AgCl 优先吸附 Cl^- 而带负电荷，荧光黄阴离子受排斥而不被吸附，溶液呈黄绿色，化学计量点后，$AgNO_3$ 溶液微过量时，AgCl 沉淀胶粒因吸附 Ag^+ 而带正电荷，从而吸附荧光黄阴离子，使沉淀表面呈粉红色，从而指示滴定终点。

$$HFI \rightleftharpoons H^+ + FI^-(\text{黄绿色})$$

Cl^-过量时：　　　　$(AgCl)\cdot Cl^-$排斥FI^-（黄绿色）

Ag^+过量时：

$$(AgCl)\cdot Ag^+ + FI^-(\text{黄绿色}) \rightleftharpoons (AgCl)\cdot Ag^+FI^-(\text{粉红色})$$

二、使用吸附指示剂的注意事项

为使终点变色明显，使用吸附指示剂应注意以下几点：

1. 保持沉淀呈胶体状态

由于吸附指示剂颜色变化是沉淀的表面吸附作用引起的，因此应该使沉淀表面具有较强的吸附能力，这就要求沉淀的颗粒要小，尽量使沉淀的比表面积大，要防止胶体沉淀的凝聚，为此通常加入糊精、淀粉等保护胶体，以利于对指示剂的吸附，变色敏锐。

此法不宜测太稀溶液，否则沉淀量少，终点不明显，测Cl^-时，其浓度要求在0.005mol/L以上，测Br^-、I^-及SCN^-时灵敏度稍高，0.001mol/L仍可准确滴定。被测试液较浓时，滴定前将溶液适当稀释。

2. 控制溶液的酸度

常用的吸附指示剂大多是有机弱酸，起指示剂作用的是它们的阴离子。若指示剂主要以分子状态存在，则难以被卤化银沉淀所吸附。酸度的控制与吸附指示剂的离解常数有关，离解常数大酸度可以大一些，例如荧光黄的$pK_a=7$，适用于在pH为7～10的条件下进行滴定，此时，荧光黄可离解出较多的FI^-离子，若pH小于7，则主要以HFI存在，而HFI难以被沉淀吸附，故无法指示终点。曙红的$pK_a=2$，适用于在pH=2～10的条件下进行滴定。

3. 避免强光照射

卤化银沉淀对光敏感，易分解析出银，使沉淀转变为灰黑色，影响终点观察。

4. 选择吸附性能适当的指示剂

通常要求卤化银沉淀对指示剂离子的吸附能力略小于对待测离子的吸附能力，否则指示剂将在化学计量点前变色。

卤化银沉淀对卤化物和几种吸附指示剂的吸附能力的次序如下：

$$I^- > SCN^- > Br^- > \text{曙红} > Cl^- > \text{荧光黄}$$

故滴定Cl^-时，选择荧光黄，而不能选曙红作指示剂。测定Br^-、I^-及SCN^-常用曙红作指示剂。但是指示剂离子被沉淀吸附的能力也不能太弱，否则过了化学计量点迟迟不被吸附，终点出现太晚，误差大，所以滴定Br^-、I^-、SCN^-时不选荧光黄作指示剂。常用吸附指示剂见表9-12。

表9-12　　常用吸附指示剂及其应用

指示剂	被测离子	滴定剂	滴定条件	颜色变化
荧光黄	Cl^-	$AgNO_3$	pH=7～10	黄绿→粉红
二氯荧光黄	Cl^-	$AgNO_3$	pH=4～10	黄绿→红
曙红	Br^-、I^-、SCN^-	$AgNO_3$	pH=2～10	橙黄→红紫
溴酚蓝	生物碱盐类	$AgNO_3$	弱酸性	黄绿→灰紫
甲基紫	Ag^+	NaCl	酸性溶液	黄红→红紫

三、应用范围

法扬司法可测定 Cl^-、Br^-、I^-、SCN^-、Ag^+ 及生物碱盐类（如盐酸麻黄碱）等，此法简便，终点亦明显，较为准确，但反应条件较为严格，要注意溶液的酸度，浓度及胶体的保护等。

巩固提升

一、单项选择题

1. 用莫尔法测定水样中 Cl^- 离子的含量，如果水样中有 $NH_3 \cdot H_2O$ 存在，则需控制 pH6.5～7.2，这是为了（　　）。

A. 增加 AgCl 的溶解度　　B. 防止 Ag_2O 沉淀发生
C. 抑制配位反应发生　　D. 增强配合物的稳定性

2. 莫尔法测定 Cl^- 含量时，要求介质 pH 在 6.5～10 范围内，若酸度过高，则（　　）。

A. AgCl 沉淀不完全　　B. Ag_2CrO_4 沉淀不易形成
C. AgCl 沉淀易胶溶　　D. AgCl 吸附 Cl^- 增强

3. 莫尔法测定 Cl^- 含量时，要求介质 pH 在 6.5～10.0 范围内，若 pH 过高，则（　　）。

A. AgCl 沉淀溶解　　B. Ag_2CrO_4 沉淀减少
C. AgCl 沉淀完全　　D. 形成 Ag_2O 沉淀

4. 用佛尔哈德法测定 Cl^- 离子时，采用的指示剂是（　　）。

A. 铁铵矾　　B. 铬酸钾　　C. 甲基橙　　D. 荧光黄

5. 以某吸附指示剂（$pK_a = 4.0$）作银量法的指示剂，测定的 pH 应控制在（　　）。

A. pH<4.0　　B. pH>4.0　　C. pH>10.0　　D. 4<pH<10.0

6. 以下银量法测定需采用返滴定方式的是（　　）。

A. 莫尔法测 Cl^-　　B. 佛尔哈德法测 Cl^-
C. 吸附指示剂法测 Cl^-　　D. 佛尔哈德法测 Ag^+

7. 下列说法正确的是（　　）。

A. 莫尔法能测定 Cl^-、I^-、Ag^+
B. 佛尔哈德法能测定的离子有 Cl^-、Br^-、I^-、SCN^-、Ag^+
C. 佛尔哈德法只能测定的离子有 Cl^-、Br^-、I^-、SCN^-
D. 沉淀滴定中吸附指示剂的选择，要求沉淀胶体微粒对指示剂的吸附能力应略大于对待测离子的吸附能力

8. 用佛尔哈德法测定时，防止测定结果偏低的措施是（　　）。

A. 使反应在酸性中进行　　B. 避免 $AgNO_3$ 加入过量
C. 加入硝基苯　　D. 适当增加指示剂的用量

9. 下列各沉淀反应，不属于银量法的是（　　）。

A. $Ag^+ + Cl^- = AgCl\downarrow$　　B. $Ag^+ + I^- = AgI\downarrow$

C. $Ag^+ + SCN^- \xlongequal{} AgSCN\downarrow$　　D. $2Ag^+ + S^{2-} \xlongequal{} AgS\downarrow$

二、判断题

1.（　　）莫尔法测定 Cl^- 含量，应在中性或碱性的溶液中进行。

2.（　　）分析纯的 NaCl 试剂，如不做任何处理，用来标定 $AgNO_3$ 溶液的浓度，结果会偏高。

3.（　　）硝酸银标准溶液应装在棕色碱式滴定管中进行滴定。

4.（　　）用氯化钠基准试剂标定 $AgNO_3$ 溶液浓度时，溶液酸度过大，对标定结果没有影响。

5.（　　）佛尔哈德法是以铬酸钾为指示剂的一种银量法。

6.（　　）佛尔哈德法通常在 0.1～1mol/L 的 HNO_3 溶液中进行。

7.（　　）佛尔哈德法是以 NH_4SCN 为标准滴定溶液，铁铵矾为指示剂，在稀硝酸溶液中进行滴定。

8.（　　）用佛尔哈德法测定 Ag^+，滴定时必须剧烈摇动。用返滴定法测定 Cl^- 时，也应该剧烈摇动。

三、计算题

1. 将 30.00mL $AgNO_3$ 溶液作用于 0.1357g NaCl，过量的银离子需用 2.50mL NH_4SCN 溶液滴定至终点。预先知道滴定 20.00mL $AgNO_3$ 溶液需要 19.85mL NH_4SCN 溶液。试计算：

(1) $AgNO_3$ 溶液的浓度；(2) NH_4SCN 溶液的浓度。

2. 取含 Cl^- 的某废水样 100.0mL，加入 20.00mL 0.1120mol/L $AgNO_3$ 溶液，然后用 0.1160mo/L NH_4SCN 溶液滴定过量的 $AgNO_3$ 溶液，用去 10.00mL，求该水样中 Cl^- 的含量（以 mg/L 表示）。

3. 将 0.1159mol/L $AgNO_3$ 溶液 50.00mL 加入含有氯化物试样 0.2546g 的溶液中，然后用 20.16mL 0.1033mol/L NH_4SCN 溶液滴定过量的 $AgNO_3$。计算试样中氯的质量分数。

【课后拓展】测定酱酒中的氯化钠含量

由学生自行选择合适的实验方法、写出实验原理、准备仪器试剂、规划实验步骤、设计数据记录表格、进行数据分析等。

【阅读材料】

阅读材料一　银量法中产生的含银废液的处理

在银量法中，要使用 $AgNO_3$ 标准溶液，在银量法的滴定废液中，含有大量的金属银，主要存在形式如 Ag^+、AgCl 沉淀、Ag_2CrO_4 沉淀及 AgSCN 沉淀等。银是贵重的金属之一，它属于重金属。如果将实验中产生的这些含银废液排放掉，不仅造成了经济上的巨大浪费，而且也带来了重金属对环境的污染，严重危害人的身体健康。因此，将含银废液中的银回收或制备常用试剂硝酸银是极有意义的。

1. 实验方案

$$\text{废液}\xrightarrow{\text{盐酸或 }NaCl+HNO_3}\begin{cases}\text{沉淀}\xrightarrow{NH_3\cdot H_2O}\begin{cases}\text{沉淀}\xrightarrow{\text{盐酸}}\begin{cases}\text{沉淀 }(AgCl)\\ \text{滤液}\end{cases}\\ \text{滤液}\end{cases}\\ \text{滤液}\end{cases}$$

$$AgCl\xrightarrow{NH_3\cdot H_2O}Ag(NH_3)_2^+\xrightarrow{\text{甲醛}}Ag\text{ 粉}$$

$$Ag\text{ 粉}\xrightarrow{(1+1)\text{硝酸}}\xrightarrow{\text{蒸发}}\xrightarrow{\text{结晶}}\xrightarrow{\text{烘干}}AgNO_3$$

2. 具体操作

（1）分离干扰离子，Ag^+生成 AgCl 沉淀。含银废液中，还常含有 CrO_4^{2-}、Hg_2^{2+}、Pb^{2+}等离子。向废液中加入盐酸酸化（也可加入 NaCl 同时加 HNO_3 酸化），此时，Ag_2CrO_4，沉淀溶解。

$$2Ag_2CrO_4+2H^+\longrightarrow 4Ag^++Cr_2O_7^{2-}+H_2O$$

Ag^+、Hg_2^{2+} 生成相应的氯化物沉淀，$PbCl_2$ 溶解度较大，故 Pb^{2+} 部分沉淀：

$$Ag^++Cl^-\longrightarrow AgCl\downarrow$$

$$Hg_2^{2+}+2Cl^-\longrightarrow Hg_2Cl_2\downarrow$$

$$Pb^{2+}+2Cl^-\longrightarrow PbCl_2\downarrow$$

而 CrO_4^{2-} 在酸溶液中以 $Cr_2O_7^{2-}$ 形式存在。过滤洗涤后，沉淀转入烧杯中，加入过量的 1∶1 氨水，AgCl 沉淀溶解，Hg_2Cl_2 沉淀转化为 Hg 和 $HgNH_2Cl$ 沉淀，PbCl 沉淀不溶：

$$AgCl+2NH_3\cdot H_2O\longrightarrow Ag(NH_3)_2Cl+2H_2O$$

$$Hg_2Cl_2+2NH_3\cdot H_2O\longrightarrow Hg\downarrow+HgNH_2Cl\downarrow+NH_4Cl+2H_2O$$

过滤除去沉淀，保留滤液，再向滤液中加入盐酸，使 Ag^+ 再次以 AgCl 沉淀形式析出，过滤、洗涤，保留沉淀。经过两次处理后，得到了较纯净的 AgCl 沉淀。

（2）单质银的制备。上述制得的 AgCl 沉淀中，加入 1∶1 氨水使之全部溶解，再加入甲醛溶液使之有银灰色沉淀出现。加热搅拌，缓慢加入 40% NaOH 溶液至上层液面呈透明，停止加热搅拌。过滤，所得沉淀用 2%率 H_2SO_4 溶液洗涤，再用蒸馏水洗至中性，抽滤，得金属银粉末。

$$2Ag(NH_3)_2Cl+2NaOH\longrightarrow Ag_2O\downarrow+2NaCl+4NH_3+H_2O$$

$$Ag_2O+HCHO\longrightarrow 2Ag\downarrow+HCOOH$$

（3）$AgNO_3$ 的制备。将上述金属银粉末转移至瓷蒸发皿中，加入 1∶1 硝酸使粉末全部溶解。在电炉上加热蒸发至有晶形析出，停止加热，将瓷蒸发皿放在烘箱中，在 110℃下进行结晶，得 $AgNO_3$。

模块三

重量分析技术

项目十 硫酸钠含量测定

【项目由来】

工业无水硫酸钠是一种广泛应用于蓄电池、光学玻璃、印染、合成洗涤剂、维尼纶、染料、普通玻璃、造纸工业、纤维生产及无机盐等工业原料等行业的重要化工原料。工业无水硫酸钠的技术要求应符合国家标准，其主要指标包括含量、pH 值、水分、铁含量等。其中，含量是工业无水硫酸钠的重要指标之一。无水硫酸钠含量的测定常用重量分析法。

重量分析法也称称量分析法，是经典的化学分析方法之一。重量分析法是根据试样减轻的质量或反应中生成的难溶化合物的质量来确定被测组分含量的分析方法。

在重量分析法中，一般是先把被测组分从试样中分离出来，转化为一定的称量形式，然后根据称得的质量求出该组分的含量。根据分离方法的不同，重量分析法可分为气化法（挥发法）、沉淀法、电解法等，常用的是气化法和沉淀法。本项目重点介绍沉淀重量法。沉淀重量法一般经过一系列操作步骤来完成测定。

$$\text{试样}\xrightarrow{\text{溶解}}\text{试液}\xrightarrow{\text{沉淀剂}}\text{沉淀形式}\xrightarrow{\text{过滤、洗涤、烘干、灼烧}}\text{称量形式}\xrightarrow{\text{质量守恒}}\text{计算}$$

本项目以测定工业无水硫酸钠中 Na_2SO_4 含量为工作任务引领，进行理实一体化教学。

【学习导航】

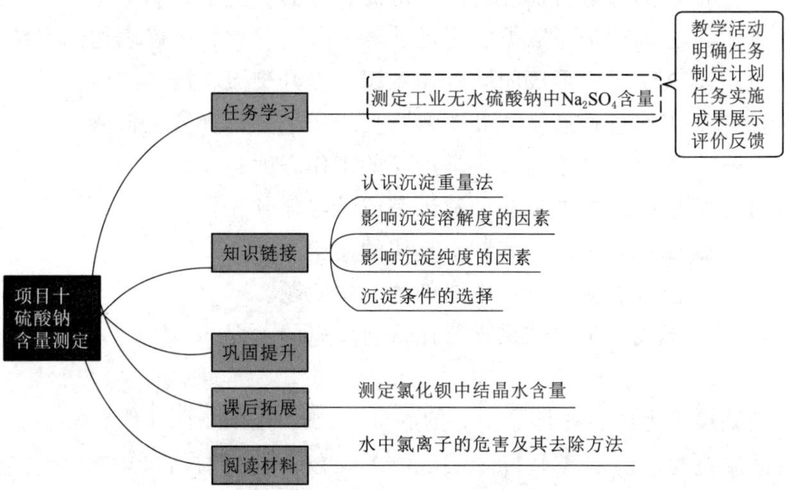

【任务学习】

测定工业无水硫酸钠中 Na_2SO_4 含量

教学活动

活动一 明 确 任 务

【任务背景】

工业无水硫酸钠为白色结晶颗粒，根据工业无水硫酸钠的用途不同，将其分为3类：

Ⅰ类优等品，主要用于蓄电池、光学玻璃、印染、合成洗涤剂、维尼纶、纤维生产等；

Ⅱ类，主要用于普通玻璃、染料、造纸等工业；

Ⅲ类，主要用于无机盐等工业原料等。

GB/T 6009—2014《工业无水硫酸钠》规定，各类别工业无水硫酸钠中 Na_2SO_4 含量需符合表 10-1 规定。

表 10-1 工业无水硫酸钠含量标准

项目	指标					
	Ⅰ类		Ⅱ类		Ⅲ类	
	优等品	一等品	一等品	合格品	一等品	合格品
硫酸钠（Na_2SO_4）w/% ≥	99.6	99.0	98.0	97.0	95.0	92.0

【学习目标】

专业能力：1. 能阐述 Na_2SO_4 含量测定的原理及计算。
2. 能根据相关标准制定工业无水硫酸钠中 Na_2SO_4 含量测定的方案。
3. 能熟练进行试样溶解、沉淀、过滤、洗涤、烘干、灼烧等操作。
4. 会准确记录数据、正确计算、分析误差、准确表达测定结果。

社会能力：1. 在学习中形成团队合作意识，提升交流、沟通的能力。
2. 工作过程遵循“6S”管理要求，关注环保安全健康。
3. 养成求真务实、科学严谨的工作态度。

方法能力：1. 能收集并处理各种资讯完成学习任务。
2. 能针对工作任务制定具体的实施方案。
3. 能解决实验过程中遇到的一些问题。
4. 形成对工作结果进行评价与反思的习惯。

【任务书】

假如你是某玻璃生产企业检测中心的一员，公司刚采购了一批无水硫酸钠原料，请你对其进行品质检验，测定其中 Na_2SO_4 含量，并出具检验报告单。

请你研读 GB/T 6009—2014《工业无水硫酸钠》中的 6.3.1 重量法测定硫酸钠含量，小组合作制定测定计划，准备仪器试剂，根据实施方案完成测定；记录原始数据，正确处理数据，分析误差，撰写实训报告。工作过程必须遵守“6S”管理要求，过程规范，数据记录完整、真实，质控监测合格。

GB/T 6009—2014《工业无水硫酸钠》6.3.1 重量法测硫酸钠

1. 方法原理

水溶性硫酸盐中的硫酸根，可用 $BaCl_2$ 作沉淀剂，以 $BaSO_4$ 为沉淀形式和称量形式进行测定。试样溶解于水后，用稀盐酸酸化，加热至接近沸腾，在不断搅动下，缓慢加入热的稀 $BaCl_2$ 溶液，使 SO_4^{2-} 与 Ba^{2+} 作用，形成难溶于水的沉淀。在盐酸介质中进行沉淀是为了防止产生碳酸钡、磷酸钡、砷酸钡沉淀以及氢氧化钡等共沉淀。同时，适当提高酸度，增加 $BaSO_4$ 在沉淀过程中的溶解度，以降低其相对过饱和度，有利于获得较好的晶形沉淀。所得沉淀经陈化、过滤、洗涤、烘干、灰化和灼烧，即可得到 $BaSO_4$ 的称量形式。

2. 任务准备

(1) 仪器。①马弗炉；②瓷坩埚（25mL）；③沉淀帚；④玻璃漏斗；⑤定量滤纸（慢速）。

(2) 试剂。①工业硫酸钠试样；②HCl 溶液（2 mol/L）；③$BaCl_2$ 溶液（10%）；④$AgNO_3$ 溶液（0.1mol/L）。

3. 操作步骤

(1) Na_2SO_4 试样的制备。

准确称取在 100～120℃干燥过的工业硫酸钠试样 2 份（每份 0.4～0.5g），分别置于 2 只 400mL 烧杯中，各加水 25mL，搅拌溶解，再加 6mL 2mol/L HCl 溶液，用水稀释至约 200mL。盖上表面皿，将溶液加热至沸腾。

(2) Na_2SO_4 含量的测定。

取 10mL 10%的 $BaCl_2$ 溶液 2 份，分别置于 2 只小烧杯中，加水稀释约 1 倍后加热至沸腾。然后在不断搅拌下趁热将 $BaCl_2$ 溶液逐渐滴入热 Na_2SO_4 试液中。沉淀作用完毕，静置 1～2min。待 $BaSO_4$ 下沉，于上层清液中加入 1～2 滴 $BaCl_2$ 溶液，仔细观察有无浑浊出现以检验其沉淀是否完全。若沉淀完全，盖上表面皿，微沸 10min，于水浴（约 90℃）中保温陈化 1h（或在室温下陈化 12h），放置冷却后，进行过滤。

沉淀用倾泻法经慢速滤纸过滤。用热蒸馏水作洗涤剂，洗涤沉淀 3～5 次（每次约用 20mL 洗涤液）。最后将沉淀小心地转移到滤纸上。再继续洗涤沉淀，直到洗滤液中用 $AgNO_3$ 溶液检查不出 Cl^- 为止。

将盛有沉淀的滤纸折成小包，移入已在 800～850℃灼烧至恒重的瓷坩埚中，烘干、灰化后置于 800～850℃的马弗炉中灼烧 1 h，取出置于干燥器内冷却、称重。第二次灼烧 15～20min，冷却后称重，直至恒重。

4. 计算

根据所得 $BaSO_4$ 质量，计算试样中硫酸钠的质量分数：

$$w_{(Na_2SO_4)}=\frac{m_{(BaSO_4)}}{m}\times\frac{M_{(Na_2SO_4)}}{M_{(BaSO_4)}}\times 100\%$$

式中 $w_{(Na_2SO_4)}$——试样中硫酸钠的质量分数；

$M_{(BaSO_4)}$——$BaSO_4$ 的摩尔质量，g/mol；

$M_{(Na_2SO_4)}$——Na_2SO_4 的摩尔质量，g/mol；

$m_{(BaSO_4)}$——$BaSO_4$ 的质量，g；

m——试样的质量，g。

【收集资讯】

小组分工收集以下资讯。

（1）溶解试样时加入 HCl 的作用是什么？

（2）试归纳称量分析的一般操作步骤。

（3）简述称量分析法对称量形式的要求。

（4）什么是陈化？陈化的目的是什么？

（5）在完成任务过程中将会产生哪些环保方面的问题？你将如何处理？

（6）完成此任务需要老师提供哪些帮助？

活动二 制 定 计 划

【填写工单】

各小组根据任务书及需收集的信息，做好分工，每位同学认领自己的任务，填写工作任务单。完成任务后小组成员进行分享交流。工作任务单见表 10-2。

表 10-2 **工 作 任 务 单**

步骤	工 作 内 容	负责人（任务分工）
1		
2		
3		
4		
5		

【确定方案】

根据任务书，小组讨论水样硫酸亚铁铵中亚铁含量测定的实验过程，画出流程图，各小组派代表阐述流程，师生共同讨论，确定最佳方案，绘制如下：

1. Na_2SO_4 试样的制备

2. Na_2SO_4 含量的测定

活动三 任 务 实 施

【任务准备】

1. EHS 内容

请分析本任务所涉及的健康、安全及可能会产生的环境问题，并写出相应的健康安全预防措施和相关环境保护措施。

2. 仪器准备

请列出所需仪器清单（表 10－3），向实验老师领用仪器，对于易混用玻璃器皿，贴上标签。

表 10－3 所需仪器清单

序号	名称	规格	序号	名称	规格

3. 领取试剂配制溶液

根据实验需要领取相应试剂配制相关溶液（表 10－4）。

表 10－4 实验试剂配制

序号	名称	浓度	配制方法

【任务实施】

（1）根据确定的最佳方案完成任务，合理统筹安排时间，注意台面整洁。

操作过程出现的问题：   解决办法：

（2）实验结束，整理台面，归置设备试剂，清洗玻璃仪器，清扫场地卫生，正确处理废液废纸。

活动四 成 果 展 示

【数据记录及处理】

硫酸钠含量测定见表 10－5。

表 10－5 硫酸钠含量测定

编 号	1	2	3	备注
工业硫酸钠试样质量/g				
空坩埚质量/g				
沉淀＋坩埚质量/g				
$BaSO_4$ 沉淀质量/g				
$w_{(Na_2SO_4)}$/%				
$\overline{w}_{(Na_2SO_4)}$/%				
相对极差/%				

【写出计算公式及过程】

以第一组数据为例写出计算公式及过程。

【完成报告】

请按照行业规范撰写实验报告，内容包括：HSE内容、实验目的、实验原理、试剂配制过程、样品处理及测试过程、原始数据记录、数据处理，结果评价和问题分析等。

活动五 评 价 反 馈

【学习评价】

评价学习成果、交流讨论疑难问题。水样中氯离子含量测定综合评价见表10-6。

表10-6 水样中氯离子含量测定综合评价

评价指标	评 分 要 素	分值	自评	组评	师评
课堂表现（15%）	按时出勤，无迟到、早退、旷课现象	5			
	积极参与教学活动，按时完成各项任务	10			
专业能力（50%）	天平称量操作规范	5			
	溶解、沉淀、过滤、洗涤、烘干、灼烧符合规范	20			
	规范记录数据、正确处理数据	10			
	分析结果的精密度	5			
	正确撰写报告	10			
职业素养（社会能力）（25%）	仪容仪表、实验服穿戴	5			
	团队合作意识，交流沟通能力	5			
	遵循“6S”管理要求，关注环保安全健康	10			
	工作态度求真务实、科学严谨	5			
方法能力（10%）	收集处理各种资讯的能力	3			
	制定实施方案的能力	3			
	发现问题解决问题能力	4			
综合得分＝自评（25%）＋组评（25%）＋师评（50%）					

【自我反思】

通过该任务的学习，你获得了什么？还有什么疑问需要老师帮助？

知识链接

知识点一 认识沉淀重量法

沉淀重量法将欲测定的组分沉淀为一种难溶性化合物，然后经过一系列操作步骤来完成测定。

$$试样\xrightarrow{溶解}试液\xrightarrow{沉淀剂}沉淀形式\xrightarrow{过滤、洗涤、烘干、灼烧}称量形式\xrightarrow{质量守恒}计算$$

一、对沉淀形式的要求

(1) 沉淀溶解度小，才能保证被测组分沉淀完全，通常要求沉淀溶解损失不超过0.0002g。

(2) 沉淀必须纯净，不应混进沉淀剂和其他杂质。

(3) 沉淀要易于过滤和洗涤。因此，在进行沉淀操作时，要控制沉淀条件，得到颗粒大的晶形沉淀。对无定形沉淀，尽可能获得结构紧密的沉淀。

(4) 沉淀要便于转化为合适的称量式。

二、对称量形式的要求

(1) 称量式的组成必须与化学式相符合。

(2) 称量式必须很稳定。

(3) 称量式的相对分子质量要尽可能大，而被测组分在称量式中的含量应尽可能小。这样可以增大称量式的质量，减少称量的相对误差。

三、沉淀剂的选择

(1) 沉淀剂应选易挥发或易分解的物质，在灼烧时，可自沉淀中将其除去。

(2) 沉淀剂应具有特效性。

知识点二 影响沉淀溶解度的因素

在沉淀滴定法中，沉淀的溶解度应尽可能小，沉淀的溶解损失需小于0.1mg。影响沉淀溶解度的因素有很多，如同离子效应、盐效应、酸效应、配位效应等，此外，温度、介质、沉淀结构、颗粒大小等对沉淀的溶解度也有影响。

一、同离子效应

组成沉淀晶体的离子称为构晶离子。沉淀反应达平衡后，向溶液中加入适当过量的含某一构晶离子的试剂或溶液，使沉淀的溶解度减小的现象称为同离子效应。例如，在 $BaSO_4$ 的饱和溶液中加入适当过量的 $BaCl_2$，由于 Ba^{2+} 浓度增大，平衡将向生成 $BaSO_4$ 沉淀的方向移动，即降低了 $BaSO_4$ 的溶解度。

在实际工作中，通常利用同离子效应，即加大沉淀剂的用量，使待测组分沉淀完全。但沉淀剂的用量过多，可能引起盐效应，酸效应或配位效应，反而使沉淀的溶解度增大。

在烘干或灼烧时易挥发除去的沉淀剂，一般可过量50%～100%，不易除去的沉淀剂，只宜过量10%～30%。

二、盐效应

沉淀的溶解度随着溶液中易溶强电解质浓度的增大而增大的现象，称为盐效应。

同离子效应与盐效应对沉淀溶解度的影响恰恰相反，所以进行沉淀时应首先避免无关强电解质的存在，沉淀剂的过量程度也不可太大；如果沉淀的溶解度本身很小，一般来说，可以不考虑盐效应。

三、酸效应

溶液酸度对难溶化合物溶解度的影响，称为酸效应。

以二元弱酸 H_2A 的微溶化合物 MA 为例

$$MA(固) \rightleftharpoons M^{2+} + A^{2-}$$

$$A^{2-} + H^+ \rightleftharpoons HA^- \qquad HA^- + H^+ \rightleftharpoons H_2A$$

由于酸效应使沉淀溶解平衡向右移动，沉淀的溶解度增大。弱酸盐的溶解度受酸度的影响比较明显，且组成盐的对应酸越弱影响越大。故在形成弱酸盐沉淀时如 CaC_2O_4、$MgNH_4PO_4$ 等，应根据沉淀的性质控制适当的酸度。

一些难溶性酸沉淀如硅酸、钨酸等，因易溶于碱，应在强酸性溶液中进行沉淀。

若形成强酸盐沉淀如 AgCl，溶液的酸度对沉淀的溶解度影响不大。

四、配位效应

进行沉淀反应时，当溶液中存在能与构晶离子生成可溶性配合物的配位剂 L 时，则沉淀的溶解度增大，称为配位效应。配位剂主要来自两方面：一是沉淀剂本身就是配位剂；二是加入的其他配位剂。

$$MA(固) \rightleftharpoons M^+ + A^-$$

$$M^+ + L \rightleftharpoons ML_1 \cdots ML_n$$

沉淀的溶度积越大，存在的配位剂浓度越大，形成的配合物越稳定，配位效应对沉淀溶解度的影响越显著。所以，在进行沉淀时，应避免能与构晶离子形成配合物的配位剂存在。

总之，同离子效应是降低沉淀溶解度的有利因素，在进行沉淀时，常常适当过量沉淀剂利用同离子效应以达到沉淀完全的目的。对于弱酸盐沉淀还应考虑酸效应的影响，控制好沉淀时的酸度；对于沉淀剂本身是配位剂时，应考虑配位效应，严格控制沉淀剂的用量，才能达到沉淀完全的目的。

五、其他因素

1. 温度

一般温度升高，沉淀溶解度增大。

2. 溶剂

无机物沉淀，一般在有机溶剂中的溶解度比在水中小，所以对溶解度较大的沉淀，常在水溶液中加入乙醇、丙酮等有机溶剂，以降低其溶解度。

3. 沉淀颗粒

同一种沉淀物质，晶体颗粒大的，溶解度小。反之，颗粒小的则溶解度大。

知识点三　影响沉淀纯度的因素

一、共沉淀现象

当沉淀从溶液中析出时，溶液中其他可溶性组分被沉淀带下来而混入沉淀之中的现象称为共沉淀现象。共沉淀是沉淀称量法中最重要的误差来源之一，引起共沉淀的原因主要有下列3种。

1. 表面吸附

沉淀表面吸附杂质，其吸附量与下列因素有关。

(1) 杂质浓度：杂质浓度越大，则吸附杂质的量越多。

(2) 沉淀的总表面积：同重量的沉淀，颗粒越大，则总表面积越小，与溶液接触面就小，因而吸附杂质的量就少。

(3) 溶液温度：吸附作用是一个放热过程，溶液温度升高，吸附杂质的量减少。

2. 生成混晶

如果杂质离子半径与构晶离子半径相近，电荷又相同，它们极易生成混晶。例如，$BaSO_4$ 与 $PbSO_4$ 的晶体结构相同，Pb^{2+} 就可能混入 $BaSO_4$ 晶格中，与 $BaSO_4$ 生成混晶而被共沉淀。

3. 吸留

吸留是指在沉淀过程中，特别是沉淀剂加入过快时，沉淀迅速长大，使得吸附在沉淀表面的杂质离子来不及离开，而被包夹在沉淀内部的现象。

二、后沉淀现象

后沉淀又称继沉淀，是指沉淀析出后，在沉淀与母液一起放置过程中，母液中本来难以析出的某些杂质离子可能沉淀到原沉淀表面上的现象。这是由于沉淀表面吸附了构晶离子，它再吸附溶液中带相反电荷的杂质离子，在表面附近形成了过饱和溶液，因而使杂质离子沉淀到原沉淀表面上。

三、提高沉淀纯度的措施

1. 选择适当的分析步骤

例如，测定试样中某少量组分的含量时，不要首先沉淀主要组分，否则由于大量沉淀的析出，使部分少量杂质混入沉淀中，引起测量误差。

2. 选择合适的沉淀剂

无机沉淀剂选择性差，易形成胶状沉淀，吸附杂质多，难于过滤和洗涤。有机沉淀剂选择性高，常能形成结构较好的晶形沉淀，吸附杂质少，易于过滤和洗涤。选用有机沉淀剂，常可以减少共沉淀。

3. 选择适当的洗涤液洗涤沉淀

吸附作用是可逆过程，用适当的洗涤液通过洗涤交换的方法，可洗去沉淀表面吸附的杂质离子。为了提高洗涤沉淀的效率，同体积的洗涤液应尽可能分多次洗涤，通常称为“少量多次”的洗涤原则。

4. 改变杂质的存在形式

例如，沉淀 $BaSO_4$ 时，将 Fe^{3+} 还原为 Fe^{2+}，或者用EDTA配合 Fe^{3+}，Fe^{3+} 的共沉淀量就大为减少。

5. 改善沉淀条件

沉淀条件包括溶液浓度、温度、试剂的加入次序和速度、陈化与否等。

6. 再沉淀

必要时将沉淀过滤、洗涤、溶解后，再进行一次沉淀。再沉淀时，溶液中杂质的量大为降低，共沉淀和后沉淀现象自然减小。

知识点四 沉淀条件的选择

一、沉淀的形状

沉淀按形状不同，大致分为晶形沉淀和无定形沉淀两大类，具体生成哪一类型的沉淀，主要取决于沉淀本身的性质和沉淀的条件，例如 $BaSO_4$、CaC_2O_4 是典型的晶形沉淀，而 $Fe(OH)_3$，$Al(OH)_3$ 是典型的无定形沉淀。但也跟沉淀条件有关，在浓溶液中快速沉淀 $BaSO_4$，也会得到无定形凝胶状沉淀。说明沉淀的形状还跟生成沉淀时的速度有关。

在沉淀形成过程中，溶液中的离子以较大的速度互相结合成小晶核，这种作用速度称聚集速度。与此同时又以静电引力使离子按一定顺序排列于晶格内，这种作用速度称定向速度。当聚集速度大于定向速度时，离子很快聚集起来形成晶核，但却又来不及按一定的顺序排列于晶格内，因此得到的是无定形沉淀。反之当聚集速度小于定向速度时，离子聚集成晶核的速度慢，因此晶核的数量就少，相应的溶液中的离子的数量就多，此时就有足够的离子按一定的顺序排列于晶格内，使晶体长大，这时得到的是晶形沉淀。由此可见，沉淀条件的不同，所获得的沉淀的形状也不同。

二、形成晶形沉淀的条件

许多晶形沉淀如 $BaSO_4$、CaC_2O_4 等，容易形成能穿过滤纸的微小结晶，因此必须创造生成较大晶形的条件。这就必须使生成结晶核的速度慢，而晶体成长的速度快，为此必须创造以下条件，即“稀、热、慢、搅、陈”。

(1) 沉淀要在适当稀的溶液中进行，这样结晶核生成的速度就容易形成较大的晶体颗粒。

(2) 要在热溶液中进行沉淀。因为在热溶液中沉淀的溶解度一般都增大，这样可使溶液的过饱和度相对降低，从而使晶核生成得较少。同时，在较高的温度下晶体吸附的杂质量也较少。

(3) 在不断搅拌的情况下慢慢加入沉淀剂，尤其在开始时，要避免溶液局部形成过饱和溶液，生成过多的结晶核。

(4) 过滤前进行“陈化”处理。在生成晶形沉淀时，有时并非立刻沉淀完全，而是需要一定时间，此时小晶体逐渐溶解、大晶体继续成长，这个过程称为“陈化”。陈化作用的发生是由于小晶体的溶解度比大晶体的溶解度大，在同一溶液中，对小晶体是饱和溶液，而对大晶体即为过饱和溶液，这时就会有沉淀在大晶体表面上析出。同时，溶液对小晶体又变为不饱和的了，于是小晶体继续溶解。由于小晶体的不断溶解，大晶体不断地成长。如此反复进行，使沉淀转化为便于过滤和洗涤的大颗粒晶体。

陈化作用不仅可使沉淀晶体颗粒长大，而且也使沉淀更为纯净，因为晶体颗粒长大总表面积变小，吸附杂质的量就少了。加热和搅拌可加速陈化作用，缩短陈化时间。

三、形成无定形沉淀的条件

首先要注意避免形成胶体溶液，其次要使沉淀形成较为紧密的形状以减少吸附，因此要求沉淀的条件为："浓、热、快、搅、盐。"

(1) 在浓溶液中沉淀，可使生成的沉淀含水量少，较紧密。沉淀完毕后，加大量热水稀释并搅拌，使吸附的杂质离开沉淀表面转入溶液中。

(2) 在热溶液中进行沉淀，既可防止形成胶体溶液，又可减少杂质的吸附量。

(3) 快速加入沉淀剂，并不断搅拌，使微粒凝聚，便于过滤和洗涤。

(4) 加入电解质（如挥发性的铵盐等）作凝结剂，破坏胶体溶液。

(5) 不必陈化，沉淀完毕后趁热过滤，因为这类沉淀放置后将失去水分而紧密聚集，使吸附的杂质难以洗去。

巩固提升

一、单项选择题

1. 往 AgCl 沉淀中加入浓氨水，沉淀消失，这是因为（　　）。

A. 配位效应　　B. 同离子效应　　C. 酸效应　　D. 盐效应

2. 以 SO_4^{2-} 沉淀 Ba^{2+} 时，加入适量过量的 SO_4^{2-} 可以使 Ba^{2+} 离子沉淀更完全，这是利用（　　）。

A. 同离子效应　　B. 酸效应　　C. 配位效应　　D. 异离子效应

3. 有关影响沉淀完全的因素，叙述错误的是（　　）。

A. 利用同离子效应，可使被测组分沉淀更完全

B. 异离子效应的存在，可使被测组分沉淀完全

C. 配合效应的存在，将使被测离子沉淀不完全

D. 温度升高，会增加沉淀的溶解损失

4. 下列叙述中，适于沉淀 $BaSO_4$ 的是（　　）。

A. 在较浓的溶液中进行沉淀

B. 在热溶液中及电解质存在的条件下沉淀

C. 进行陈化

D. 趁热过滤、洗涤、不必陈化

5. 沉淀重量法中，称量形式的摩尔质量越大，将使（　　）。

A. 沉淀易于过滤洗涤　　B. 沉淀纯净

C. 沉淀的溶解度减小　　D. 测定结果准确度高

6. 下列各条件中违反了非晶形沉淀的沉淀条件的是（　　）。

A. 沉淀反应易在较浓溶液中进行　　B. 应在不断搅拌下迅速加沉淀剂

C. 沉淀反应宜在热溶液中进行　　D. 沉淀宜放置过夜，使沉淀陈化

7. 过滤 $BaSO_4$ 沉淀应选用（　　）。

A. 快速滤纸　　B. 中速滤纸

C. 慢速滤纸　　D. 4＃玻璃砂芯坩埚

8. 如果吸附的杂质和沉淀具有相同的晶格，这就形成（　　）。

A. 后沉淀　　B. 机械吸留　　C. 包藏　　D. 混晶

9. 在沉淀重量分析中，下列叙述不正确的是（　　）。

A. 当定向速度＞聚集速度时，易形成晶形沉淀

B. 当定向速度＞聚集速度时，易形成非晶形沉淀

C. 定向速度是由沉淀物质的性质所决定

D. 聚集速度是由沉淀的条件所决定

10. 在沉淀重量分析中，影响弱酸盐沉淀溶解度的主要因素为（　　）。

A. 水解效应　　B. 酸效应　　C. 盐效应　　D. 同离子效应

二、判断题

1.（　　）无定形沉淀要在较浓的热溶液中进行沉淀，加入沉淀剂速度可适当快些。

2.（　　）沉淀重量法测定中，要求沉淀形和称量形相同。

3.（　　）共沉淀引入的杂质量，随陈化时间的增大而增多。

4.（　　）由于混晶而带入沉淀中的杂质通过洗涤是不能除掉的。

5.（　　）重量分析中当沉淀从溶液中析出时，其他某些组分被被测组分的沉淀带下来而混入沉淀之中，这种现象称后沉淀现象。

6.（　　）溶液进行沉淀时，可放置一段时间，以促使胶体微粒的胶凝，然后再过滤。

7.（　　）在 $BaSO_4$ 饱和溶液中加入少量 Na_2SO_4 将会使得 $BaSO_4$ 溶解度增大。

8.（　　）为保证被测组分沉淀完全，沉淀剂应越多越好。

9.（　　）根据同离子效应，可加入大量沉淀剂以降低沉淀在水中的溶解度。

【课后拓展】测定氯化钡中结晶水含量

由学生自行选择合适的实验方法、写出实验原理、准备仪器试剂、规划实验步骤、设计数据记录表格、进行数据分析等。

【阅读材料】

阅读材料一　水中氯离子的危害及其去除方法

氯离子是水中常见的一种阴离子，过高浓度的氯离子会造成饮用水有苦咸味、土壤盐碱化、管道腐蚀、植物生长困难，并危害人体健康，因此必须控制生活用水和工农业用水中氯离子的浓度。

盐酸和含氯离子的盐类（如氯化钠）是各工业企业生产中的常用原料，尤其是化工合成、制药、印染、机械加工、冶金、单品硅、食品等行业由于使用了大量含氯元素原料，其排放的废水中通常含有高浓度的氯离子。这些废水中所含有的大量氯离子如果不进行有效去除，排入水体，则会对人体健康、土壤、生态环境造成严重而持久的危害。许多地方标准中都规定了相应的氯离子浓度排放限值，以限制氯离子的排放浓度。

氯离子的去除一直以来都是一个技术难题，目前采用的方法主要有以下几种。

（1）沉淀法。

利用银离子或亚铜离子能与氯离子形成难溶的氯化银或氧化亚铜沉淀，以实现氯离子分离。但银离子难以回收，大规模应用过于昂贵，而亚铜离子极易被氧化，条件控制

困难，而且处理成本也很高。

(2) 膜分离法。

膜分离技术是给水除盐的常用技术之一，主要包括电渗析和反渗透，目前它越来越多地应用于废水除盐（脱氯）领域。膜分离技术可有效地从废水中脱除氯离子，但对于高氯废水来说，含氯量往往超过了膜分离技术的应用界限，并且废水中含有的大量有机物和其他杂质会对膜组件造成不可逆的污染，从而限制了膜分离技术的应用。

(3) 蒸发法。

将含氯废水蒸发浓缩，使含氯的盐类结晶，以完成氯离子与水的分离。目前常采用的方法主要包括多效蒸发、膜蒸馏和分子蒸馏等技术，虽然其处理效果较好，但对设备的耐腐蚀性要求极高，通常需要采用特种合金，甚至金属钛进行加工，因此设备造价极高。同时，蒸发技术运行成本很高，通常每吨水在几十到数百元不等，很多企业难以接受。

(4) 药剂法。

利用专门的氯离子去除剂，通过简单工艺和设施实现氯离子的去除。与沉淀法、膜分离法和蒸发法相比具有投资和运行成本低、操作管理简单的巨大优势，但只适用于低浓度氯离子（500～5000mg/L）的水。

附　　录

附录一　元素的原子量（A_r）

元素		A_r	元素		A_r
符号	名称		符号	名称	
Ag	银	107.868	Hg	汞	200.59
Al	铝	26.98154	I	碘	126.9045
As	砷	74.9216	In	铟	114.82
Au	金	196.9665	K	钾	39.0983
B	硼	10.81	La	镧	138.9056
Ba	钡	137.33	Li	锂	6.941
Be	铍	9.01218	Mg	镁	24.305
Bi	铋	208.9804	Mn	锰	54.9380
Br	溴	79.904	Mo	钼	95.94
C	碳	12.011	N	氮	14.0067
Ca	钙	40.8	Na	钠	22.98977
Cd	镉	112.41	Nb	铌	92.9064
Ce	铈	140.12	Nd	钕	144.24
Cl	氯	35.453	Ni	镍	58.69
Co	钴	58.9332	O	氧	15.9994
Cr	铬	51.996	Os	锇	190.2
Cs	铯	132.9054	P	磷	30.97376
Cu	铜	63.546	Pb	铅	207.2
F	氟	18.998403	Pd	钯	106.42
Fe	铁	55.847	Pr	镨	140.9077
Ga	镓	69.72	Pt	铂	195.08
Ge	锗	72.59	Ra	镭	226.0254
H	氢	1.0079	Rb	铷	85.4678
He	氦	4.0026	Re	铼	186.207
Hf	铪	178.49	Rh	铑	102.9055

续表

元素		A_r	元素		A_r
符号	名称		符号	名称	
Ru	钌	101.07	Th	钍	232.0381
S	硫	32.06	Ti	钛	47.88
Sb	锑	121.75	Tl	铊	204.383
Sc	钪	44.9559	U	铀	238.0289
Se	硒	78.96	V	钒	50.9415
Si	硅	28.0855	W	钨	183.85
Sn	锡	118.69	Y	钇	88.9059
Sr	锶	87.62	Zn	锌	65.38
Ta	钽	180.9479	Zr	锆	91.22
Te	碲	127.60			

附录二　化合物的摩尔质量（M）

化学式	M/(g/mol)	化学式	M/(g/mol)
Ag_3AsO_3	446.52	$CaC_2O_4 \cdot H_2O$	146.11
Ag_3AsO_4	462.52	$CaCl_2$	110.99
AgBr	187.77	CaF_2	78.08
AgSCN	165.95	CaO	56.08
AgCl	143.32	$CaSO_4$	136.14
Ag_2CrO_4	331.73	$CaSO_4 \cdot 2H_2O$	172.17
AgI	234.77	$CdCO_3$	172.42
$AgNO_3$	169.87	$Cd(NO_3)_2 \cdot 4H_2O$	308.48
$Al(C_9H_6ON)_3$(8-羟基喹啉铝)	459.44	CdO	128.41
$AlK(SO_4)_2 \cdot 12H_2O$	474.38	$CdSO_4$	208.47
Al_2O_3	101.96	$CoCl_2 \cdot 6H_2O$	237.93
As_2O_3	197.84	CuSCN	121.62
As_2O_5	229.84	$CuHg(SCN)_4$	496.45
$BaCO_3$	197.34	CuI	190.45
$BaCl_2$	208.24	$Cu(NO_3)_2 \cdot 3H_2O$	241.60
$BaCl_2 \cdot H_2O$	244.27	CuO	79.55
$BaCrO_4$	253.32	$CuSO_4 \cdot 5H_2O$	249.68
$BaSO_4$	233.39	$FeCl_2 \cdot 4H_2O$	198.81
BaS	169.39	$FeCl_3 \cdot 6H_2O$	270.30
$Bi(NO_3)_3 \cdot 5H_2O$	485.07	$Fe(NO_3)_3 \cdot 9H_2O$	404.00
Bi_2O_3	465.96	FeO	71.85
BiOCl	260.43	Fe_2O_3	159.69
CH_2O(甲醛)	30.03	Fe_3O_4	231.54
$C_{14}H_{14}N_3O_2SNa$(甲基橙)	327.33	$FeSO_4 \cdot 7H_2O$	278.01
$C_6H_5NO_3$(硝基酚)	139.11	HCOOH	46.03
$C_4H_8N_2O_2$(丁二酮肟)	116.12	CH_3COOH	60.05
$(CH_2)_6Na$(六亚甲基四胺)	140.19	H_2CO_3	62.03
$C_7H_6O_6S$(磺基水杨酸)	218.18	$H_2C_2O_4$(草酸)	90.04
$C_{12}H_8N_2$(邻二氮菲)	180.21	$H_2C_2O_4 \cdot 2H_2O$	126.07
$C_{12}H_8N_2 \cdot H_2O$	198.21	$H_2C_4H_4O_4$(琥珀酸，丁二酸)	118.090
$C_2H_5NO_2$(氨基乙酸，甘氨酸)	75.07	$H_2C_4H_4O_6$(酒石酸)	150.088
$C_6H_{12}N_2O_4S_2$(L-胱氨酸)	240.30	$H_2C_6H_5O_7 \cdot H_2O$(柠檬酸)	210.14
$CaCO_3$	100.09	HCl	36.46

续表

化学式	M/(g/mol)	化学式	M/(g/mol)
HNO_2	47.01	K_2PtCl_6	485.99
HNO_3	63.01	$KHSO_4$	136.16
H_2O_2	34.01	K_2SO_4	174.25
H_3PO_4	98.00	$K_2S_2O_7$	254.31
H_2S	34.08	$Mg(C_9H_6ON)_2$(8-羟基喹啉镁)	312.61
H_2SO_3	82.07	$MgNH_4PO_4 \cdot 6H_2O$	245.41
H_2SO_4	98.07	MgO	40.30
$HClO_4$	100.46	$Mg_2P_2O_7$	222.55
$HgCl_2$	271.50	$MgSO_4 \cdot 7H_2O$	246.47
Hg_2Cl_2	472.09	$MnCO_3$	114.95
HgO	216.59	MnO_2	86.94
HgS	232.65	$MnSO_4$	151.00
$HgSO_4$	296.65	$NH_2OH \cdot HCl$(盐酸羟胺)	69.49
$KAl(SO_4)_2 \cdot 12H_2O$	474.38	NH_3	17.03
KBr	119.00	NH_4^+	18.04
$KBrO_3$	167.00	$NH_4C_2H_3O_2$(醋酸铵)	77.08
KCN	65.116	NH_4SCN	76.12
$KSCN$	97.18	$(NH_4)_2C_2O_4 \cdot H_2O$	142.11
K_2CO_3	138.21	NH_4Cl	53.49
KCl	74.55	NH_4F	37.04
$KClO_3$	122.55	$NH_4Fe(SO_4)_2 \cdot 12H_2O$	482.18
$KClO_4$	138.55	$(NH_4)_2Fe(SO_4)_2 \cdot 6H_2O$	392.13
K_2CrO_4	194.19	NH_4HF_2	57.04
$K_2Cr_2O_7$	294.18	$(NH_4)_2Hg(SCN)_4$	468.98
$K_3Fe(CN)_6$	329.25	NH_4NO_3	80.04
$K_4Fe(CN)_6$	368.35	NH_4OH	35.05
$KHC_4H_4O_6$(酒石酸氢钾)	188.18	$(NH_4)_3PO_4 \cdot 12MoO_3$	1876.34
$KHC_8H_4O_4$(苯二甲酸氢钾)	204.22	$(NH_4)_2S_2O_8$	228.19
$K_3C_6H_5O_7$(柠檬酸钾)	306.40	$Na_2B_4O_7$	201.22
KI	166.00	$Na_2B_4O_7 \cdot 10H_2O$	381.37
KIO_3	214.00	Na_2BiO_3	279.97
$KMnO_4$	158.03	$NaC_2H_3O_2$(醋酸钠)	82.03
KNO_2	85.10	$Na_3C_6H_6O_7$(柠檬酸钠)	258.07
KNO_3	101.10	Na_2CO_3	105.99
KOH	56.11	$Na_2CO_3 \cdot 10H_2O$	286.14

续表

化学式	M/(g/mol)	化学式	M/(g/mol)
$Na_2C_2O_4$	134.00	$Pb(NO_3)_2$	331.2
$NaCl$	58.44	PbS	239.3
$NaClO_4$	122.44	$PbSO_4$	303.3
NaF	41.99	SO_2	64.06
$NaHCO_3$	84.01	SO_3	80.06
$Na_2H_2C_{10}H_{12}O_8N_2$(EDTA 二钠盐)	336.21	SO_4	96.06
$Na_2H_2C_{10}H_{12}O_8N_2 \cdot 2H_2O$	372.24	SiF_4	104.08
$NaH_2PO_4 \cdot 2H_2O$	156.01	SiO_2	60.08
$Na_2HPO_4 \cdot 2H_2O$	177.99	$SnCl_2 \cdot 2H_2O$	225.63
$NaHSO_4$	120.06	$SnCl_4$	260.50
$NaOH$	39.997	SnO	134.69
Na_2SO_4	142.04	SnO_2	150.69
$Na_2S_2O_3 \cdot 5H_2O$	248.17	$SrCO_3$	147.63
$NaZn(UO_2)_3(C_2H_3O_2)_9 \cdot 6H_2O$	1537.94	$Sr(NO_3)_2$	211.63
$NiSO_4 \cdot 7H_2O$	280.85	$SrSO_4$	183.68
$Ni(C_4H_7N_2O_2)_2$(丁二酮肟镍)	288.91	$TiCl_3$	154.24
PbO	223.2	TiO	79.88
PbO_2	239.2	$ZnHg(SCN)_4$	498.28
$Pb(C_2H_3O_2)_2 \cdot 3H_2O$	379.3	$ZnNH_4PO_4$	178.39
$PbCrO_4$	323.2	ZnS	97.44
$PbCl_2$	278.1	$ZnSO_4$	161.44

附录三 弱酸在水中的离解常数
(25℃，$I=0$)

	酸	化学式	K_a	pK_a
无机酸	砷酸	H_3AsO_4	K_{a1} 6.5×10^{-3} K_{a2} 1.15×10^{-7} K_{a3} 3.2×10^{-12}	2.19 6.94 11.50
	亚砷酸	H_3AsO_3	K_{a1} 6.0×10^{-10}	9.22
	硼酸	H_3BO_3	K_{a1} 5.8×10^{-10}	9.24
	碳酸	$H_2CO_3(CO_2+H_2O)$	K_{a1} 4.2×10^{-7} K_{a2} 5.6×10^{-11}	6.38 10.25
	铬酸	H_2CrO_4	K_{a2} 3.2×10^{-7}	6.50
	氢氰酸	HCN	4.9×10^{-10}	9.31
	氢氟酸	HF	6.8×10^{-4}	3.17
	氢硫酸	H_2S	K_{a1} 8.9×10^{-8} K_{a2} 1.2×10^{-13}	7.05 12.92
	磷酸	H_3PO_4	K_{a1} 6.9×10^{-3} K_{a2} 6.2×10^{-8} K_{a3} 4.8×10^{-13}	2.16 7.21 12.32
	硅酸	H_2SiO_3	K_{a1} 1.7×10^{-10} K_{a2} 1.6×10^{-12}	9.77 11.80
	硫酸	H_2SO_4	K_{a2} 1.2×10^{-2}	1.92
	亚硫酸	$H_2SO_3(SO_2+H_2O)$	K_{a1} 1.29×10^{-2} K_{a2} 6.3×10^{-8}	1.89 7.20
有机酸	甲酸	HCOOH	1.7×10^{-4}	3.77
	乙酸	CH_3COOH	1.75×10^{-5}	4.76
	丙酸	C_2H_5COOH	1.35×10^{-5}	4.87
	氯乙酸	$ClCH_2COOH$	1.38×10^{-3}	2.86
	二氯乙酸	$Cl_2CHCOOH$	5.5×10^{-2}	1.26
	氨基乙酸	$NH_{3+}CH_2COOH$	K_{a1} 4.5×10^{-3} K_{a2} 1.7×10^{-10}	2.35 9.78
	苯甲酸	C_6H_5COOH	6.2×10^{-5}	4.21
	草酸	$H_2C_2O_4$	K_{a1} 5.6×10^{-2} K_{a2} 5.1×10^{-5}	1.25 4.29
	α-酒石酸	HO—CH—COOH | HO—CH—COOH	K_{a1} 9.1×10^{-4} K_{a2} 4.3×10^{-5}	3.04 4.37

续表

酸		化学式	K_a	pK_a
有机酸	琥珀酸	$CH_2—COOH$ | $CH_2—COOH$	K_{a1} 6.2×10^{-5} K_{a2} 2.3×10^{-6}	4.21 5.64
	邻苯二甲酸	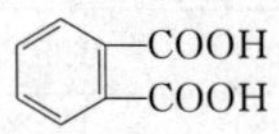	K_{a1} 1.12×10^{-3} K_{a2} 3.91×10^{-6}	2.95 5.41
	柠檬酸	CH_2COOH | $HO—C—COOH$ | CH_2COOH	K_{a1} 7.4×10^{-4} K_{a2} 1.7×10^{-5} K_{a3} 4.0×10^{-7}	3.13 4.76 6.40
	苯酚	C_6H_5OH	1.12×10^{-10}	9.95
	乙酰丙酮	$CH_3COCH_2COCH_3$	1×10^{-9}	9.0
	乙二胺四乙酸	$(HOOCCH_2)_2NCH_2CH_2N(CH_2COOH)_2$	K_{a1} 0.13 K_{a2} 3×10^{-2} K_{a3} 1×10^{-2} K_{a4} 2.1×10^{-3} K_{a5} 5.4×10^{-7} K_{a6} 5.5×10^{-11}	0.9 1.6 2.0 2.67 6.16 10.26
	8-羟基喹啉	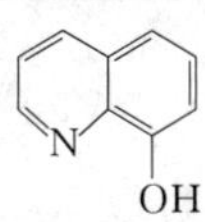	K_{a1} 8.0×10^{-6} K_{a2} 1.0×10^{-9}	5.1 9.0
	苹果酸	$HO—CH—COOH$ | $CH_2—COOH$	K_{a1} 4.0×10^{-4} K_{a2} 8.9×10^{-6}	3.4 5.0
	水杨酸	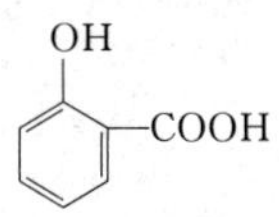	K_{a1} 1.05×10^{-3} K_{a2} 8.0×10^{-14}	2.98 13.1
	磺基水杨酸	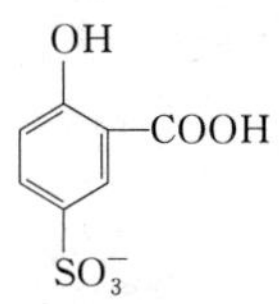	K_{a1} 3.0×10^{-3} K_{a2} 3.0×10^{-12}	2.6 11.6
	顺丁烯二酸	$CH—COOH$ ‖ $CH—COOH$	K_{a1} 1.2×10^{-2} K_{a2} 6.0×10^{-7}	1.92 6.22

附录四　弱碱在水中的离解常数
（25℃，$I=0$）

碱	化学式	K_a	pK_a
氨	NH_3	1.8×10^{-5}	4.75
联氨	H_2NNH_2	K_{b1}　9.8×10^{-7} K_{b2}　1.32×10^{-15}	6.01 14.88
羟胺	NH_2OH	9.1×10^{-9}	8.04
甲胺	CH_3NH_2	4.2×10^{-4}	3.38
乙胺	$C_2H_5NH_2$	4.3×10^{-4}	3.37
苯胺	$C_6H_5NH_2$	4.2×10^{-10}	9.38
乙二胺	$H_2NCH_2CH_2NH_2$	K_{b1}　8.5×10^{-5} K_{b2}　7.1×10^{-8}	4.07 7.15
三乙醇胺	$N(CH_2CH_2OH)_3$	5.8×10^{-7}	6.24
六亚甲基四胺	$(CH_2)_6N_4$	1.35×10^{-9}	8.87
吡啶	C_5H_5N	1.8×10^{-9}	8.74
邻二氮菲	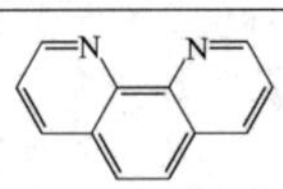	6.9×10^{-10}	9.16

附录五　不同温度下标准滴定溶液的体积补正值（25℃，$I=0$）

温度/℃	水和0.05mol/L以下的各种水溶液	0.1mol/L和0.2mol/L以下的各种水溶液	盐酸溶液 $c_{(HCl)}$=0.5mol/L	盐酸溶液 $c_{(HCl)}$=1mol/L	硫酸溶液 $c\left(\frac{1}{2}H_2SO_4\right)$=0.5mol/L，氢氧化钠溶液 $c_{(NaOH)}$=0.5mol/L	硫酸溶液 $c\left(\frac{1}{2}H_2SO_4\right)$=1mol/L，氢氧化钠溶液 $c_{(NaOH)}$=1mol/L	碳酸钠溶液 $c\left(\frac{1}{2}Na_2CO_3\right)$=1mol/L	氢氧化钾-乙醇溶液 $c_{(KOH)}$=0.1mol/l
5	+1.38	+1.7	+1.9	+2.3	+2.4	+3.6	+3.3	
6	+1.38	+1.7	+1.9	+2.2	+2.3	+3.4	+3.2	
7	+1.36	+1.6	+1.8	+2.2	+2.2	+3.2	+3.0	
8	+1.33	+1.6	+1.8	+2.1	+2.2	+3.0	+2.8	
9	+1.29	+1.5	+1.7	+2.0	+2.1	+2.7	+2.6	
10	+1.23	+1.5	+16	+1.9	+2.0	+2.5	+2.4	+10.8
11	+1.17	+1.4	+1.5	+1.8	+1.8	+2.3	+2.2	+9.6
12	+1.10	+1.3	+1.4	+1.6	+1.7	+2.0	+2.0	+8.5
13	+0.99	+1.1	+1.2	+1.4	+1.5	+1.8	+1.8	+7.4
14	+0.88	+1.0	+1.1	+1.2	+1.3	+1.6	+1.5	+6.5
15	+0.77	+0.9	+0.9	+1.0	+1.1	+1.3	+1.3	+5.2
16	+0.64	+0.7	+0.8	+0.8	+0.9	+1.1	+1.1	+4.2
17	+0.50	+0.6	+0.6	+0.6	+0.7	+0.8	+0.8	+3.1
18	+0.34	+0.4	+0.4	+0.4	+0.5	+0.6	+0.6	+2.1
19	+0.18	+0.2	+0.2	+0.2	+0.2	+0.3	+0.3	+1.0
20	0.00	0.0	0.0	0.0	0.0	0.0	0.0	0.0
21	−0.18	−0.2	−0.2	−0.2	−0.2	−0.3	−0.3	−1.1
22	−0.38	−0.4	−0.4	−0.5	−0.5	−0.6	−0.6	−2.2
23	−0.58	−0.6	−0.7	−0.7	−0.8	−0.9	−0.9	−3.3
24	−0.80	−0.9	−0.9	−1.0	−1.0	−1.2	−1.2	−4.2
25	−1.03	−1.1	−1.1	−1.2	−1.3	−1.5	−1.5	−5.3
26	−1.26	−1.4	−1.4	−1.4	−1.5	−1.8	−1.8	−6.4
27	−1.51	−1.7	−1.7	−1.7	−1.8	−2.1	−2.1	−7.5
28	−1.76	−2.0	−2.0	−2.0	−2.1	−2.4	−2.4	−8.5
29	−2.01	−2.3	−2.3	−2.3	−2.4	−2.8	−2.8	−9.6
30	−2.30	−2.5	−2.5	−2.6	−2.8	−3.2	−3.1	−10.6

附录六　金属配合物的稳定常数

金属离子	离子强度	n	$\lg\beta_n$
氨配合物			
Ag^{+}	0.1	1，2	3.40，7.40
Cd^{2+}	0.1	1，2，3，4，5，6	2.60，4.65，6.04，6.92，6.6，4.9
Co^{2+}	0.1	1，2，3，4，5，6	2.05，3.62，4.61，5.31，5.43，4.75
Cu^{2+}	2	1，2，3，4	4.13，7.61，10.48，12.59
Ni^{2+}	0.1	1，2，3，4，5，6	2.75，4.95，6.64，7.79，8.50，8.49
Zn^{2+}	0.1	1，2，3，4	2.27，4.61，7.01，9.06
羟基配合物			
Ag^{+}	0	1，2，3	2.3，3.6，4.8
Al^{3+}	2	4	33.3
Bi^{3+}	3	1	12.4
Cd^{2+}	3	1，2，3，4	4.3，7.7，10.3，12.0
Cu^{2+}	0	1	6.0
Fe^{2+}	1	1	4.5
Fe^{3+}	3	1，2	11.0，21.7
Mg^{2+}	0	1	2.6
Ni^{2+}	0.1	1	4.6
Pb^{2+}	0.3	1，2，3	6.2，10.3，13.3
Zn^{2+}	0	1，2，3，4	4.4，—，14.4，15.5
Zr^{4+}	4	1，2，3，4	13.8，27.2，40.2，53
氟配合物			
Al^{3+}	0.53	1，2，3，4，5，6	6.1，11.15，15.0，17.7，19.4，19.7
Fe^{3+}	0.5	1，2，3	5.2，9.2，11.9
Th^{4+}	0.5	1，2，3	7.7，13.5，18.0
TiO^{2+}	3	1，2，3，4	5.4，9.8，13.7，17.4
Sn^{4+}①		6	25
Zr^{4+}	2	1，2，3	8.8，16.1，21.9
氯配合物			
Ag^{+}	0.2	1，2，3，4	2.9.4.7.5.0.5.9
Hg^{2+}	0.5	1，2，3，4	6.7，13.2.14.1.15.1
碘配合物			
Cd^{2+}①		1，2，3，4	2.4.3.4.5.0.6.15

续表

金属离子	离子强度	n	$\lg\beta_n$
Hg^{2+}	0.5	1，2，3，4	12.9.23.8.27.6.29.8
银配合物			
Ag^{+}	0～0.3	1，2，3，4	—21.1.21.8.20.7
Cd^{2+}	3	1，2，3，4	5.5，10.6，15.3，18.9
Cu^{2+}	0	1，2，3，4	—，24.0，28.6，30.3
Fe^{2+}	0	6	35.4
Fe^{3+}	0	6	43.6
Hg^{2+}	0.1	1，2，3，4	18.0，34.7，38.5，41.5
Ni^{2+}	0.1	4	31.3
Zn^{2+}	0.1	4	16.7
硫氰酸配合物			
Fe^{3+} ①		1，2，3，4，5	2.3，4.2，5.6，6.4，6.4
Hg^{2+}	1	1，2，3，4	—，16.1，19.0，20.9
硫代硫酸配合物			
Ag^{+}	0	1，2	8.82，13.5
Hg^{2+}	0	1，2	29.86，32.26
磺基水杨酸配合物			
Al^{3+}	0.1	1，2，3	12.9，22.9，29.0
Fe^{3+}	3	1，2，3	14.4，25.2，32.2
柠檬酸配合物			
Al^{3+}	0.5	1	20.0
Cu^{2+}	0.5	1	18
Fe^{3+}	0.5	1	25
Ni^{2+}	0.5	1	14.3
Pb^{2+}	0.5	1	12.3
Zn^{2+}	0.5	1	11.4
乙酰丙酮配合物			
Al^{3+}	0.1	1，2，3	8.1，15.7，21.2
Cu^{2+}	0.1	1，2	7.8，14.3
Fe^{3+}	0.1	1，2，3	9.3，17.9，25.1
邻二氮菲配合物			
Ag^{+}	0.1	1，2	5.02，12.07
Cd^{2+}	0.1	1，2，3	6.4，11.6，15.8
Co^{2+}	0.1	1，2，3	7.0，13.7，20.1
Cu^{2+}	0.1	1，2，3	9.1，15.8，21.0

续表

金属离子	离子强度	n	$\lg\beta_n$
Fe^{2+}	0.1	1，2，3	5.9，11.1，21.3
Hg^{2+}	0.1	1，2，3	—，19.65，23.35
Ni^{2+}	0.1	1，2，3	8.8，17.1，24.8
Zn^{2+}	0.1	1，2，3	6.4，12.15，17.0
乙二胺配合物			
Ag^{+}	0.1	1，2	4.7，7.7
Cd^{2+}	0.1	1，2	5.47，10.02
Cu^{2+}	0.1	1，2	10.55，19.60
Co^{2+}	0.1	1，2，3	5.89，10.72，13.82
Hg^{2+}	0.1	2	23.42
Ni^{2+}	0.1	1，2，3	7.66，14.06，18.59
Zn^{2+}	0.1	1，2，3	5.71，10.37，12.08

① 离子强度不定。

附录七　金属离子与EDTA形成配合物的稳定常数的对数

金属离子	EDTA		金属离子	EDTA	
	$\lg K_{MHL}$	$\lg K_{ML}$		$\lg K_{MHL}$	$\lg K_{ML}$
Ag^{+}	6.0	7.3	Mg^{2+}	3.9	8.7
Al^{3+}	2.5	16.1	Mn^{2+}	3.1	14.0
Ba^{2+}	4.6	7.8	Ni^{2+}	3.2	18.6
Bi^{3+}		27.9	Pb^{2+}	2.8	18.0
Ca^{2+}	3.1	10.7	Sn^{2+}		22.1
Ce^{3+}		16.0	Sr^{2+}	3.9	8.6
Cd^{2+}	2.9	16.5	Th^{4+}		23.2
Co^{2+}	3.1	16.3	Ti^{3+}		21.3
Co^{3+}	1.3	36	TiO^{2+}		17.3
Cr^{3+}	2.3	23	Zn^{2+}	3.0	16.5
Cu^{2+}	3.0	18.8			
Fe^{2+}	2.8	14.3			
Fe^{3+}	1.4	25.1			
Hg^{2+}	3.1	21.8			
La^{3+}		15.4			

附录八　标准电极电位（25℃）

电极反应	$E^{\ominus}/V$	电极反应	$E^{\ominus}/V$
$F_2+2e \longrightarrow 2F^-$	+2.87	$I_3^-+2e \longrightarrow 3I^-$	+0.54
$O_3+2H^++2e \longrightarrow O_2+H_2O$	+2.07	I_2(固)$+2e \longrightarrow 2I^-$	+0.535
$S_2O_8^{2-}+2e \longrightarrow 2SO_4^{2-}$	+2.0	$Cu^++e \longrightarrow Cu$	+0.52
$H_2O_2+2H^++2e \longrightarrow 2H_2O$	+1.77	$[Fe(CN)_6]^{3-}+e \longrightarrow [Fe(CN)_6]^{4-}$	+0.355
$Ce^{4+}+e \longrightarrow Ce^{3+}$	+1.61	$Cu^{2+}+2e \longrightarrow Cu$	+0.34
$2BrO_3^-+12H^++10e \longrightarrow Br_2+6H_2O$	+1.5	$Hg_2Cl_2+2e \longrightarrow 2Hg+2Cl^-$	+0.268
$MnO_4^-+8H^++5e \longrightarrow Mn^{2+}+4H_2O$	+1.51	$SO_4^{2-}+4H^++2e \longrightarrow H_2SO_3+H_2O$	+0.17
PbO_2(固)$+4H^++2e \longrightarrow Pb^{2+}+2H_2O$	+1.46	$Cu^{2+}+e \longrightarrow Cu^+$	+0.17
$BrO_3^-+6H^++6e \longrightarrow Br^-+3H_2O$	+1.44	$Sn^{4+}+2e \longrightarrow Sn^{2+}$	+0.15
$Cl_2+2e \longrightarrow 2Cl^-$	+1.358	$S+2H^++2e \longrightarrow H_2S$	+0.14
$Cr_2O_7^{2-}+14H^++6e \longrightarrow 2Cr^{3+}+7H_2O$	+1.33	$S_4O_6^{2-}+2e \longrightarrow 2S_2O_3^{2-}$	+0.09
MnO_2(固)$+4H^++2e \longrightarrow Mn^{2+}+2H_2O$	+1.23	$2H^++2e \longrightarrow H_2$	0
$O_2+4H^++4e \longrightarrow 2H_2O$	+1.229	$Pb^{2+}+2e \longrightarrow Pb$	−0.126
$2IO_3^-+12H^++10e \longrightarrow I_2+6H_2O$	+1.19	$Sn^{2+}+2e \longrightarrow Sn$	−0.14
$Br_2+2e \longrightarrow 2Br^-$	+1.08	$Ni^{2+}+2e \longrightarrow Ni$	−0.25
$HNO_2+H^++e \longrightarrow NO+H_2O$	+0.98	$PbSO_4+2e \longrightarrow Pb+SO_4^{2-}$	−0.356
$VO_{2+}+2H^++e \longrightarrow VO^{2+}+H_2O$	+0.999	$Cd^{2+}+2e \longrightarrow Cd$	−0.403
$NO_3^-+3H^++2e \longrightarrow HNO_2+H_2O$	+0.94	$Fe^{2+}+2e \longrightarrow Fe$	−0.44
$Hg^{2+}+2e \longrightarrow 2Hg$	+0.845	$S+2e \longrightarrow S^{2-}$	−0.48
$Ag^++e \longrightarrow Ag$	+0.7994	$2CO_2+2H^++2e \longrightarrow H_2C_2O_4$	−0.49
$Hg_{22+}+2e \longrightarrow 2Hg$	+0.792	$Zn^{2+}+2e \longrightarrow Zn$	−0.7628
$Fe^{3+}+e \longrightarrow Fe^{2+}$	+0.771	$SO_4^{2-}+H_2O+2e \longrightarrow SO_3^{2-}+2OH^-$	−0.93
$2H^++O_2+2e \longrightarrow H_2O_2$	+0.69	$Al^{3+}+3e \longrightarrow Al$	−1.66
$2HgCl_2+2e \longrightarrow Hg_2Cl_2+2Cl^-$	+0.63	$Mg^{2+}+2e \longrightarrow Mg$	−2.37
$MnO_4^-+2H_2O+3e \longrightarrow MnO_2+4OH^-$	+0.588	$Na^++e \longrightarrow Na$	−2.713
$MnO_4^-+e \longrightarrow MnO_4^{2-}$	+0.57	$Ca^{2+}+2e \longrightarrow Ca$	−2.87
$H_3AsO_4+2H^++2e \longrightarrow HAsO_2+2H_2O$	+0.56	$K^++e \longrightarrow K$	−2.925

附录九 氧化还原电对的条件电极电位（25℃）

电极反应	$E^{\ominus}$/V	介质	电极反应	$E^{\ominus}$/V	介质
$Ag^{2+}+e \longrightarrow Ag^{+}$	2.00	4mol/L $HClO_4$	$[Fe(CN)_6]^{3-}+e \longrightarrow [Fe(CN)_6]^{4-}$	0.56	0.1mol/L HCl
	1.93	3mol/L HNO_3		0.72	1mol/L $HClO_4$
$Ce(\text{IV})+e \longrightarrow Ce(\text{III})$	1.74	1mol/L $HClO_4$	$I_3^{-}+2e \longrightarrow 3I^{-}$	0.545	0.5mol/L H_2SO_4
	1.45	0.5mol/L H_2SO_4	$Sn(\text{IV})+2e \longrightarrow Sn(\text{II})$	0.14	1mol/L HCl
	1.28	1mol/L HCl	$Sb(\text{V})+2e \longrightarrow Sb(\text{III})$	0.75	3.5mol/L HCl
	1.60	1mol/L HNO_3	$SbO_3^{-}+H_2O+2e \longrightarrow SbO_2^{-}+2OH^{-}$	−0.43	3mol/L KOH
$Co^{2+}+e \longrightarrow Co^{2+}$	1.95	4mol/L $HClO_4$	$Ti(\text{IV})+e \longrightarrow Ti(\text{III})$	−0.01	0.2mol/L H_2SO_4
	1.86	1mol/L HNO_3		0.15	5mol/L H_2SO_4
$Cr_2O_7^{2-}+14H^{+}+6e \longrightarrow 2Cr^{3+}+7H_2O$	1.03	1mol/L $HClO_4$		0.10	3mol/L HCl
	1.15	4mol/L H_2SO_4	$V(\text{V})+e \longrightarrow V(\text{IV})$	0.94	1mol/L H_3PO_4
	1.00	1mol/L HCl	$U(\text{VI})+2e \longrightarrow U(\text{IV})$	0.35	1mol/L HCl
$Fe^{3+}+e \longrightarrow Fe^{2+}$	0.75	1mol/L $HClO_4$			
	0.70	1mol/L HCl			
	0.68	1mol/L H_2SO_4			
	0.51	1mol/L HCl+0.25mol/L H_3PO_4			

附录十　难溶化合物的活度积（K_{ap}）和溶度积（K_{sp}，25℃）

化合物	$I=0$		$I=0.1$	
	K_{ap}	pK_{ap}	K_{sp}	pK_{sp}
AgAc	2×10^{-3}	2.7	8×10^{-3}	2.1
AgCl	1.77×10^{-10}	9.75	3.2×10^{-10}	9.50
AgBr	4.95×10^{-13}	12.31	8.7×10^{-13}	12.06
AgI	8.3×10^{-17}	16.08	1.48×10^{-16}	15.83
Ag_2CrO_4	1.12×10^{-12}	11.95	5×10^{-12}	11.3
AgSCN	1.07×10^{-12}	11.97	2×10^{-12}	11.7
Ag_2S	6×10^{-50}	49.2	6×10^{-49}	48.2
Ag_2SO_4	1.58×10^{-5}	4.80	8×10^{-5}	4.1
$Ag_2C_2O_4$	1×10^{-11}	11.0	4×10^{-11}	10.4
Ag_3AsO_4	1.12×10^{-20}	19.95	1.3×10^{-19}	18.9
Ag_3PO_4	1.45×10^{-16}	15.84	2×10^{-15}	14.7
AgOH	1.9×10^{-8}	7.71	3×10^{-8}	7.5
$Al(OH)_3$(无定形)	4.6×10^{-33}	32.34	3×10^{-32}	31.5
$BaCrO_4$	1.17×10^{-10}	9.93	8×10^{-10}	9.1
$BaCO_4$	4.9×10^{-9}	8.31	3×10^{-8}	7.5
$BaSO_4$	1.07×10^{-10}	9.97	6×10^{-10}	9.2
BaC_2O_4	1.6×10^{-7}	6.79	1×10^{-6}	6.0
BaF_2	1.05×10^{-6}	5.98	5×10^{-6}	5.3
$Bi(OH)_2Cl$	1.8×10^{-31}	30.75		
$Ca(OH)_2$	5.5×10^{-6}	5.26	1.3×10^{-5}	4.9
$CaCO_3$	3.8×10^{-9}	8.42	3×10^{-8}	7.5
CaC_2O_4	2.3×10^{-9}	8.64	1.6×10^{-8}	7.8
CaF_2	3.4×10^{-11}	10.47	1.6×10^{-10}	9.8
$Ca_3(PO_4)_2$	1×10^{-26}	26.0	1×10^{-23}	23
$CaSO_4$	2.4×10^{-5}	4.62	1.6×10^{-4}	3.8
$CdCO_3$	3×10^{-14}	13.5	1.6×10^{-13}	12.8
CdC_2O_4	1.51×10^{-8}	7.82	1×10^{-7}	7.0
$Cd(OH)_2$(新析出)	3×10^{-14}	13.5	6×10^{-14}	13.2
CdS	8×10^{-27}	26.1	5×10^{-26}	25.3
$Ce(OH)_3$	6×10^{-21}	20.2	3×10^{-20}	19.5
$CePO_4$	2×10^{-24}	23.7		
$Co(OH)_2$(新析出)	1.6×10^{-15}	14.8	4×10^{-15}	14.4

续表

化合物	$I=0$		$I=0.1$	
	K_{ap}	pK_{ap}	K_{sp}	pK_{sp}
CoS(α 型)	4×10^{-21}	20.4	3×10^{-20}	19.5
CoS(β 型)	2×10^{-25}	24.7	1.3×10^{-24}	23.9
$Cr(OH)_3$	1×10^{-31}	31.0	5×10^{-31}	30.3
Cu	1.10×10^{-12}	11.96	2×10^{-13}	11.7
CuSCN			2×10^{-13}	12.7
CuS	6×10^{-36}	35.2	4×10^{-35}	34.4
$Cu(OH)_2$	2.6×10^{-19}	18.59	6×10^{-19}	18.2
$Fe(OH)_2$	8×10^{-16}	15.1	2×10^{-15}	14.7
$FeCO_3$	3.2×10^{-11}	10.50	2×10^{-10}	9.7
FeS	6×10^{-18}	17.2	4×10^{-17}	16.4
$Fe(OH)_3$	3×10^{-39}	38.5	1.3×10^{-38}	37.9
Hg_2Cl_2	1.32×10^{-18}	17.88	6×10^{-18}	17.2
HgS(黑)	1.6×10^{-52}	51.8	1×10^{-51}	51
HgS(红)	4×10^{-53}	52.4		
$Hg(OH)_2$	4×10^{-26}	25.4	1×10^{-25}	25.0
$KHC_4H_4O_6$	3×10^{-4}	3.5		
K_2PtCl_6	1.10×10^{-5}	4.96		
$La(OH)_3$(新析出)	1.6×10^{-19}	18.8	8×10^{-19}	18.1
$LaPO_4$			4×10^{-23}	22.4①
$MgCO_3$	1×10^{-5}	5.0	6×10^{-5}	4.2
MgC_2O_4	8.5×10^{-5}	4.07	5×10^{-4}	3.3
$Mg(OH)_2$	1.8×10^{-11}	10.74	4×10^{-11}	10.4
$MgNH_4PO_4$	3×10^{-13}	12.6		
$MnCO_3$	5×10^{-10}	9.30	3×10^{-9}	8.5
$Mn(OH)_2$	1.9×10^{-13}	12.72	5×10^{-13}	12.3
MnS(无定形)	3×10^{-10}	9.5	6×10^{-9}	8.8
MnS(晶形)	3×10^{-13}	12.5		
$Ni(OH)_2$(新析出)	2×10^{-15}	14.7	5×10^{-15}	14.3
NiS(α 型)	3×10^{-19}	18.5		
NiS(β 型)	1×10^{-24}	24.0		
NiS(γ 型)	2×10^{-26}	25.7		
$PbCO_3$	8×10^{-14}	13.1	5×10^{-13}	12.3
$PbCl_2$	1.6×10^{-5}	4.79	8×10^{-5}	4.1
$PbCrO_4$	1.8×10^{-14}	13.75	1.3×10^{-13}	12.9

续表

化合物	$I=0$		$I=0.1$	
	K_{ap}	pK_{ap}	K_{sp}	pK_{sp}
PbI_2	6.5×10^{-9}	8.19	3×10^{-8}	7.5
$Pb(OH)_2$	8.1×10^{-17}	16.09	2×10^{-16}	15.7
PbS	3×10^{-27}	26.6	1.6×10^{-26}	25.8
$PbSO_4$	1.7×10^{-8}	7.78	1×10^{-7}	7.0
$SrCO_3$	9.3×10^{-10}	9.03	6×10^{-9}	8.2
SrC_2O_4	5.6×10^{-8}	7.25	3×10^{-7}	6.5
$SrCrO_4$	2.2×10^{-5}	4.65		
SrF_2	2.5×10^{-9}	8.61	1×10^{-8}	8.0
$SrSO_4$	3×10^{-7}	6.5	1.6×10^{-6}	5.8
$Sn(OH)_2$	8×10^{-29}	28.1	2×10^{-28}	27.7
SnS	1×10^{-25}	25.0		
$Th(C_2O_4)_2$	1×10^{-22}	22		
$Th(OH)_4$	1.3×10^{-45}	44.9	1×10^{-44}	44.0
$TiO(OH)_2$	1×10^{-29}	29	3×10^{-29}	28.5
$ZnCO_3$	1.7×10^{-11}	10.78	1×10^{-10}	10.0
$Zn(OH)_2$(新析出)	2.1×10^{-16}	15.68	5×10^{-16}	15.3
ZnS(α 型)	1.6×10^{-24}	23.8		
ZnS(β 型)	5×10^{-25}	24.3		
$ZrO(OH)_2$	6×10^{-48}	48.2	1×10^{-47}	47.0

① $I=0.5$。

参 考 文 献

[1] 刘珍．化验员读本上册（化学分析）[M]．4版．北京：化学工业出版社，2010.
[2] 胡伟光，张文英．定量化学分析实验[M]．4版．北京：化学工业出版社，2020.
[3] 王新，王丽丽．化学分析技术[M]．北京：化学工业出版社，2023.
[4] 黄一石，化验员必读[M]．北京：化学工业出版社，2020.
[5] 张建辉．分析化学[M]．北京：北京理工大学出版社，2024.
[6] 黄一石，黄一波，乔子荣[M]．定量化学分析．4版．北京：化学工业出版社，2020.
[7] 武汉大学．分析化学上册[M]．6版．北京：高等教育出版社，2016.
[8] 胡伟光．化学分析[M]．北京：高等教育出版社，2006.
[9] 尚华．化学分析技术[M]．北京：化学工业出版社，2021.
[10] 姜洪文，王英健．化工分析[M]．北京：化学工业出版社，2008.
[11] 冯淑琴，甘中东．化学分析技术[M]．北京：化学工业出版社，2016.
[12] 李丹莹．化学分析检验技术[M]．北京：化学工业出版社，2014.
[13] 黄承志．基础分析化学[M]．北京：科学出版社，2016.
[14] 乔仙，等．化学分析技术[M]．2版．北京：冶金工业出版社，2022.
[15] 王桂芝，王淑华．化学分析检验技术[M]．北京：化学工业出版社，2015.
[16] 初玉霞．化学实验技术基础[M]．北京：化学工业出版社，2012.